Christian Hennecke

Kleine Christliche Gemeinschaften verstehen

Ein Weg, Kirche mit den Menschen zu sein

Christian Hennecke

Kleine Christliche Gemeinschaften verstehen

Ein Weg,
Kirche mit den Menschen zu sein

echter

Weitere Informationen zu kleinen christlichen
Gemeinschaften finden Sie auch im Internet unter
‹www.KCG-net.de›

Bibliografische Information der Deutschen Nationalbibliothek

Die Deutsche Nationalbibliothek verzeichnet diese Publikation in der
Deutschen Nationalbibliografie; detaillierte bibliografische Daten
sind im Internet über ‹http://dnb.d-nb.de› abrufbar.

2. Auflage 2009
© 2009 Echter Verlag GmbH, Würzburg
www.echter-verlag.de
Umschlag: Peter Hellmund, Würzburg
Umschlagbild: © missio, Aachen
Satz: Hain-Team, Bad Zwischenahn (www.hain-team.de)
Druck und Bindung: Druckerei Friedrich Pustet, Regensburg
ISBN 978-3-429-03144-2

Inhalt

Geleitwort

„In jenen Tagen waren Worte des Herrn selten; Visionen waren nicht häufig" (1 Sam 3,1). Für die späten 70er Jahre kann man das kaum sagen. Der Verlauf und das Ergebnis des Zweiten Vatikanischen Konzils und auch einige Jahre später das Ereignis einer erstmaligen „Gemeinsamen Synode der Bistümer in der Bundesrepublik Deutschland" hatten bei vielen Menschen innerhalb und außerhalb der katholischen Kirche Hoffnungen ausgelöst. Viele träumten von einer tiefgreifenden Erneuerung der Kirche auch in Deutschland. Es gab eine gewisse Aufbruchstimmung.

Immer mehr zeigte sich, dass das Konzil und die „Würzburger Synode" eine Art Vision hatten: Auf neue Art Kirche sein, war das Stichwort. Und damit verbanden sich durchaus klare Vorstellungen: Unmittelbare Erfahrung kirchlicher Gemeinschaft (communio), die eng mit den alltäglichen Lebensvollzügen verbunden ist; Ausbildung einer gemeinschaft- und personenbezogenen Spiritualität, die stark biblisch geprägt und zugleich im sozio-kulturellen Kontext verwurzelt ist; Ausweitung der Kompetenz und Mitverantwortung der Laien auch im Gemeindeaufbau sowie die Entstehung neuer Dienste und Ämter; Wahrnehmung der prophetischen und diakonischen Aufgaben angesichts sozial oder politisch bedingter Situationen von Unrecht und Ungerechtigkeit. Viele fanden diese Optionen am ehesten verwirklicht in den *Kleinen Christlichen Gemeinschaften,* die jedenfalls den Weg zu neuen kirchlichen Sozialformen zu öffnen schienen.

Und tatsächlich hat es dann eine Reihe von Ansätzen gegeben, die in verschiedenen Diözesen mehr oder weniger nachdrücklich gefördert wurden. In manchen Gemeinden haben sich Menschen zusammengefunden zu einer kleinen Gruppe. Das Bibelgespräch stand im Mittelpunkt. Aber ebenso sehr bemühte man sich um den Austausch über Erfahrungen und Probleme des eigenen Lebens und auch der Gemeinde. Ohne Zweifel haben nicht wenige Menschen durch ihr Mittun in solchen Gruppen Impulse, Anregungen und Hilfe erfahren für ihr persönliches geistliches Leben und für ihren Dienst in der Gemeinde.

Aber es zeigten sich bald auch eher zunehmende Fragen und Schwierigkeiten. Grundsätzliche Bedenken wurden laut: Das Modell der *Kleinen Christlichen Gemeinschaften* mag in anderen Ländern, Kontinenten und Kulturen funktionieren und erfolgreich sein, ist es aber in unsere anders gelagerte Kultur hinein überhaupt übertragbar? Wie steht es mit dem theologischen Fundament und Profil der Gruppen? Es wurde stiller um die Kleinen Christlichen Gemeinschaften, zumal der Widerstand in den Gemeinden wuchs.

Seit einigen Jahren nun scheint sich eine erstaunliche Wende bezüglich der *Kleinen Christlichen Gemeinschaften* abzuzeichnen. Auf der einen Seite stellt sich heraus, dass in den letzten 10–20 Jahren in einer Reihe von Diözesen Kleine Christliche Gemeinschaften herangewachsen sind, die nach manchen Irritationen eine weithin ähnliche inhaltliche Ausrichtung wie auch Arbeits- und Lebensweise entwickelt und durchgehalten haben. Zum anderen haben in den letzten Jahren Verantwortliche in den Bischöflichen Ordinariaten verschiedener Diözesen diese Gruppen wahrgenommen, sich intensiv darauf eingelassen und damit auseinandergesetzt. Sie haben sich inzwischen auf Initiative von *Missio* zusammengefunden im Nationalteam *Kleine Christliche Gemeinschaften,* haben ihre Erfahrungen ausgetauscht und sind nun dabei, das theologische und spirituelle Profil der *Kleinen Christlichen Gemeinschaften* und deren praktische Arbeit zu reflektieren und zu formulieren. Schließlich ist in den letzten Jahren weltweit eine zunehmend engere Kommunikation der *Kleinen Christlichen Gemeinschaften,* der sie begleitenden Verantwortlichen in den Diözesanleitungen und den Theologen entstanden. Sie ist vor allem durch Erfahrungsaustausch und gemeinsame Arbeit auf theologischer und praktischer Ebene geprägt.

Der kürzliche Kongress in Hildesheim, der in diesem Buch dokumentiert wird, gibt einen vorzüglichen Einblick in den geradezu brodelnden Prozess, in dem sich die *Kleinen Christlichen Gemeinschaften* offensichtlich weltweit befinden.

Und dieser Kongress zeigt auch, dass die Phase der Stagnation, der Irritation und der Suche bezüglich der *Kleinen Christlichen Gemeinschaft* in den deutschsprachigen Ländern nicht nur überwunden zu sein scheint, sondern sich im Nachhinein auch als notwendig erweist, um dringend erforderliche Klärungen von Unklarheiten, Missverständnissen und Defiziten zu provozieren: dass etwa *Kleine Christliche Gemeinschaften* etwas anderes sind als Geistliche Gemeinschaften, als Spirituelle Selbsthilfegruppen und als Bibelkreise. Es geht bei den *Kleinen Christlichen Gemeinschaften,* wie sie sich nunmehr abzeichnen, um den Ansatz einer „visionären Reich-Gottes-Pastoral", „es geht wirklich um einen neuen Weg des Kircheseins, um ein andersartiges Gesamtgefüge". Es geht um einen „theologischen – und das heißt: christozentrischen und pneumatozentrischen – Ansatz der Kirchenbildung Diese letztlich trinitarisch-missionarische Grundperspektive ist geradezu die Pointe einer sozialraumorientierten Ekklesiologie, wie sie die *Kleinen Christlichen Gemeinschaften* in den Mittelpunkt rücken: keine Mystik ohne Diakonie, kein BibelTeilen ohne Sendung."

Als ich das Manuskript dieses Buches gelesen hatte, kam mir ein Wort aus dem 5. Jahrhundert v. Chr. in den Sinn: „und eure jungen Männer haben Visionen!" (Joël 3,1)

Wer eine aufregende Vision sucht, möge dieses Buch lesen.

Josef Homeyer, 15.6.2009

Mehr und anders als man denkt: Kleine Christliche Gemeinschaften

Der lange Hinweg zum Symposion

Kleine Christliche Gemeinschaften – was ist das eigentlich? Die Rede von einer solchen Gestalt des kirchlichen Lebens ist mit einer Fülle von Assoziationen und Projektionen verbunden: Je nach Vorerfahrung oder Vorahnung verbinden Theologinnen und Theologen, Christinnen und Christen damit ganz unterschiedliche Szenarien. Auf dem Hinweg zum Symposion auf dem Wohldenberg bei Hildesheim, das vom 4. bis 8. November 2008 über 120 Teilnehmer aus dem gesamten deutschsprachigen Raum versammelte und so das erwartete Interesse weit überstieg, waren die Veranstalter sich bewußt, dass sie mit all diesen Szenarien konfrontiert werden würden. Das ist auch überhaupt nicht verwunderlich, denn die Begegnung mit den Kleinen Christlichen Gemeinschaften hatte auch in denen, die heute diesen Weg voranbringen, alle möglichen Projektionen freigesetzt. Und es brauchte einige Jahre, viele Erfahrungen und noch mehr Gespräche mit Experten wie Bischof Oswald Hirmer, Bischof Fritz Lobinger, Thomas Vijay, Wendy Louis, Marc Lesage und Estela Padilla, um die Weite und die Tiefe dieses neuen Weges, Kirche mit den Menschen zu sein zu entdecken und sich faszinieren zu lassen von einem wirklichen Schatz der weltkirchlichen Lerngemeinschaft. So war klar, dass ein Metathema des Symposions die Unterscheidung der verschiedenen Projektionsflächen war, die vom Begriff der Kleinen Christlichen Gemeinschaften ausgehen, und die den Blick auf das, was wirklich gemeint ist, eher verdecken als enthüllen.

Anders als Geistliche Gemeinschaften und Bewegungen

Auf der einen Seite finden sich jene, die dann, wenn sie „Kleine Christliche Gemeinschaften" hören, sofort an „Kleine Geistliche Gemeinschaften" denken und damit die bunte Vielfalt der Kirchlichen Bewegungen und Neuen Geistlichen Gemeinschaften meinen. Im deutschen Sprachraum ist damit fast immer eine sehr kritische, ja eher negative Vorahnung konnotiert. Die Skepsis gegenüber diesen Gemeinschaften und Bewegungen nährt sich zum einen aus persönlichen Erfahrungen, denen kaum zu widersprechen ist: Die missionarische Energie, das zuweilen antreffbare exklusive Bewusstsein, die Zukunft der Kirche zu repräsentieren, die unterschiedliche Ästhetik, die charismatische Spiritualität, die Inkompatibilität mit kerngemeindlichen Formationen des deutschen Katholizismus – all das wirkt befremdlich und ist auch systemfremd, und kann gemeindlich geprägten Katholiken schon einen Schauer über den Rücken treiben.

Zum anderen bleibt wahr, dass die Kirche im deutschsprachigen Raum, vor allem an ihrer Basis, eine fast neurotische und ärgerlich-ängstliche Hermetik gegenüber anderen – fremden – Formen von kirchlichen Leben entwickelt hat und auch die Neuen Kirchlichen Bewegungen nicht als Bereicherung wahrnehmen kann als Charismen für die Kirche von heute, sondern nur als fremdartige Bedrohung des eigenen Seins. Paradoxerweise gelten damit aber die skeptischen Anfragen an diese neuen und zweifellos ambivalenten Phänomene kirchlichen Aufbruchs gleichzeitig auch als Spiegel eigener Herausforderungen: Manche kerngemeindlichen Phänomene wirken oft als hermetisch-exklusiv, wie die Sinusstudie ja ausführlich bestätigt. Die

Spiritualität vieler deutschsprachigen Gemeinden wirkt doch oft eigenartig-routiniert und ein wenig eng. Und auch die Ästhetik der Kirchen und Gemeinderäume wirkt wenig attraktiv und zeitgemäß. Eine Art pastoraler Gegenübertragung zu vermuten, liegt hier nicht fern.

Wer auf diesem Hintergrund die Kleinen Christlichen Gemeinschaften anschaut, der wird sie zumeist von vornherein mit einer hohen Skepsis betrachten, zumal Kleine Christliche Gemeinschaften und kirchliche Bewegungen Merkmale teilen. Schaut man auf die Wachstumszentren der Weltkirche, so zeigt sich, dass die Aufbruchsbewegungen der katholischen Ortskirchen wie auch die Aufbrüche in der Weltökumene ein ähnliches Gesicht haben: Seit den 60er Jahren beginnt die Weltkirche, ihre pfarrliche Wirklichkeit nicht mehr unter dem europäischen pastoraltheologischen Ideologoumenon der zentralistisch orientierten Gemeindekirche zu entwickeln, sondern als Netzwerk von basisgemeindlichen und subsidiären Substrukturen, für die es unterschiedlichste Namen gibt: von „small christian communities" über „communidades de base" hin zu „basic ecclesial communities" oder „basic christian communities". Die kirchliche Lebensgestalt als Netzwerk vieler kleiner und lebensraumorientierter Gemeinschaften kennzeichnet aber auch sämtliche charismatischen Aufbruchsbewegungen diesseits und jenseits der Catholica: sowohl die aus Charismen gewachsenen Gemeinschaften wie auch die pastoralen Gestaltungsbemühungen im Blick auf eine partizipative, charismenorientierte wie sendungssensible Kirchengestalt, die die ekklesiologischen Weichenstellungen des Konzils ernstnimmt und dem gemeinsamen Priestertum der Gläubigen viel zutraut, präferieren einen solchen ortsnahen und lebensraumorientierten Ansatz.

Eine Verwechselung zwischen Geistlichen Gemeinschaften und Kleinen Christlichen Gemeinschaften liegt also durchaus nahe. Für die Mehrheit der engagierten Katholiken stellt eine

Transformation der Kirchengestalt, die ohnehin eher befürchtet als ersehnt wird, im Blick auf Geistliche Gemeinschaften eher ein bedenkliches Szenario dar. Dabei ist mehr als deutlich, dass die Kleinen Christlichen Gemeinschaften und der hinter ihnen stehende ekklesiologische Bauplan ein weltkirchliches Rezeptionsgeschehen des II. Vatikanischen Konzils sind, der seit mehr als vierzig Jahren die Kirchen der Südhalbkugel dieser Erde prägt – als ein charismatischer und institutioneller Aufbruch zugleich.

So war ein Ziel des Symposions dann auch, zum einen die ekklesiologische Dignität des Ansatzes der Kleinen Christlichen Gemeinschaften als eines kirchlichen Weges, Kirche mit den Menschen zu sein, deutlich zu machen. Die Verwandtschaft des Ansatzes mit charismatischen Aufbruchsbewegungen spricht dabei eher für diesen Weg, eine neue Art Kirche zu sein. Denn bei aller Fremdheit und Unausgereiftheit charismatischer Aufbrüche gilt es doch auch – gerade für die krisengeschüttelte Kirche im deutschsprachigen Raum – wahrzunehmen, was der Geist auch durch diese Gemeinschaften der Kirche sagen will. Und umgekehrt zeigt die Verwandtschaft, dass zumindest in vielen Ortskirchen der Welt das Signal des Umbruchs vernommen ist und pastoralpraktisch umgesetzt wird. Das Symposion sollte also die Unterscheidung der Kleinen Christlichen Gemeinschaften von Geistlichen Bewegungen ermöglichen und gleichzeitig den Fokus auf die der deutschsprachigen Kirchenwelt noch unbekannte theologische und pastoralpraktische Rezeption des Konzils in der Weltkirche lenken.

Anders als „Spirituelle Selbsthilfegruppen"

Im Gefolge der spirituellen Krise der Gemeindekirche entwickelte sich schon seit den neunziger Jahren eine spirituelle Bewegung in der real existierenden Gemeindekirche. Das war eigentlich eine logische Konsequenz der soziologisch beschreibbaren Entwicklungen der Gesellschaft, wie sie inzwischen allgemein bekannt sind. Das nahende Ende einer milieugeprägten Christenheit, in der Glaubensweitergabe und Glaubenspraxis eingebunden waren in eine gesellschaftliche Selbstverständlichkeit, führte auch in den engagierten Christinnen und Christen aller Generationen zu einer neuen und notwendigen Suche nach den Fundamenten des eigenen Glaubens. Die exegeseorientierten Bibelkreise, die schon seit den 70er Jahren sich entwickelten, aber auch die Familienkreise, die in diesen Jahren entstanden, und die katechetisch-liturgischen Aufbrüche um das Neue Geistliche Lied können eventuell als Vorläufer einer Suche gesehen werden, die mit den 90er Jahren voll durchbrach: Die seiner Zeit von Paul Zulehner entwickelten Grundkurse gemeindlichen Glaubens und ihre Verbreitung, wie auch die weite Ausbreitung der ignatianisch geprägten „Exerzitien im Alltag", aber auch die immer stärker werdende Pilgerbewegung sind deutliche Zeichen dafür. Das volkskirchliche Christwerden und Christsein ohne Bekehrung entwickelte sich weiter zu einem immer bewussteren Übernehmen der eigenen Nachfolge.

Allerdings trug dieser Weg alle Kennzeichen moderner Individualisierung. Während in den Gemeinden und ihren Gemeinschaften die Ehrenamtlichkeit und die Arbeit in der Gemeinde weiterhin als Ausweis gelebter Christlichkeit galt, wurde die Frage nach der gelebten Spiritualität entweder mit Verweis auf die implizierte Volkskirchlichkeit beantwortet oder privatisiert und individualisiert: Gelebte Spiritualität gehörte zu den privaten Fragen des Christseins – und fand keinen festen Raum in den bestehenden Gemeinschaften und im Gemeindegefüge. Es bleibt Sache des oder der Einzelnen.

Doch diese vielen Einzelnen fanden sich in zeitbegrenzten Gemeinschaften von Bildungshäusern und Klöstern, die auf diese Weise zu „Biotopen gelebter Spiritualität" für suchende Gemeindechristen wurden. Zunehmend bildeten sich auch innerhalb der Kerngemeinden – gewissermaßen als strukturelle Randsiedler – Glaubensgruppen, die den spirituellen Hunger am Ort stillen können. Meditationsgruppen, aber auch geistliche Gebetsgruppen und Bibelteilengruppen bilden sich in größerer Zahl.

Aber auch wenn hoffnungsvolle Pastoralstrategen darin so etwas wie eine deutsche Version der Kleinen Christlichen Gemeinschaften sehen wollen, so beschreibt ihr Ursprung doch etwas verschiedenes. Eine nähere Betrachtung zeigt, dass diese Gemeinschaften und Gruppen so etwas wie eine moderne und individualisierende Ergänzung des ererbten Gemeindegefüges darstellen und insofern eine notwendige Weiterentwicklung der Gemeindetheologie darstellen: Was nämlich in der neuen Diaspora der Familie nicht mehr möglich ist, in der es keine glaubensgeprägte Homogenität mehr gibt (Ausnahmen bestätigen die Regel), gelingt jetzt in spirituellen Wahlgemeinschaften (Michael Hochschild). Die Wahl betrifft dabei sowohl die Personen wie die Spiritualität.

Wenn in einem ersten Moment die Rede von den Kleinen Christlichen Gemeinschaften diese Gruppen in den Blick nahm, erklärt sich von hier aus die Skepsis, ob diese geistlichen Gruppen wirklich eine Zukunftsgestalt der Kirche darstellen können. Denn hier wurde und wird das Moment der Sendung und des diakonischen Engagements systematisch ausgeblendet. Dies aber liegt nicht daran, dass diese Gruppen einfach nur „spirituelle Kuschelgruppen" sind, in denen psychisch labile Christinnen und Christen eine Heimat finden können, sondern daran, dass diese Gruppen in der Tat das kerngemeindliche Konstitutionsgefüge stützen und so alle hermetische Kuscheligkeit übernommen haben. Denn ausweislich ist klar, dass die Christinnen und Christen in diesen Gruppen sich sehr wohl und häufig auch sehr intensiv in den verschiedenen Bereichen der Gemeinden engagieren. Die Gemeindearbeit aber braucht immer mehr eine Kraftquelle, die diese selbst nicht gewährt und die in früheren Zeiten die Glaubenspraxis der Familien ermöglichte. Insofern ist die Bildung solcher geistlicher Selbsthilfegruppen eine natürliche – oder doch eher „übernatürliche" – Reaktion auf den Zerfall der natürlichen Glaubensgemeinschaft der Familie.

Daran wird aber auch der Unterschied zum Ansatz der Kleinen Christlichen Gemeinschaften deutlich. Hinter den Kleinen Christlichen Gemeinschaften steht ein Pastoralansatz, der in der Tat mehr ist als eine Weiterentwicklung gemeindetheologischer Überlegungen und damit auch den vielfach ideologieverdächtigen Communiobegriff der Harmonie und milieuhaften Geschlossenheit, also der modernen Wahlverwandtschaft statt milieuhafter Qualverwandtschaft, überwindet. Die pastoralen Überlegungen zu den Kleinen Christlichen Gemeinschaften wählen einen anderen Ausgangspunkt: den geteilten Lebensraum. Sie sind nicht glaubensreflexive Kleingruppen, sondern basiskirchliche Dienstgruppen missionarischer Sendung in spiritueller Verwurzelung in der Schrift. Insofern ist aber auch der Widerstand gegen diesen weltkirchlichen Pastoralansatz verständlich, denn er stellt gewachsene Gemeindestrukturen im Blick auf Subsidiarität, Rolle des Priesters und des Gottesvolkes wie der diakonischen Verantwortung radikal in Frage.

Anders als Bibelkreise

In der Zeit des spirituellen Aufbruchs der Gemeindekirche kam es zu einer ersten Anleihe an die basiskirchlichen Aufbrüche der Weltkirche: Genau das spirituelle Herzstück der südafrikanischen Erfahrung der Kleinen Christlichen Gemeinschaften fand eine schier unglaubliche Resonanz. Bei vielen Missio-Besuchen von Oswald Hirmer und Fritz Lobinger in den 8oer Jahren wurde das BibelTeilen auch in Deutschland bekannt und verbreitete sich schnell.

Doch dieser Rezeptionsprozess war in mehrerer Hinsicht unglücklich. Zum einen ist „BibelTeilen" eine mehr als unglückliche Übersetzung des englischen „Gospelsharing". Der englische Begriff ist theologisch hoch aufgeladen. Der Umgang mit der Schrift, so wird hier deutlich, ist hier von der Christusmitte her verstanden: Es geht nicht um die Schrift als Heiliger Text, sondern um die Frohe Botschaft vom Reich Gottes, von der aus und auf die hin sich das Wort Gottes sagen will. Diese christologische Auslegung geschieht aber in einer deutlich geistlich-theologischen Perspektive, die durch den Begriff „sharing" eine geradezu trinitarische Tiefendimension erhält: Wenn man nämlich genau hinhört, dann wird der Begriff des „Sharing", der im deutschen Übersetzungsversuch mit dem Begriff des „Teilens" mehr als missverständlich wiedergegeben wird, in einer offenbarungstheologischen Dimension gesehen. Wenn in der dogmatischen Konstitution des II. Vatikanums der instruktionstheoretische Begriff der Offenbarung erweitert und entwickelt wird durch einen kommunikationsorientierten Begriff der Offenbarung, und Offenbarung zunächst als göttliche Selbstmitteilung und Seinsteilgabe gesehen wird, dann ist es diese Teilgabe des dreifaltigen Gottes, mit der er die Menschen eintreten läßt in sein Leben, die hinter dem Verständnis des „Sharing" steckt. Dieser trinitätstheologische Hintergrund wird christologisch vertieft, in dem ja diese Teilgabe am Sein Gottes in der Selbsthingabe Jesu geschieht, das eigentliche „Sharing" eben in der Teilnahme an Kreuz und Auferstehung: „Wenn ich dich nicht wasche, hast du keinen Anteil an mir" (Joh 13,8). Eben diese Grunddimension des kenotischen Teilgebens, der in der Offenbarung das Modell der Begegnung zwischen Gott und Mensch durchzieht, steckt im Begriff des Sharing. Man wird mit Recht sagen, dass im technischen, ja methodisch-formalen Begriff des BibelTeilens dieses Verstehen kaum mitklingt.

Entsprechend wurde das BibelTeilen auch häufig auf eine Methode der Bibelarbeit reduziert und stand damit in Konkurrenz zu anderen schon sehr bewährten und interessanten Methoden einer reichen deutschsprachigen Bibelmethodik, die seit den 70er Jahren viele Bibelkreise zu einem Neuverstehen der Heiligen Schrift führte. Und neben den neuen Wegen existenzieller Bibelauslegung wie Bibliodrama oder Bibliolog wirkten die sieben Schritte des Bibelteilens eher simpel, ja zu einfach und … auf Dauer langweilig.

So kam es einerseits zu einer schnellen Aufnahme der Methode der sieben Schritte, die aber zum einen ihres ekklesiogenetischen Kontextes der Kleinen Christlichen Gemeinschaften beraubt wurden, zum anderen aber auch auf eine „Bibelmethode" reduziert wurden. Der etwas herablassende Blick auf die Brüder und Schwestern der dritten Welt war das eine: So etwas Simplifizierendes lässt sich im kritischen und exegetisch durchgeschulten Laikat deutschsprachiger Zunge nicht auf Dauer verantworten, ist bestenfalls eine Anfängerübung für spirituelle Einsteiger. In der Tat wurde ja empfohlen, das Bibelteilen zu einer Kurzübung für jedes Gremium oder jede Gruppe zu machen, damit – so die fälschliche Unterstellung – die Treffen und Sitzungen spirituell aufgewertet würden.

Interessant dabei war aber, dass die gesamte Rezeptionsgeschichte der sieben Schritte des BibelTeilens die sendungsorientierte Pointe dieser „Methode" ausließ. Was regelmäßig fehlte und weithin fehlt, ist der sechste Schritt, bei dem die Wortgemeinschaft sich fragt, welchen Dienst sie in ihrem Lebensraum tun solle. Ganz davon abgesehen, dass die sieben Schritte weithin unterschätzt werden als Methödchen und nicht erkannt wurde, dass es hier um eine Mystagogie in das Herz der missionarischen Sendung des dreifaltigen Gottes geht, gilt und galt der sechste Schritt, der diese Sendung für den Lebensraum der Menschen aktualisierte und verwirklichte, als zu wenig spirituell.

Und das ist ja nicht ungewöhnlich, schaut man sich die Rezeptionsgeschichte des BibelTeilens an. Denn dieser Weg wurde aufgegriffen von vielen der Kleinen Geistlichen Gemeinschaften, die sich in der Zeit des geistlichen Aufbruchs der Kerngemeinden gebildet hatten. Und wie schon beschrieben, ging es hier um geistliche Selbsthilfegruppen, die ihre Treffen verstanden als geistliche Tankstellen, um gestärkt zu werden für ihr Engagement in den Pfarrgemeinden. Es geht und ging also in diesem ekklesiologischen Gesamtgefüge darum, einen Raum zu finden, an dem man „etwas für sich mitnehmen" kann.

Obwohl eigentlich das BibelTeilen ein Weg ist, bei dem jeder und jede jederzeit einsteigen konnte, bildete sich schnell die Gewohnheit der spirituellen Selbsthilfegruppe, zu vertrauensvollen Austausch zu kommen, was letztlich zu einer Hermetik des Zugangs führte. Sehr schnell wurde aus der spirituellen Suchergruppe eine Wahlgemeinschaft der Vertrauten – mit allen schwierigen gruppendynamischen Konsequenzen.

Auf diese Weise aber kam es auch von Seiten all jener, die sich in und für Bibelgruppen über Jahrzehnte um die Aufnahme exegetischer Erkenntnisse bemüht hatten, zu einem weiteren Einwurf. Ist nicht dieser geistliche Umgang mit der Schrift zuhöchst gefährdet durch eine fast sektiererisch anmutende subjektive Schriftauslegung, die alle Ergebnisse der Bibelauslegung fahrlässig in den Wind schlägt? Es mag ja sein, dass für Christen der dritten Welt hier ein Demokratisierungsprozess des Wortes Gottes notwendig ist – aber im kritischen Europa? Darf man – so formulierten Priester – dem Volk Gottes das Wort Gottes so unbedarft überlassen? Und das in einer Kultur, die das kritische Befragen von Texten zu einem Standard der Auseinandersetzung gemacht hatte.

Eine hermeneutische Fragestellung also, die allerdings mehr ist als nur hermeneutisch und in ungeahnte Tiefen ekklesiologischer Weichenstellungen reicht. Das BibelTeilen – und das wurde zunächst klar – ist keine zusätzliche Technik der ohnehin reichen bibeltheologischen Methodenkiste. Es ist auch nicht eine fundamentalistische Richtungnahme für ein unkritisches Schriftverständnis. BibelTeilen bewegt sich gar nicht an dieser Front der Auseinandersetzung. Hier geht es um etwas anderes. Fern davon, Konkurrenz zu bibeltheologischen Methoden zu sein, will das BibelTeilen eine einfache Wahrheit in den Blick rücken, die allerdings voller Konsequenzen ist: Gott spricht zu jedem Menschen, der sich auf sein Wort einlässt. Im Wort Gottes spricht Gott selbst. Dass dieses verschriftliche inspirierte Wort auch exegetisch und kritisch betrachtet werden will, steht außer Frage, aber zugleich ähnelt der Umgang mit dem Wort Gottes im BibelTeilen doch eher dem Schriftverstehen der Liturgie. Auch in der Liturgie geht es weniger darum, eine Basis für ein bibelkritisches Verständnis zu finden, sondern darum, das „Wort des lebendiges Gottes" als gegenwärtig wahrzunehmen und zu entdecken, was der gegenwärtige Auferstandene seinem Volk sagen will.

Es geht also nicht um Konkurrenz oder einfache Methodenvielfalt, die einen Bibelkreis interessanter machen könnte, sondern um einen anders dimensionierten Zugang mit anderen Konsequenzen. Während die meisten Bibelkreise zum Ziel haben, den gemeinsam gelesenen Text zu bearbeiten und zu verstehen, geht es beim BibelTeilen um die Feier des gegenwärtigen Auferstandenen, der nun sein Wort spricht, und Gemeinde werden lässt: hier, wo sein Wort erklingt, wird das Wort Fleisch und wohnt unter uns (vgl. Joh 1,14). Und es führt uns dazu, als sein Leib und also als seine lebendige Gegenwart als Kirche seine Sendung dienend in der Welt wahrzunehmen.

Und eine weitere Konsequenz scheint auf: Während Bibelkreise und Bibelmethoden sehr häufig und auch sehr berechtigt mit einem Kompetenzvorsprung des Leitenden rechnen – wer hätte als Theologe nicht schon einmal die fragenden Augen der Gemeindemitglieder auf sich ruhen gespürt, wenn es um eine unsichere Auslegung der Schrift geht –, geht es beim BibelTeilen auch darum, eine praktische Aktualisierung und Auslegung der Wahrheit des Konzils wahrzunehmen, das von der fundamentalen Gleichheit und Würde aller Getauften ausging – eine Würde, die sich auch auslegt darin, dass im Hören des Wortes Gottes alle gleichermaßen gerufen sind.

Und es ist auch genau diese ekklesiogenetische Dimension des BibelTeilens, die unserer deutschsprachigen Kirchenkultur fremd vorkam und vorkommt. Bibelkreise und ihre Kultur des reflektierten und kritischen Zweifelns setzen zum einen – auch kontrafaktisch – voraus, dass Kirche immer schon selbstverständlich vorhanden ist und gelebt wird, sie fordern zum zweiten berechtigterweise eine Objektivität ein, die nur durch Expertentum zu leisten ist, und damit eine deutliche Asymetrie und Hierarchie erzeugt: Und auch Laien, die solche Kreise leiten, brauchen dann eben eine qualifizierende Schulung, die den Unterschied macht. Ob man will oder nicht: Sie reproduziert ein hierarchisches Muster, das letztlich verhindert, dass das Volk Gottes zum vollen Besitz des Wortes Gottes gelangen kann. Das Anliegen des BibelTeilens ist hier völlig anders – obwohl es unbestritten ist und bleibt, dass solche Asymetrie auch zu Gunsten des Volkes Gottes existiert: Fachexpertise wird geradezu notwendig, wo Menschen das Wort Gottes zur Nahrung wird. Doch dies muss erst einmal geschehen – und deswegen mutet der Weg des BibelTeilens so revolutionär an. Es ist in der Tat ein tief in der Tradition verwurzelter Zugang zum Wort Gottes als Nahrung des Christen und zugleich als Ort der Kirchwerdung, der Sammlung des Volkes Gottes durch das Wort. Es setzt eine Spiritualität der Gemeinschaft frei und fordert sie – und ermöglicht so eine neue kirchenbildende Perspektive, die das gemeinsame Priestertum der Gläubigen ins Licht rückt.

Eine Frage an das Symposion war demnach, wie diese Unterscheidung des BibelTeilens von Bibelarbeit und Bibelmethode und ihre ekklesiologischen Konsequenzen in ein Zueinander gebracht werden könnten.

Mehr als man denkt: Kleine Christliche Gemeinschaften

Je mehr man sich mit den Kleinen Christlichen Gemeinschaften und ihrem theologischen Hintergrund beschäftigt, je mehr man die sich abzeichnende Vision wahr- und ernstnimmt, desto deutlicher wurde den Akteuren in Sachen Kleine Christliche Gemeinschaften, dass es dabei nicht darum geht, erneut eine geistliche Kleingruppenstruktur in unsere ohnehin kleingruppenhaft gestaltete Gemeindelandschaft einzubringen.

Dazu trug zunächst eine weitere Erkenntnis bei, die einen weiteren Übersetzungsfehler – besser vielleicht einen Übertragungsfehler – ins Licht rückte. Sehr schnell setzte sich im deutschen Sprachraum eine projektionsreiche Übersetzung für „small christian communities" durch: Auch hier ist, wie beim BibelTeilen, mehr als fraglich, ob die Rede von Kleinen Christlichen Gemeinschaften glücklich ist. Zum einen wurde beim genauen Hinhören auf die Erfahrungen der weltkirchlichen Brüder und Schwestern schnell deutlich, dass „small" für sie offensichtlich etwas anderes bedeutet als für die genügsam kleingruppenerfahrenen Christen in Europa: Sie sprachen immer von 15 bis 30 Familien (!), die zu einer „small christian community" gehören. Es ist also normal, dass zu einer Kleinen Christlichen Gemeinschaft mehr als 50 Personen gehören. Ebenso normal ist es aber auch, dass sich häufig nur etwa 15 bis 25 Personen regelmäßig versammeln. Auch das irritiert vor allem dann, hat man Kleingruppen mit einer häufig hohen Verbindlichkeit vor sich, die wir im deutschsprachigen Kontext nicht selten antreffen. Und es ist ja klar, dass dann das Wort von der Gemeinschaft eine wichtige Rolle spielt. Verbindliche, vertrauensvolle, enge und fast familiäre Wahl-Gemeinschaft ist weithin das Ideal gemeindetheologischer Architektur, um den Verlust der homogenen konfessionellen Familien wettzumachen. Wie sehr das gelingt oder nicht gelingt, davon lässt sich in Gemeinden viel erzählen.

Doch genau das ist offensichtlich nicht gemeint. Vielmehr sind Kleine Christliche Gemeinschaften eher so etwas wie eine Form, Kirche in der Nachbarschaft zu leben – also lebensraumorientierte und beziehungsorientierte „Nachbarschaften", die aus dem Wort Gottes heraus ihre Sendung in eben diesem Lebensraum entdecken. Dabei ist es gut denkbar, dass nicht immer dieselben Menschen vom Wort Gottes versammelt werden und zumindest potentiell all jene dazugehören, die in einem bestimmten Lebensraum oder einer bestimmten Nachbarschaft leben.

Das schillernde Wort der „Kleinen Gemeinschaft" gibt gerade dies nicht wieder, sondern führt zum Vorwurf einer archaisch anmutenden Sozialromantik. Genau das aber ist nicht gemeint.

Dies zu erkennen, machte den Blick weiter und öffnete den Horizont für das theologisch-pastorale Programm des Ansatzes einer visionären Reich-Gottes-Pastoral, die an der Schrift und ihren Verheißungen Maß nimmt und in den „small Christian communities" und ihrem Netzwerk ihren Ausdruck findet. Je deutlicher dies wurde, desto klarer wurden auch die Dimensionen dieses Ansatzes, die auf einen doch deutlichen Paradigmenwechsel zielen. Dieser Paradigmenwechsel, der sich aus den Erkenntnissen des II. Vatikanums speist, ist sehr weitreichend. Er ist nicht im BibelTeilen oder im Aufbau einer Kleingruppenstruktur in einer Pfarrei zu erschöpfen. Ganz im Gegenteil: All dies verkürzt diesen Ansatz unerträglich.

Es geht wirklich um einen neuen Weg des Kircheseins, um ein andersartiges Gesamtgefüge. Damit der Sinn einer solchen Transformation einsichtig werden könnte (nicht muss!), ist es geradezu unabdingbar, einen gemeindeumgreifenden Prozess der Situationswahrnehmung, des Erkennens der Zeichen der Zeit und der ekklesialen Grundperspektiven in den Blick zu nehmen. Dann nämlich könnte recht schnell einsichtig werden, welchen Reichtum an ekklesialer Weisheit und Erkenntnis das

Thema der Kleinen Christlichen Gemeinschaften in sich birgt – verbunden mit der Einsicht, dass sich weltkirchlich eine umfassende Rezeption des II. Vatikanums auf sehr praktischer und lokaler Ebene abzeichnet, hinter der die Kirchen Europas doch größtenteils zurückbleiben. Es macht aber auch deutlich, dass ein solcher Prozess nicht auf die Einführung einer neuen pastoralen Methode oder Technik zu reduzieren ist, sondern schon in seinem Aufbruch einen partizipativen Prozess der synodalen Beteiligung aller Christgläubigen einfordert, der uns noch ziemlich unbekannt ist.

Die unausgeloteten Weiten dieser Weichenstellung lassen davor zurückschrecken, diesen Weg zu gehen. Und doch scheint es so, als ob uns gerade die herausfordernde Gegenwart auf diesen Weg führt. Die Downsizingprozesse der Kirche im deutschsprachigen Raum führen je länger je mehr zu der Erkenntnis, dass uns die dramatische Krise des volkskirchlichen Modells nicht einfach zum verdünnten Weitermachen einladen kann. Vielmehr geht es darum, eine Perspektive zu entwickeln, die einem Paradigmenwechsel gleichkommt. Die kleinere Zahl an Priestern und Hauptberuflichen einerseits, die uneingelöste Herausforderung einer berufungsorientierten Kultur des Christwerdens, die den Modus des übernommenen Sozialkatechumenats ablöst, die Frage nach einer partizipativen und charismenorientierten Kultur des Mitwirkens in der Kirche, die einer müdegewordenen Kultur des Ehrenamtes eine neue Perspektive lehrt, die Vervielfältigung kirchlicher Lebensräume, die die klassischen Gemeindegestalten relativiert und in ein Netzwerk verschiedener Orte des Kircheseins stellt – all diese Herausforderungen führen zu einer Neuformation kirchlichen Lebens, die in den Erfahrungen der Kleinen Christlichen Gemeinschaften weltweit ein lebhaftes Echo findet.

Insofern positioniert sich das Symposion in einem wahrhaft spannenden und spannungsreichen Moment kirchlicher Transformation.

Die Architektur des Symposions

Entsprechend all dieser Herausforderungen wurde das Symposion auf dem Wohldenberg konstruiert. Dabei standen drei Fragestellungen im Blickpunkt. Diesen Fragestellungen entsprechend artikulierte sich der Verlauf der Tagung.

In einem ersten Schritt ging es darum, den ekklesiologischen Status der Kleinen Christlichen Gemeinschaften zu verdeutlichen. Der fulminante wissenschaftliche Auftakt der Tagung durch den Vortrag von Professor Hermann Josef Pottmeyer konnte deutlich machen, dass sich die Fragen nach den Kleinen Christlichen Gemeinschaften nur im Kontext der Rezeptionsbemühungen um das II. Vatikanische Konzil richtig einordnen lassen. Pottmeyer machte deutlich, wie im weltkirchlichen Kontext im Bemühen um den Aufbau der Kleinen Christlichen Gemeinschaften jene existenzielle und geistliche Wende der Ekklesiologie des Konzils ansichtig wird. Dies wurde durch einen weitenden Blick auf die Small Christian Communities in Südafrika deutlich illustriert. Bischof Michael Wüstenberg aus Aliwal-North beeindruckte durch die Weite und den Reichtum der dortigen Entwicklungen. Dabei zeigt dieser Ansatz auch deutlich seine innewohnende Tendenz zur Inkulturation. Dazu forderten die Beiträge von Thomas Vijay (Indien), Bischof Oswald Hirmer (Südafrika) und vor allem von Estela Padilla und Marc Lesage aus den Philippinen heraus. Es geht eben nicht um einen weltkirchlichen Kopiervorgang einer guten Idee, sondern es braucht eine Neuevangelisierung als Neuverwurzelung des Christentums in Europa jenseits der scheinbar so pragmatischen und pastoralpraktischen Methoden. Die eindrucksvolle und selbstbewust-selbstverständlichen Einladungen von Estela Padilla ließen sich nicht überhören.

Was dieser ekklesiologische Neuaufbruch sowohl für die indische Kirche wie für die Weltkirche bedeuten kann, das machte an diesem ersten Tag beeindruckend der Vortrag von Prof.

Francis Scaria aus Bhopal/Indien deutlich. In einer großen geistlichen wie theologischen Tiefe und zugleich in einer berührenden Einfachheit konnte Scaria darlegen, welcher Paradigmenwechsel in der Kirche noch vor uns liegt – und doch zugleich schon in den Aufbrüchen der Kleinen Christlichen Gemeinschaften deutlich wird. So konnte Professor Franz Weber, Pastoraltheologe aus Innsbruck, zum Abschluss des dichten ersten Tages noch einmal den Beitrag der Weltkirche für die Umsetzung der konziliaren Ekklesiologie ins Licht rücken.

Nach dieser ersten ekklesiologischen Schneise sollte nun am zweiten Tag die bibeltheologische Dignität des Ansatzes der Kleinen Christlichen Gemeinschaften und des Bibelteilens in die Diskussion gebracht werden. Mit Professor Ralf Huning gelang dies in eindrucksvoller Weise. Wenige Tage nach dem Ende der Bischofssynode zum Wort Gottes im Leben der Kirche konnte Huning eine erste Auswertung der Ergebnisse mit seinen bibelhermeneutischen Überlegungen verknüpfen. Es wurde deutlich, dass das BibelTeilen eine zentrale Dimension der differenzierten Auslegungstopologie des Wortes Gottes darstellt. Die Klarheit einer Lehre biblischer „loci theologici" überzeugte und machte deutlich, dass es bei Exegese, kirchlich-liturgischer Bibelauslegung und Wegen basischristlicher Bibellektüre nicht um konkurrierende Instanzen der Auslegung des Wortes Gottes geht, sondern um sich ergänzende Wege eines Gesamtverstehens der Frohen Botschaft.

Eine weitere bibeltheologische Schneise schlug Professor Gerhard Hotze im analytischen Rückblick auf die Gemeindegenese der Urchristenheit. Hier wurde deutlich, dass die ersten Gemeinden wohl eher solchen Kleinen Christlichen Gemeinschaften als den heutigen Großpfarreien glichen.

Ein drittes Thema schloss sich an. Wie läßt sich der basiskirchliche Ansatz der Kleinen Christlichen Gemeinschaften einordnen und verstehen im Blick auf die Erneuerungsbewegung, in der die Kirche als Ganze steht. Dies zu verdeutlichen war die Aufgabe des dritten Tages: Zuerst rückte Martin Lätzel die Entwicklungen der französischen Kirche und vor allem der Diözese Poitiers in den Blick. Die dortigen Entwicklungen einer Gemeindebildung in größeren Pastoralsektoren wiesen eine breite theologische Kongruenz zum Thema der Kleinen Christlichen Gemeinschaften auf. Danach hob Professor Bernd Lutz in kritischer Reflexion des US-amerikanischen Ansatzes der „small christian communities" hervor, dass unter demselben Begriff sehr unterschiedliche und auch ambivalente Perspektiven zu fassen sind – Hier wurde also der Blick auf die weltkirchliche Communio der Erneuerung noch einmal geweitet.

Es blieb Professor Medard Kehl überlassen, die möglichen Konsequenzen und Chancen des Ansatzes der Kleinen Christlichen Gemeinschaften im deutschsprachigen Raum auszuleuchten. Wie groß diese Chancen sind, so machte Kehl deutlich, liegt auch an der Bereitschaft zum weltkirchlichen Lernen angesichts der krisenhaften Wirklichkeit der deutschen Kirche. Wie hoch diese Bereitschaft mitten im Umbruch ist, das ist wohl schwer einzuschätzen – vielleicht können, so Kehl, gerade die global ausgerichteten Geistlichen Gemeinschaften und Kirchlichen Bewegungen hier einen Beitrag leisten.

Diese Beschreibung des Symposions und seiner theologischen Architektur bliebe unvollständig, nähme man nicht den Stil in den Blick, der mit diesem Symposion untrennbar verknüpft ist. Die „Methode" des Symposions überstieg nämlich den gewohnten wissenschaftlichen Rahmen. Die Gelegenheiten zum Exposure und zum Besuch Kleiner Christlicher Gemeinschaften zwischen Celle und Göttingen einerseits ermöglichten einen erfahrungsorientierten Einblick in das Thema, ebenso die Workshops und die Podien, die den Reigen der Vorträge ergänzten. Genauso wichtig aber war die geschwisterliche und geistliche Atmosphäre des Symposions, die am Vorabend der wissenschaftlichen Arbeit, einem Begrüßungsabend ihren ersten Meilenstein hatte. Die Begrüßung der Teilnehmer war gleichzeitig die Bildung einer weltkirchlichen Lern- und Glaubensgemeinschaft in nuce. Die freundliche und warmherzige Atmosphäre kennzeichnete fortan das Symposion und machte die Tagung selbst zum Ereignis einer neuen Weise des Kircheseins, in das sich die anspruchsvolle Theologie, die sich hier ereignete, gut einbarg. Dazu trugen auch die vielfachen geistlichen Elemente, wie etwa die Begrüßung des Wortes Gottes am Anfang der Tagesarbeit, aber auch die Gottesdienste und die Eucharistiefeier mit Bischof Wüstenberg, bei.

Einer der tiefsten Eindrücke des Symposions aber war auch die umfassende weltkirchliche Erfahrung. Wohl noch nie waren so viele verschiedene weltkirchliche Experten zum Thema der Kleinen Christlichen Gemeinschaften an einem Ort versammelt. Dabei wurde auch ein weiterer Paradigmenwechsel deutlich: Die weltkirchliche Lerngemeinschaft kehrt zunehmend die europazentrierte Kirchensicht um. Wir Europäer waren hier eindeutig die Lernenden und gaben so der Wahrheit der Weltkirche alle Ehre. Um es mit den selbstbewussten Worten von Estela Padilla zu Beginn ihres Vortrages zu sagen: „You Germans have some further steps to do". Gemeinsam mit unseren Brüdern und Schwestern der Weltkirche wollen wir gerne diese Schritte tun.

Teil I:

Auf dem Weg zu einem neuen Kirchenverständnis

Hermann J. Pottmeyer

Die konziliare Vision einer neuen Kirchengestalt

1. Das Ende der bisherigen Volkskirche – ein Anruf Gottes?

Mit der Bewegung der Small Christian Communities bin ich zum ersten Mal 2002 auf einer internationalen Konferenz dieser Bewegung in Berührung gekommen. Sie fand an der Universität Notre Dame in Indiana statt, und ich war eingeladen, zum Thema der Konferenz „Global Spirituality for Small Christian Communities" zu sprechen. Ich erinnere mich an eine Gruppe aus New York, die aus ihrer Praxis des Bibelteilens heraus es jungen Insassen des berühmten Gefängnisses Sing Sing ermöglichte, den Schulabschluss zu machen, nachdem der Staat die entsprechenden Mittel gestrichen hatte.

Wenn nun auch in Deutschland das Interesse an der Bewegung der Kleinen Christlichen Gemeinschaften wächst, hat das mit unserer kirchlichen Entwicklung und pastoralen Situation zu tun. Ein Interesse setzt ein Bedürfnis voraus. Woraus dieses Bedürfnis entsteht, ist schnell gesagt: Gesellschaftliche Veränderungen haben auch das religiöse und kirchliche Verhalten der Menschen verändert. Die geringere Beteiligung der Gläubigen am Leben der Pfarrgemeinden und die damit verbundene massive Abnahme der Zahl der Priester und der finanziellen Mittel haben Konsequenzen. Mehrere Gemeinden werden zu großräumigeren Pfarrgemeinden zusammengefasst. Damit droht die Kirche ihre Präsenz vor Ort zu verlieren, was die zunehmende Entfremdung vieler vom kirchlichen Leben noch verstärken würde. Kirche und Glaube leben nun einmal von zwischenmenschlicher Nähe und personaler Kommunikation. Deshalb muss Kirche vor Ort bleiben und erfahrbar sein. Die Redewendung „die Kirche im Dorf lassen" zeigt das an. Kirche, Gemeinde vor Ort – in der Nachbarschaft, im Dorf, im Stadtviertel – präsent zu halten, das ist das Anliegen der Kleinen Christlichen Gemeinschaften. Die Notwendigkeit und Chance solcher Basisstrukturen werden in den Bistümern zunehmend erkannt.

So klar also das entstandene Bedürfnis und so richtig die Bildung solcher Gemeinschaften an der Basis ist, darin aber nur eine organisatorische Herausforderung zu sehen und die angemessene Antwort auf das Ende der bisherigen Volkskirche, ist mir zu wenig. Das zumal, wenn darin eine Art Notlösung gesehen wird, verbunden mit dem bedauernden und nostalgischen Blick zurück auf frühere volkskirchliche Verhältnisse. Vor allem reicht eine solche Sicht nicht aus, um Gemeindemitglieder für die Bildung solcher Gemeinschaften und den Aufbau eines kommunikativen Netzwerkes in den Pfarrgemeinden zu motivieren. Verlangt diese neue Gestaltform von Gemeinde als Gemeinschaft von Gemeinschaften doch ein beträchtlich größeres Engagement von den Einzelnen als die bisher gewohnte, durch Tradition gestützte volkskirchliche Pfarrei. Die Bereitschaft dazu setzt nichts weniger als den Entschluss der Beteiligten voraus, ihre Berufung als Christen bewusster und entschiedener anzunehmen, bewusster und entschiedener Kirche zu sein und Gemeinde zu bilden.

Nein, die gegenwärtige Herausforderung durch das Ende der bisherigen Volkskirche ist viel mehr als nur eine organisatorische. Ihre wahre Bedeutung und Tragweite erschließt sich erst der theologischen Perspektive. Könnte es sein, dass uns im Ereignis dieses Endes der Anruf Gottes begegnet, das andrängende Kommen seines Reiches? Wenn wir nämlich daran glauben, dass in unserer Geschichte das Kommen des Reiches Gottes im Gang ist, dann dürfen wir auch daran glauben, dass Gott uns durch diese Entwicklung dazu einlädt, uns entschiedener bewusst zu werden, dass wir nicht nur zur Kirche gehören, sondern selbst Kirche sind – die Einladung also zu einem mündigeren und erwachseneren Christsein und Kirchesein. Das II. Vatikanum sprach in diesem Sinne von den „Zeichen der Zeit", die uns eine solche Einladung Gottes übermitteln. So gesehen wird aus dem Untergang einer gewohnten Gestaltform von Gemeinde, die priesterzentriert auf die Betreuung ihrer Mitglieder abgestellt war, die Chance zu einer neuen Gestaltform, die uns als mündig gesprochene Christen ernstnimmt.

2. Das Zweite Vatikanum: Von der Volkskirche zur Kirche des Volkes Gottes

Im *ersten* Schritt unserer Überlegungen haben wir die Möglichkeit ins Auge gefasst, dass das Ende der bisherigen Volkskirche ein Anruf Gottes ist. Im folgenden *zweiten* Schritt möchte ich verdeutlichen, worin ich das stärkste Argument für meine Überzeugung sehe, dass die gegenwärtige Entwicklung tatsächlich eine solche Einladung Gottes ist. Dasjenige „Zeichen der Zeit", das dafür am deutlichsten spricht, ist für mich das zeitliche Zusammentreffen des sich damals schon abzeichnenden Endes der traditionellen Volkskirche mit dem Ereignis des II. Vatikanischen Konzils. Denn was war das zentrale Anliegen und die wichtigste Botschaft des Konzils? Es stellte uns die Kirche nicht mehr nur als hierarchisch gestufte Institution vor, sondern als geschwisterliche Gemeinschaft des Volkes Gottes, als Gemeinschaft von Gemeinschaften vor Ort, deren Mitglieder Verantwortung tragen für deren Sendung. Damit zielte das Konzil auf nichts anderes als auf den Umbau der bisherigen Volkskirche zu einer Kirche des Volkes Gottes.

Diese Botschaft des Konzils hat in den zurückliegenden vierzig Jahren das Kirchenbewusstsein wirklich verändert und vertieft. Dennoch behaupte ich, dass ihre bisherige Umsetzung bei uns ihre deutlichen Grenzen hat und dass ihre tiefer greifende Aneignung und Verwirklichung noch vor uns liegen. Damit beziehe ich mich insbesondere auf die Einladung des Konzils zu einer bewussteren und geistlich vertieften Kirchlichkeit. Ja, die ganze Aktualität und Dringlichkeit dieser Einladung geht uns erst heute, am Ende der Volkskirche, auf. Worin ich die Grenzen ihrer bisherigen Verwirklichung sehe, möchte ich im folgenden *dritten* Schritt aufzeigen.

3. Grenzen der bisherigen Verwirklichung des konziliaren Reformprogramms

Es waren zwei Umstände, die der Aneignung dieses Anliegens des Konzils in den ersten Jahrzehnten danach eine bestimmte Richtung gaben und seiner Verwirklichung Grenzen setzten: *erstens* das noch fortwirkende volkskirchliche Bewusstsein und *zweitens* die sogenannte Kulturrevolution der späten 60er Jahre.

Tatsache ist, dass sich die erste Umsetzung des Konzils bei uns noch weitgehend im Rahmen der noch wirksamen volkskirchlichen Mentalität vollzog. Dem volkskirchlichen Bewusstsein galt die Zugehörigkeit zur Kirche ja noch als selbstverständlich. Nicht diese erschien ihm als ein Problem, vielmehr sah es den Fortschritt des Konzils in der Aufwertung der Rolle der Laien in der Kirche und ihrer Mitsprache, für die die entsprechenden Strukturen zu schaffen seien. Das erklärt, warum uns die Reform der Kirche zu einer Gemeinschaft des Volkes Gottes vor allem eine Strukturreform bedeutete.

Nun gehörte die Schaffung von Mitverantwortungsstrukturen auf allen kirchlichen Ebenen zwar auch zu den Vorschlägen des Konzils. Denn das vertiefte Kirchenbewusstsein sollte sich ja in den neuen Formen der Partizipation an der Gestaltung und Sendung der Kirche ausdrücken und betätigen. Das Anliegen des Konzils setzte aber viel grundsätzlicher an. Im Aufbau einer Kirche des Volkes Gottes sah es zuerst und vorrangig eine geistliche Herausforderung und Aufgabe.

Heute, da Kirchlichkeit den Schein der Selbstverständlichkeit verloren hat, erreicht uns diese Botschaft des Konzils nicht mehr nur als eine theoretische Wahrheit, sondern auf eine viel existentiellere Weise, nämlich als Anruf zu einer bewussten Entscheidung, von der die Zukunft von Kirche und Gemeinde bei uns abhängt. Die Unausweichbarkeit der Aufgabe neuer Gemeindebildung wird zur Herausforderung und Chance, jetzt diesen Schritt zu einer geistlichen Vertiefung unseres Kirchen- und Reformverständnisses nachzuholen, der in der Absicht des Konzils den anderen Reformschritten hätte vorangehen oder diese begleiten sollen.

Der andere Umstand, der der Aneignung des konziliaren Anliegens bei uns eine bestimmte Richtung gab, war die sogenannte Kulturrevolution der späten 60er Jahre. Das Konzil war nämlich kaum beendet, als sich jene Jugendrevolte Bahn brach, die wir als 68er-Bewegung bezeichnen. Mit den überkommenen Tugenden und Werten sollten auch Religion und Kirche endlich auf den Abfallhaufen der Geschichte gekehrt werden oder zumindest im Sinne des emanzipativen Freiheitsanspruchs vom Kopf auf die Füße gestellt werden. Dass die erste Aufnahme des Konzils bei uns mit dem Durchbruch der 68er-Revolte zusammenfiel, das hat nicht wenig zur Verschärfung der nachkonziliaren Krise und zur Polarisierung in der Kirche beigetragen. Und auch das: Genau 1968 erschien zudem die Enzyklika *Humanae vitae*, was selbst bei kirchlich gesinnten Katholiken zu Zweifeln an der Autorität der Kirche oder gar zur Distanzierung von der Kirche führte.

Das gesellschaftliche Klima dieser Jahre verschärfte noch jene Einseitigkeit, mit der das konziliare Reformanliegen im

Sinne bloßer Strukturreform bei uns aufgenommen wurde. Die Forderung der 68er nach einer Demokratisierung aller Lebensbereiche wurde auch in der Kirche aufgegriffen. Die mitverantwortliche Partizipation wurde jetzt von lautstarken Gruppen und Stimmen als konsequente Demokratisierung der Kirche unter Abschaffung ihres hierarchischen Gefüges verstanden. Was vom Konzil als positive, aber sehr wohl kritisch unterscheidende Anerkennung der Errungenschaften der Moderne gemeint und angestrebt worden war, drohte jetzt als Aufforderung zu einer Anpassung an zeitgeistige Trends missverstanden zu werden.

Noch einmal zusammenfassend zur Schwäche und Einseitigkeit der bisherigen Aneignung des Konzils: Kirche als Gemeinschaft des Volkes Gottes – das war die Vision des Konzils, von der die Reform der Kirche ausgehen sollte. Was wir von der Bestimmung der Kirche als „Volk Gottes" aber vor allem aufgenommen haben, war das erste Wort „Volk" im Sinne einer breiteren Partizipation aller an der Verantwortung für und in der Kirche. Was weniger in den Blick kam, war die Wahrheit, dass wir dieses „Volk" nur als „Volk *Gottes*" sind, ohne den wir als Kirche ein Nicht-Volk sind und nichts tun und bauen können. Für das Konzil war die Wahrheit beider Worte aber von gleichem Gewicht. Ja, für das Konzil war das Gegründetsein durch und in Gott und das Sich-Gründen auf Gott durch Christus im Heiligen Geist die vorrangige Bedingung, um überhaupt ein Volk, eine Gemeinschaft zu sein.

4. Die Vision des Konzils –
Bauplan für die Kirche von heute

Im *vierten* Schritt möchte ich Sie dazu einladen, uns die Vision des Konzils von der Kirche als Gemeinschaft des Volkes Gottes des Näheren und unverstellt anzuschauen. Denn mit

Papst Johannes Paul II. bin ich davon überzeugt, dass sie uns von Gott als eine Art Bauplan für die Kirche von heute angeboten wird.

In der Kirchenkonstitution *Lumen gentium* kommt das Kapitel über das Volk Gottes erst an zweiter Stelle. Ihm voraus geht das erste Kapitel über das Mysterium der Kirche. Diese Vorordnung ist nicht zufällig. Die Botschaft des ersten Kapitels lässt sich so zusammenfassen: Gemeinschaftlichkeit untereinander als Kirche gelingt nur in dem Maße, als jeder der Beteiligten und wir alle gemeinsam aus der Gemeinschaft mit dem dreifaltigen Gott leben. Der existentielle Vorrang der geistlichen Erneuerung und Vertiefung unseres Kircheseins vor jeder strukturellen Reform – das war für das Konzil das Leitprinzip für den Umbau zu einer Kirche des Volkes Gottes.

Nach dem Konzil wurde aber das Kapitel über das Mysterium der Kirche – ähnlich wie das mit ihm eng verbundene fünfte Kapitel über die allgemeine Berufung zur Heiligkeit – im Allgemeinen wenig beachtet. Es wurde als eine Art frommer, hochtheologischer Vorspann vor dem betrachtet, was vor allem interessierte, nämlich das Kapitel über das Volk Gottes und die gleiche Würde aller Getauften. Das konziliare Leitprinzip und seine Prioritätensetzung nicht zu beachten, das scheint mir die Schwäche der bisherigen Verwirklichung der Konzilsbeschlüsse zu sein, mitverantwortlich für die einseitige Sicht der Kirchenreform als Strukturreform.

Tatsächlich wurde man sich im Laufe der Zeit dieser Schwäche der bisherigen Konzilsrezeption immer mehr bewusst. 1985 berief Papst Johannes Paul II. eine Außerordentliche Bischofssynode ein, die eine Bilanz der bisherigen Verwirklichung des Konzils ziehen sollte. Das wichtigste Ergebnis ihrer Analyse war es, dass sie genau jenes Versäumnis feststellte, von dem wir eben sprachen: den Vorrang der geistlichen Erneuerung und Vertiefung des Kirchenbewusstseins vor jeder anderen Reform zu wenig beachtet zu haben. Als Fokus der konziliaren Kirchenvision stellte die Synode dann den Begriff der communio heraus: Kirche ist die communio des Volkes Gottes, die auf der communio mit dem dreifaltigen Gott gründet, aus ihr erwächst und fortwährend lebt. Seit dieser Synode wurde „communio" zum Stichwort für die doppelte Dimension des Volkes Gottes: für seine vertikale Dimension als Gemeinschaft mit und in Gott und für seine horizontale Dimension als Gemeinschaft untereinander als Kirche.

Aber kommen wir zurück zum Konzil selbst: Was sagt es denn genauer über das Mysterium der Kirche? *Erstens:* Das Mysterium der Kirche gründet im Mysterium Gottes, dessen unbegreifliche Liebe die Kirche, das neue Volk Gottes, ins Leben rief, um mit ihr die Verwirklichung seines Reiches zu beginnen. „Reich Gottes" meint Gemeinschaft der Menschen mit Gott und Gemeinschaft der Menschen untereinander durch ihre Gemeinschaft mit Gott – eine Gemeinschaft, die jetzt schon in der Kirche begonnen hat und einmal alle Menschen guten Willens umfassen soll. Deshalb nennt das Konzil die Kirche Keim und Anfang des Reiches Gottes (LG 5).

Zweitens: Das Mysterium der Kirche gründet im Mysterium der Menschwerdung des Sohnes Gottes, an dem sie teilhat. Wie Jesus Christus zugleich Mensch und Gott in einer Person ist, so bildet auch die Kirche – wie das Konzil sagt – „eine einzige komplexe Wirklichkeit, die aus menschlichem und göttlichem Element zusammenwächst" (LG 8). Deshalb wird die Kirche in der Bibel als „Leib Christi" bezeichnet, denn es ist der zum Vater heimgekehrte Jesus Christus, der in ihr fortlebt und fortwirkt.

Drittens: Das Mysterium der Kirche ist das Mysterium ihrer göttlichen Sendung. Denn das Reich Gottes soll nicht nur in der Kirche kommen, sondern auch durch sie vermittelt zu allen Menschen. Das Konzil: „Die Kirche ist ja in Christus gleichsam das Sakrament, das heißt Zeichen und Werkzeug für die innigste Vereinigung mit Gott wie für die Einheit der ganzen Menschheit" (LG 1). Wie nämlich das Menschsein des Sohnes Gottes, also Jesu Leben und Wirken, sein Tod und seine Auferstehung, Zeichen und Werkzeug der erlösenden Liebe Gottes wurden, so ist die Kirche als Leib Christi Zeichen und Werkzeug für das weitere Kommen seines Reiches. Wir können die Kirche deshalb als Sakrament oder Zeichen und Werkzeug des Reiches Gottes und seines Kommens bezeichnen.

Mit der Rede vom Mysterium der Kirche will uns das Konzil also die Augen öffnen für die wahre und volle Dimension der Kirche. Wir verlieren diese nur allzu leicht aus den Augen. Ist es nicht so, dass wir meist fixiert sind auf ihre menschliche Seite, auf die Kirche als Organisation und Institution, auf ihre Schwächen und Fehler? Lieben kann ich die Kirche aber nicht als Organisation oder wegen des Papstes, ihrer Bischöfe und Pfarrer, lieben kann ich sie nur als das Zelt Gottes unter den Menschen und als Leib Christi und weil mir in ihr Gott und Jesus Christus begegnen und nahe kommen. Solcher Liebe zur Kirche aber bedarf es für ein Engagement, das über ein Traditionschristentum hinausgeht und sich für neue Gemeindebildung einsetzt.

Zudem öffnet uns das Konzil mit seiner Rede vom Mysterium der Kirche die Augen für deren göttliche Sendung und für unsere eigene Berufung und Sendung. Die Kirche ist nicht Selbstzweck. Ihre Daseinsberechtigung hat sie als Zeichen und Werkzeug für das Kommen des Reiches Gottes in unsere Welt. Das gilt auch und gerade für ihren Charakter als Gemeinschaft und Gemeinde. Die Versuchung, sich selbst zu genügen, ist keiner Gemeinde, keiner kirchlichen Gruppe fremd. In der Perspektive des Reiches Gottes, das ja über Kirche und Gemeinde hinaus zielt, ist die Gemeinschaftlichkeit von Kirche und Gemeinde aber vor allem Zeichen und Werkzeug für jene Gemeinschaft, zu der Gott alle Menschen sammeln will. Nur auf sich selbst bezogen verfehlt Kirche also ihre Bestimmung. Communio und missio, Sammlung und Sendung, gehören zusammen.

Und was unsere eigene, persönliche Sendung angeht: Nicht zu Mitarbeitern der Hierarchie, nicht zu Mitarbeitern der Kirche, nein, zu Mitarbeitern Gottes berufen zu sein, auch dieses Bewusstsein will uns das Konzil vermitteln. Seine Lehre, dass einem jeden von uns Geistesgaben oder Charismen von Gott gegeben sind, die uns zur Mitarbeit am Kommen seines Reiches tauglich und bereit machen, ist ein Herzstück seiner Kirchenkonstitution. Zwar ist es Gott selbst, der sein Reich verwirklicht. Aber dass er sich dabei von uns und unserem Einsatz abhängig macht, wann und wie sein Reich kommt, und wie ernst er uns und unseren Dienst nimmt, wohl wissend um unsere Mängel und Schwächen, das und gerade das gehört für mich zum unbegreiflichen Mysterium seiner Liebe und zum Mysterium der Kirche.

5. Die soziale Sendung der Kirche

Schon eben klang an, dass die Sendung der Kirche in der Reich-Gottes-Perspektive über die Kirche hinausgeht. Sie reicht auch über den im engeren Sinn religiösen Bereich hinaus. Gemeint ist die soziale Sendung oder Diakonie der Kirche. Dazu im *fünften* Schritt. Durch ihren Einsatz für einen Zuwachs an sozialer Gerechtigkeit, an Freiheit, an Solidarität und Geschwisterlichkeit unter den Menschen Zeichen zu setzen für die von Gott angezielte Gemeinschaftlichkeit aller Menschen, auch das gehört zur Sendung der Kirche als Zeichen und Werkzeug des Reiches Gottes. Deshalb hat das Konzil nicht nur von der Option für die Armen gesprochen, sondern sich in seiner Pastoralkonstitution *Gaudium et spes* über die Kirche in der Welt von heute ausführlich mit der sozialen Sendung der Kirche befasst.

Im exklusiven Gebrauch von „communio" als Leitidee für unser Kirchenverständnis sehe ich gegenwärtig die Gefahr, diese soziale Sendung vergessen zu lassen. Wird die Rede von der

Kirche als communio nämlich aus der Reich-Gottes-Perspektive herausgelöst, droht eine ekklesiozentrische Sicht und ein entsprechendes Verhalten, was die Neigung zu einer selbstbezogenen und cliquenhaften Mentalität kirchlicher Gemeinden und Gruppen fördert.

Um konkret zu werden, möchte ich die Untersuchung von Bernard J. Lee „The Catholic Experience of Small Christian Communities" (New York: Paulist 2000) anführen. Er stieß überall in den USA in Workshops von Kleinen Christlichen Gemeinschaften auf einen gewissen Widerstand, wenn er betonte, dass Gesendet-zu-sein zum Wesen jeder Gemeinschaft gehöre, die sich als christliche Gemeinschaft versteht. Kleine Christliche Gemeinschaften könnten – so Lee – nur dann zu einer prägenden Kraft in der katholischen Kirche der USA werden, wenn sie den Auftrag der Kirche zur Evangelisierung von Kultur und Gesellschaft ernstnähmen (Sigle 139). Theologisch ganz richtig fügt er hinzu: „Sammlung und Sendung. Sammlung zielt auf Sendung, Sendung aber bedarf der Sammlung" (Sigle 140).

Die Kleine Christliche Gemeinschaft aus New York, die ich eingangs erwähnte, hatte genau das verstanden. Ihre Gemeinschaft erwuchs aus der Praxis des Bibelteilens und daraus nährten sich ihre gemeindliche Mitarbeit und ihr soziales Engagement in Sing Sing. Und genau so verstehen es viele Kleine Christliche Gemeinschaften in Afrika und Asien und bei uns.

Zum wenig ausgeloteten Erbe des Konzils gehört übrigens auch – das sollte nicht vergessen und deshalb hier erwähnt werden – seine Konstitution *Dei Verbum* über die göttliche Offenbarung. Wie es in seiner Kirchenkonstitution um ein vertieftes Verständnis der Kirche geht, bemüht sich das Konzil hier um ein vertieftes Verständnis der Offenbarung. Ganz den damaligen volkskirchlichen Verhältnissen entsprechend, wo die Gläubigen vor allem als gelehrige Schüler ihrer bischöflichen und priesterlichen Lehrer gesehen wurden, war die Offenbarung in den Jahrhunderten vorher vor allem als Belehrung durch Gott und als Lehre über Gott aufgefasst worden. Das Konzil dagegen begreift die Offenbarung als einen Dialog, den Gott mit uns aufnimmt – als einen Dialog, in dem er uns wie Freunde anredet und uns in die communio mit sich einlädt. Es ist offensichtlich, in welchem Maße das Kirchen- und Offenbarungsverständnis des Konzils einander entsprechen: Offenbarung als Dialog und eine dialogische Kirche. Papst Paul VI. erklärte „Dialog" zum Schlüsselwort für die Beziehungen innerhalb der Kirche und für die Beziehung der Kirche zur Gesellschaft. In einen Dialog mit Gott eintreten und dabei seinem freundschaftlichen, einladenden Anruf begegnen – das ist es, was Kleine Christliche Gemeinschaften bei ihrer Praxis des Bibelteilens erfahren und woraus sie die Kraft zu ihrem Engagement schöpfen.

6. Ein Blick über den Tellerrand: Wer lernt von wem?

Von der begrenzten Aufnahme, welche die Botschaft des Konzils bei uns fand, war schon die Rede. Tun wir im *sechsten* Schritt einen Blick über unseren europäischen Tellerrand hinaus. Zunächst zu uns: Täuschen wir uns nicht: Die Aufgabe nach dem Ende der Volkskirche, dass aus unseren Pfarreien Gemeinschaften von Gemeinschaften werden, verlangt von uns allen ein Umdenken, wie es bisher alles andere als selbstverständlich und verbreitet ist. Eine aus jahrhundertelanger Gewohnheit erwachsene Mentalität braucht zur Veränderung beides, Zeit, aber auch den bewussten Aufbruch. Bisweilen frage ich mich, ob hinter dem Druck, der von dem sich verschärfenden personellen und finanziellen Mangel ausgeht, vielleicht Gott selbst steht, der uns in diese Richtung drängen will, uns auf den Weg zu einem bewussteren und mündigeren Christsein und Kirchesein bringen will. Gehören leere Kirchen und Priesterseminare, so bedauerlich sie sind, vielleicht auch zu jenen

„Zeichen der Zeit", die uns seine dringende Einladung übermitteln?

Welches Umdenken uns noch bevorsteht, wurde mir erneut bewusst, als ich in einer kürzlichen Nummer von *The Tablet* ein Interview mit Kardinal Oscar Rodríguez Maradiaga von Honduras las (*The Tablet* v. 4. 10. 2008, 6 f.). Darin äußert der Kardinal: „Auf der Nordhalbkugel wird unter Kirche häufig nur die Hierarchie verstanden, und das Wirken der Kirche wird auf das Wirken der Hierarchie reduziert. Bei uns ist das anders. Bei uns spielen Laien eine führende Rolle. Und das geht auch gar nicht anders. In Honduras haben wir gerade 400 Priester, aber 30 000 lay ministers."

Was hier ansichtig wird, eine von engagierten Laien verantwortlich getragene Kirche, ist das bloß eine Mangelsituation, nur ein Negativum, oder doch eher das Bild einer Kirche, die den Gemeinden der frühen Christen ähnelt? War es nicht die bewusste und persönliche Entschiedenheit der Christen, die der Kirche damals ihre missionarische Kraft verlieh? Hier gilt das treffende Wort von Bischof Wanke: Unsere Zeiten sind nicht unchristlicher geworden, sondern urchristlicher.

Ist das nicht bemerkenswert: Wir in Europa lernen heute von den Kirchen in den sogenannten Missions- und Entwicklungsländern Afrikas und Asiens, die Botschaft des II. Vatikanums erst wirklich zu verstehen. War es nicht so, dass die Aufbrüche in Europa – die Bibelbewegung, die Liturgische Bewegung, die Laienbewegung – und die Theologie Europas es waren, die das Umlenken des II. Vatikanums zu einem vertieften Kirchenverständnis möglich machten? Wie ist das möglich, dass in der Realisierung des II. Vatikanums jetzt jene Kirchen uns voraus sind? Nun, die Erklärung ist einfach. Während bei uns nach dem Konzil zunächst noch weithin volkskirchliche Verhältnisse bestanden, erreichte jene Völker und Kirchen die Botschaft des Konzils in einer Zeit des zusammenbrechenden Kolonialismus, wachsender Unabhängigkeit und des zunehmenden

Selbstbewusstseins. Zusammen damit trat bei ihnen das Ende der bisherigen missionskirchlichen Strukturen ein. Was also bei ihnen schon früher Raum schuf für Veränderungen und einen Neubeginn, und der Druck, mit dem Weggang der Missionare entweder unterzugehen oder sich auf die eigenen Füße zu stellen und die christliche Berufung entschiedener zu ergreifen, das tritt bei uns mit dem Ende der Volkskirche erst jetzt ein, zudem viel allmählicher als das in vielen Ländern Afrikas und Asiens geschah. Deshalb sind sie uns heute voraus, werden sie jetzt zu unseren Lehrern und können uns zeigen, wie Christsein und Kirchesein im Sinne des II. Vatikanums gelebt werden können.

7. Das pastorale Vermächtnis Johannes Pauls II.

Zum Schluss und im *siebten* Schritt noch einen Blick auf das, was sich als das pastorale Vermächtnis Papst Johannes Pauls II. herausgestellt hat, auf sein Apostolisches Schreiben *Novo Millennio Ineunte*, das er zum Abschluss des Großen Jubiläums 2000 veröffentlichte. In ihm entwickelt er einen Pastoralplan für das beginnende Jahrhundert. Er greift dabei die Bilanz der Bischofssynode von 1985 auf, die als Versäumnis bei der bisherigen Verwirklichung des Konzils festgestellt hatte, dass zu wenig der Vorrang der geistlichen Erneuerung vor jeder äußeren Reform beachtet worden sei. Kirche als communio des Volkes Gottes, das aus der communio mit dem dreifaltigen Gott lebt und sich erneuert – aus diesem Kernsatz der Synode leitet der Papst die pastorale Orientierung für die nähere Zukunft ab. „Die Kirche zum Haus und zur Schule der communio zu machen, darin liegt die große Herausforderung, die in dem beginnenden Jahrtausend vor uns steht, wenn wir dem Plan Gottes treu sein und auch den tiefgreifenden Erwartungen der Welt entsprechen wollen" (NMI 43).

Dann kommt er zu dem Anliegen, in dem ich die prophetische Intuition dieses Papstes sehe: Die Gestaltung der Kirche zu einer communio bedarf einer Spiritualität der communio, damit die Kirche in den Herzen erwache. Der Papst schreibt: „Vor der Planung konkreter Initiativen gilt es, eine Spiritualität der communio zu fördern." Er bleibt aber nicht bei einer abstrakten Forderung stehen, sondern nennt konkrete Charakterzüge einer solchen Spiritualität der communio.

Spiritualität der communio – so der Papst – bedeutet vor allem, den Blick des Herzens auf das Mysterium des dreifaltigen Gottes zu lenken, das in uns wohnt und dessen Licht wir auf dem Antlitz unserer Brüder und Schwestern neben uns wahrnehmen sollten. Spiritualität der communio bedeutet zudem die Fähigkeit, den Bruder und die Schwester im Glauben als mir zutiefst verbunden zu erkennen, nämlich als Glieder des einen Leibes Christi, damit ich ihre Freuden und Leiden teile, ihre Wünsche erahnen und mich ihrer Bedürfnisse annehmen kann. Spiritualität der communio bedeutet auch die Fähigkeit, vor allem das Positive im anderen zu sehen, um es als Gottesgeschenk anzunehmen und zu schätzen: nicht als ein Geschenk nur für den anderen, sondern auch für mich. Spiritualität der communio heißt schließlich, dem Bruder, der Schwester Platz machen zu können, indem einer des anderen Last trägt, und den egoistischen Versuchen zu widerstehen, die uns dauernd bedrohen und Rivalität, Karrierismus, Misstrauen und Eifersüchteleien erzeugen.

Im Anschluss daran ermahnt der Papst die Hirten, Bischöfe und Pfarrer, die anderen Glieder des Volkes Gottes anzuhören. Dazu zitiert er den hl. Paulinus von Nola: „Wir wollen an den Lippen aller Glaubenden hängen, weil in jeden Gläubigen der Geist Gottes weht" (NMI 45). Er schließt die Aufzählung der Charakterzüge einer Spiritualität der communio mit der eindringlichen Mahnung: „Machen wir uns keine Illusionen: Ohne diesen geistlichen Weg würden die äußeren Mittel der communio recht wenig nützen. Sie würden zu seelenlosen Apparaten werden, eher Masken der communio als Möglichkeiten, dass diese sich ausdrücken und wachsen kann" (NMI 43).

Das ist ein deutliches Verdikt über alle Versuche, der Herausforderung durch das Ende der Volkskirche allein mit den Mitteln pastoraler Neuorganisation der Pfarrgemeinden zu begegnen.

Ich meine, dass der Papst mit diesem Schreiben nicht nur den Schwachpunkt der bisherigen Verwirklichung des Konzils getroffen hat. Er hat in ihm auch einen Weg gewiesen, auf dem die Kirche zu einer Gemeinschaft von Gemeinschaften werden kann – was ja das Ziel des Konzils war, das die Kirche als communio ecclesiarum, als Gemeinschaft von Ortskirchen, verstanden hat und gestaltet sehen wollte. Gelingen kann eine solche Umgestaltung – das war das wichtigste Anliegen des Papstes, das er mit dem Konzil teilte – nur auf dem Weg eines geistlich motivierten und geleiteten Umdenkens. Jeder andere Weg verkennt und verfehlt das Mysterium, das die Kirche ist.

Michael Wüstenberg[1]

Wie Kirche nach dem Konzil wächst – ein Beispiel aus Afrika

Wo wir herkommen

Der im Programm angegebene Titel für diesen Vortrag sagt: Ein Beispiel aus Afrika. Afrika ist groß. Afrika hat viele sehr unterschiedliche Situationen. Ich werde mich im wesentlichen auf meinen eigenen Wirkungskreis beschränken. Das ist Südafrika. Und in Südafrika ist es hauptsächlich die Diözese Aliwal.

Was mich nach zehn Jahren Dienst in deutschen Gemeinden – hier in der Diözese (Hildesheim) – an Afrika interessierte, waren besonders drei Bereiche: Die Basisgemeinschaften *(communautes chretiennes de base),* wie ich sie in Burkina Faso in Westafrika kennengelernt hatte, die Arbeit mit Laien und das Bemühen um Inkulturation.

---

1 Michael Wüstenberg ist ursprünglich Priester der Diözese Hildesheim. 1992 begann er seinen Einsatz in Südafrika im nun ehemaligen Homeland der Transkei. Er reflektierte auf die Arbeit mit Leadern in einer Promotion an der Universität von Südafrika in Pretoria. Von 2003 bis 2006 arbeitete er als Referent am Lumko-Institut. Nach nur einem Jahr Lehrtätigkeit dort in Pastoraltheologie und Homiletik wurde er zum Bischof von Aliwal ernannt und 2008 dort geweiht.

Ein katholischer Prozess

Nach dem Zweiten Vatikanischen Konzil (1962–1965) geschah eine spirituelle Befruchtungswelle. Von Südamerika ausgehend (Medellin 1968 und Puebla 1979) verbreitete sich die Idee von Basisgemeinschaften nach Afrika, Westafrika wie Ostafrika. In Südafrika hörte der spätere Bischof Fritz Lobinger von der Entwicklung in Ostafrika (AMECEA), speziell in Kenia, wo Kleine Christliche Gemeinschaften (KCGs) 1973/76[2] zur pastoralen Priorität erklärt wurden. Die Erfahrungen dort waren Anlass zu Modifizierungen bei der Einführung von KCGs in Südafrika. Man kann von einem genuin katholischen Prozess sprechen. Eine gemeinsame Idee, ausgehend von der *Communio-* sowie von der *Volk Gottes Theologie* des Zweiten Vatikanischen Konzils, fand in unterschiedlichen Kontexten verschiedene Konkretisierungen.

Wenn man mit van der Ven[3] sagen will, dass die Grundfunktion der Kirche religiöse Kommunikation ist, dann sehe ich hier einen globalen Prozess von Kommunikation. Gerüchte, Berichte und gegenseitige Besuche haben dazu beigetragen, dass ein gemeinsames Interesse wahrgenommen und verwirklicht wurde. In diesem Prozess von Kommunikation wurden Ideen aufgegriffen, verfeinert und dem jeweiligen Kontext angepasst.

So ein Prozess braucht Zeit. Bei einem Besuch in Kenia im Jahre 2003 wurde mir gesagt, dass in einigen Diözesen die Einführung von KCGs noch nicht richtig begonnen hätte. Das ist 30 Jahre nach dem Beginn der erklärten Pastoralen Priorität. Solche Verzögerung oder Ungleichzeitigkeit ist nicht unge-

---

2 Mejia, R.: The pastoral priorities of the local Church in Eastern Africa. In: Radoli, A. (Hrsg.): *How local is the local Church? Small Christian Communities in the Church in Eastern Africa.* Eldoret: Gaba AMECEA Publications 1993 (Spearhead 126–128), S. 104–119.

3 Van der Ven, J.: *Ecclesiology in context.* Grand Rapids: William B. Eerdmans 1996.

wöhnlich. In der Diözese Aliwal wurde erst mit dem Pastoralplan für Südafrika 1989 damit begonnen, KCGs systematisch einzuführen.

Pastorale Pläne erscheinen als wichtiges Element, auch in Kenia, um die Entwicklung von KCGs zu unterstützen. Sie sichern KCGs ab und erheben sie über einen eher „exotischen" Status. Sie werden offiziell, und das auch mit den Erwartungen, die an sie geknüpft werden. Sie sind kein „Privatvergnügen". Trotz pastoraler Pläne hängt viel von Überzeugungsarbeit und Bewusstseinsbildung ab. In der Diözese Aliwal wurde eine Reihe von Seminaren gehalten, bei der die Gemeindemitglieder an Bord dieser neuen Entwicklung gebracht werden sollten. Bedenken konnten dort angesprochen werden; niemand sollte gezwungen werden. Dasselbe gilt für die Hauptamtlichen, im Kontext von Aliwal hauptsächlich die Priester. Bis heute sind einige immer noch ein Hindernis für die Entwicklung von KCGs, trotz Pastoralplans und diözesaner Politik.

Kontextuelle Erscheinungsform

Der Jesuit Rodrigo Mejia, der lange in Nairobi mit KCGs gearbeitet hat, berichtete mir kürzlich von seinen Erfahrungen, nun als Bischof in Äthiopien. Dort, so sagt er, seien die Gemeindemitglieder derzeit eher zögerlich mit KCGs. Sie werden als etwas erfahren, das von außen kommt. Und etwas Fremdem gegenüber seien sie eher skeptisch. Den derzeitigen Stand dort könnte man interpretieren als eine Phase im Dialog, in der das Eigene, auch die eigene Überzeugung und Erfahrung, sowie die eigene Kultur Berücksichtigung sucht.

1995 besuchte ich meine „erste Liebe" in Afrika: Burkina Faso. Mit den Erfahrungen aus Südafrika entdeckte ich Kontraste zwischen den jeweiligen Annäherungsversuchen an Basisgemeinschaften oder KCGs.

In Burkina Faso werden die Basisgemeinschaften als Ausdruck der Theologie von „Kirche als Familie" verstanden, ein ekklesiologisches Verständnis, das dann auch auf der Synode über Afrika 1994 seinen Niederschlag fand. Wann immer ich nach Basisgemeinschaften fragte, wurde „Aha, die Kirche als Familie" geantwortet. Dieses Verständnis ist tief im lokalen Erleben von Familie – nicht nur als Kernfamilie, sondern auch der erweiterten Familie und des Klans – verstanden. Es sei nur nebenbei bemerkt, dass es eine ganze Reihe von kritischen Stimmen mit Blick auf das Bild der Kirche als Familie gibt, weil auch im afrikanischen Kontext der Zusammenhalt von Familien sehr bedroht ist; in Südafrika – und nicht dort allein – werden sehr viele Kinder außerehelich zur Welt gebracht. Das Fehlen von Familienerfahrung macht es dann schwer, das Bild von Familie für die Kirche zu benutzen, ohne große Erklärungen beizufügen, was denn damit gemeint sei.

Ich möchte auch auf eine theologisch relevante Gefahr des „Familien-Modells" hinweisen. Ein Bischof in Kenia sagte mir: „Du kannst das nicht sehen, wenn du die KCGs hier besuchst. Aber manchmal sind es eben nicht Nachbarschaftsgruppen, sondern ausschließlich Mitglieder einer Familie oder eines Klans, die sich dort treffen." Das Bild der Kirche aus Männern und Frauen, Sklaven und Freien wäre damit entstellt, der Traum der Einheit in Unterschiedlichkeit verlöre in den KCGs seine realsymbolische Gestalt.

In Südafrika war bei der langjährigen Entwicklung des Pastoralplans das Konzept von „Gemeinschaft" ausschlaggebend – wobei bemerkt werden muss, dass der Begriff „community" im Titel des Planes „Community Serving Humanity" in Xhosa als „usapho" – „Familie" – wiedergegeben wird. Gott ist Gemeinschaft, die Gemeinschaft von Vater, Sohn und Heiligem Geist. Die Kirche spiegelt diese Gemeinschaft wider. Es handelt sich hier also eher um einen Zugang zu KCGs durch die Vorstellung der Dreifaltigkeit.

Kleine Gemeinschaften von „oben" oder „unten"?

Kann man KCGs „verordnen"? Kommen sie, hierarchisch gesprochen, von „oben", oder sind sie eine Graswurzelerscheinung, etwas, das von „unten", vom Volk, kommt? Für Menschen mit einer Hierarchie-Allergie erscheint es suspekt, wenn KCGs von oben, das heißt von Bischöfen, deren Konferenzen oder ähnlichen Körperschaften, „eingeführt" oder verordnet werden wie zum Beispiel durch pastorale Pläne oder die Definition von pastoralen Prioritäten.

Ich habe deutliche Stimmen gehört, die sagten, dass KCGs eigentlich gar nichts Neues seien, sondern sehr der afrikanischen Mentalität, Dinge gemeinsam zu tun und Entscheidungen im Konsens zu treffen, entsprächen. Es sei also nur natürlich, sie auch in der Kirche zu haben. Und das ist etwas, das von unten kommt. „Basisgemeinschaften sind afrikanisch, Verbände sind Importe" sagte mir Abbé Ouedraogo in Burkina Faso. Darüber hinaus sind KCGs häufig über bestehende, oft lose Strukturen aufgebaut worden, zum Beispiel durch Wohnviertel-Organisation („wards" oder „blocks"), die meist zum Einsammeln von Kirchengeld eingeführt worden waren. Sie sind also nicht unbedingt „creatio ex nihilo", sondern eine Weiterentwicklung von Vorhandenem.

Wenn die Idee von KCGs in einem Austausch von Praxis und Erfahrung durch hauptamtliche Amtsträger verbreitet wurde, dann aber an der Basis die aktive Zustimmung brauchte, die durch eigene Erfahrung von Gemeinschaftsstrukturen unterstützt wurde, dann kann man hier ein Beispiel für das Zusammenspiel, das Zueinander und Miteinander der verschiedenen Beteiligten sehen. Es ist eine Spielart von Kollaboration in Leitung und Entscheidung.

Wenn im europäischen Kontext dieses Gemeinschaftsgefühl, das in Afrika unmittelbar den Eindruck entstehen lassen kann, dass KCGs ganz natürlich das Eigene sind, so nicht besteht, dann ist es vielleicht dennoch in der Form der Sehnsucht vorhanden. Man kann wohl sagen, dass für Menschen wichtige Funktionen wie die Sorge für Kranke und Alte und für Sicherheit in Deutschland und anderswo an Mittler-Organisationen wie Versicherungen abgetreten, kommerzialisiert und anonymisiert wurden. (In Afrika kommen diese Funktionen in weiten Teilen – noch – unmittelbar der Famile zu. Aber auch dort zeigen sich Wandelerscheinungen.) Das heisst aber gerade nicht, dass es nicht doch eine Sehnsucht nach einem menschlich unterstützenden System gibt, das Werte, Spiritualität und Glauben unmittelbar abstützt, sichert und erfahrbar macht. Die vielgestaltigen Formen von Gemeinschaften, die es in Europa gibt, sind ein Anzeichen dafür.[4]

Eine trinitarische Anthropologie in der Praxis

Wenn KCGs mit dem Pastoralplan in Südafrika unter dem Gesichtspunkt der Dreifaltigkeit eingeführt wurden, dann möchte ich das hier verschärfen und ausweiten. KCGs können eine wesentliche Rolle spielen in dem, was ich eine trinitarische Anthropologie nenne. Wir behaupten – oder glauben –, dass wir als Ebenbild Gottes geschaffen wurden. Da wir kein Foto von Gott besitzen (können), schließt das die eh unsinnige Vorstellung aus, dass alle wie ein alter Mann mit weißem Bart aussehen müssten. Unsere Offenbarung aber sagt uns, dass Gott, der dreifaltig ist, die Dynamik einer sich gebenden und empfangenden Gemeinschaft hat. Als Ebenbild Gottes sind wir auf eine intime Gemeinschaft angewiesen, die vom Geben und Nehmen von Liebe lebt und dabei ein ganz neues Klima, einen ganz neuen Geist erzeugt. Könnte man vielleicht sagen, dass wir, wenn wir diese Gemein-

4 Siehe: Healey, J.G. & Hinton, J.: *Small Christian Communities Today: Capturing the moment.* Nairobi: Paulines 2006.

schaft nicht leben, gegen das eigene theologisch erkannte Wesen verstoßen und damit menschlich funktionsuntüchtig werden? Die Wechselbeziehung zwischen Vater, Sohn und Heiligem Geist kann in den KCGs gelebt werden. In dieser Sicht wird vielleicht auch das Bild von Kirche als Familie und seine Anwendung auf KCGs aussagekräftiger. Diese Art von Wechselbeziehung wird wahrscheinlich am dichtesten in einer christlichen Ehe und Familie erlebt und erfahren. Sie schafft ein neues Klima untereinander. Ähnliches gilt dann, analog, von der kirchlichen Familie, den KCGs.

Ein Familienunternehmen

Mir ist aufgefallen, dass Familienunternehmen besser funktionieren im Vergleich zu denen, die Angestellte haben. Das Geheimnis scheint zu sein, dass in einer Familie alle Beteiligten einen ausgeprägten Sinn von Verantwortung haben und wissen, dass sie gemeinsam untergehen, wenn das Geschäft nicht klappt und jemand nicht richtig mitmacht. Das stärkt den Einsatz und das Zusammengehörigkeitsgefühl.

Afrikanische Familien sind erweiterte Familien bis hin zum Klan. Mit dem Modell der Kirche als Familie und den KCGs als konkreten Ausdruck dafür könnte man sagen, dass KCGs die gemeinsame Verantwortung, den Einsatz und das Zusammengehörigkeitsgefühl unter den Christen fördern.

In Ostafrika wurden KCGs als die „aller-örtlichste Inkarnation der Katholischen Kirche" verstanden. Das lässt sich aufweisen anhand des Bekenntnisses zur Einen, Heiligen, Katholischen und Apostolischen Kirche. Das Lumko-Institut hat diesen Aspekt in seinen Publikationen zu KCGs mehrfach betont. Anders als Verbände, die ihre eigene Bedeutung und Wichtigkeit haben, spiegeln KCGs im Ideal Kirche als solche wider. Professor B. Yanoogo aus Burkina Faso fasste das so zusammen:

„Wenn jemand sagt, wir haben doch Verbände, wir hier brauchen keine Basisgemeinschaften, dann hat er überhaupt nicht verstanden, was die Kirche ist." KCGs in diesem Verständnis sollten *Einheit* widerspiegeln; sie tun das zum Beispiel wenn man von der Gemeinschaft von Gemeinschaften spricht. Sie tragen zur *Heiligkeit* und Heilung bei; das kommt dem Heil nahe, das im deutschen Wort „Heiland" reflektiert ist – etwas, das menschlich ganz werden lässt, gerade eben auch im Sinne der trinitarischen Anthropologie. Sie sind Ausdruck von *Katholizität;* das bedeutet (abgesehen von ihrem „katholischen Ursprung", s. o.), dass in der übergreifenden Einheit auch lokal, kontextuell bedingte Verschiedenheit ihr Recht erfährt. *Apostolisch* sind sie, wenn sie nicht nur ein gemütlicher Club sind, sondern konkret die Sendung zur Evangelisierung und auch die Tradition katholischer Kontextualität leben, wie sie zur Zeit der Apostel existierte.

Kernfunktionen der Kirche werden wahrgenommen

Van der Ven nennt vier Kernfunktionen der Kirche, die sie braucht, um ihre Grundfunktion, religiöse Kommunikation, zu erfüllen. Diese sind Identität, Integration, Planung und Management. Wenn KCGs Kirche sind und nicht nur ein Verband mit spezifischer Mitgliedschaft und Aufgabe, dann müssten sich, gleichsam als Test, auch diese vier Kernfunktionen bei den KCGs finden lassen.

Identität

Die Erfahrung zeigt, dass KCGs bei ihren Mitgliedern wesentlich zu einer Identitätsbildung als Christen und Katholiken beigetragen haben. In meiner Diözese hing bis zur Einführung des Pastoralplans alles von Priestern und Katechisten ab. Wenn sie nicht kamen, waren die Gemeindemitglieder hilflos. Sie waren zum Beispiel, anders als die Mitglieder anderer Konfessionen, nicht in der Lage, Beerdigungen leiten und zu predigen. Durch die regelmäßigen Treffen der KCGs, normalerweise einmal in der Woche, lernten die Leute, mit der Bibel umzugehen. Die Sieben-Schritte-Methode des Bibel-Teilens trug wesentlich dazu bei. Zudem eröffnete sie einen neuen spirituellen Zugang zur Begegnung mit Christus. Wenn Hieronymus sagt „die Schrift nicht kennen heisst Christus nicht kennen", dann ist hier ein wesentlicher Schritt geschehen, der christliche Identität an Christus festmacht.

Dies war ein wesentliches Anliegen in Südafrika. Bei dem Besuch der ersten KCGs in Kenia hatte Fritz Lobinger entdeckt, dass sich die kleinen Gruppen zwar trafen, aber weder eine Methode hatten für ihre Treffen, noch für den Umgang mit der Bibel. Es war dann wesentlich Oswald Hirmer, der Treffen organisierte und in einem längeren Prozess das Sieben-Schritte BibelTeilen entwickelte. Im Blick auf das Zweite Vatikanische Konzil ist dies eine Umsetzung der Vision von Kapitel sechs des *Dei Verbum*. Das Anliegen von *Dei Verbum*, das in der letzten Bischofssynode über die Rolle der Bibel in Leben und Sendung der Kirche aufgegriffen wurde, hat in den KCGs einen Ort gefunden. Alle an Christus Glaubenden „sollen daran denken, dass Gebet die Lesung der Schrift begleiten muss, damit sie zu einem Gespräch werde zwischen Mensch und Gott ..." (DV 25).[5]

Ökumenisch fand diese Identitätsbildung für mich einen schönen Ausdruck, als Angehörige einer anderen kirchlichen Gruppe mit Stolz sagten: „Nun können die ‚Römer' selber ihre Beerdigungen feiern und predigen" – anstatt auf sie zurückgreifen, wenn kein Priester verfügbar war.

---

5 Vgl.: Rahner, K. & Vorgrimler, H.: *Kleines Konzilskompendium*. Freiburg, Basel, Wien: Herder 1976.

Identität ist immer kulturell vermittelt. Ich habe Versuche in Sachen Inkulturation durch KCGs unternommen. Dabei geht es wesentlich darum, die christliche Botschaft verständlich – eben mit Mitteln der Kultur – zu verkünden. Manche missverstehen Inkulturation als den Versuch, lokale Bräuche ungefiltert in der Kirche beizubehalten. Solche Versuche vermeiden die Möglichkeit des Evangeliums, auch die Kultur und besonders ihre schwachen Seiten zu „erlösen". Dass Kulturen erlösungsbedüftig sind, gilt ja nicht nur für lokale Kulturen in Afrika, es gilt auch zum Beispiel für die Wirtschafts-, Finanz- und Wissenschaftskultur des sogenannten Westens. Solch fundamentale Versuche von inkulturierender Subversion durch die christliche Botschaft stehen eher noch an. KCGs können das Potential haben, hier eine Rolle zu spielen, die spirituell erlaubt, im Licht der Gegenwart Gottes liebgewonnene, aber menschlich wenig hilfreiche „kulturelle" Praktiken loslassen zu können. Paulus wagte die kühne Aussage, dass er seine geliebten Bräuche als „Müll", die Einheitsübersetzung sagt „Unrat" (Phil 3:8), betrachte im Vergleich mit dem Evangelium Christi. Aber bis KCGs wirklich evangelisierende Müllarbeiter Christi werden, sind noch viele Schritte zu tun. Der Wesentliche wird weiterhin die persönliche Christusbegegnung auch im Umgang mit der Schrift sein.

Manchmal mag man nicht den Eindruck gewinnen, dass die Katholische Soziallehre wirklich zum Leben der Ortskirche gehört. Sie wird in bestimmten Kreisen als das bestgehütete Geheimnis der Kirche bezeichnet. KCGs tragen dazu bei, dieses Geheimnis zu lüften.

Mit einem Blick auf einige Prinzipien der Soziallehre ist es wahrscheinlich nicht schwer nachzuvollziehen, in den KCGs, die aktiv werden, zum Beispiel einen Ausdruck des *Subsidiaritätsprizips* zu entdecken. Was an der Basis getan werden kann, wird dort getan, wenn nötig mit Unterstützung von „oben". Unser Programm „Masingathuli" (s. u.) ist ein Ausdruck dafür; Gemeindebesuche haben vor Kurzem bestätigt, dass es lebending ist. Das Interesse am *Gemeinwohl* wird da deutlich, wo sie über Kirchengrenzen hinweg, die – örtlichen Probleme – aufgreifen. Die *Universale Bestimmung des Besitzes* ist in einem von Armut bestimmten Kontext eher mikroskopisch in der dennoch vorhandenen Großzügkeit der Leute zu entdecken; dieses Prinzip mag deutlicher werden, wenn in einer Art Netzwerk KCGs aus besitzenden Gegenden durch ihre armen Vettern motiviert werden, dieses Prinzip in größerem Maße umzusetzen. Das Prinzip der *Solidarität* dürfte nicht schwer zu entdecken sein, wo KCGs Schritt sechs des Bibel-Teilens wirklich ernst nehmen.

Die *Option für die Armen* oder *mit* den Armen ist in unserer Situation oft die einzige Option. Die KCGs bestehen vorwiegend *aus* Armen in unseren ländlichen Gebieten. (In städtischen Bereichen wie Durban und Pretoria gibt es KCGs auch in wohlhabenden Gebieten.) Vielleicht muss man für Skeptiker gegenüber dieser Option ausdrücklich sagen, dass sie nicht bedeutet, dass alle Armen angenehme Menschen seien. Aber gerade das Arbeiten mit KCGs aus armen Menschen und ihr Einsatz für andere Arme hat mich einen wichtigen theologischen Aspekt der *Option für die Armen* erkennen lassen: Diese Gemeinschaften sind Orte der Gnade. Hier wird geschenkt und geteilt, wo wirklich nichts mehr geschuldet ist. Arme sind der privilegierte Ort, umsonst denen zu geben, die es nicht verdient haben. Eben geschenkte Gnade. Insofern sind KCGs genuine Orte der Offenbarung göttlicher Gnade. Und wenn das Prinzip Gnade ein spezifisch christliches ist, dann tragen KCGs wesentlich zu christlicher Identität bei. Allerdings: Sie sind nicht die ausschließlichen Orte dafür. Aber hier sehe ich eine besondere Bedeutung nicht nur in unserem Kontext. Reizvoll erscheint dann die sich inzwischen entwickelnde Solidarität von KCGs auf globaler Ebene.

Ein weiterer gnadentheologischer Aspekt der KCGs wurde mir im städtischen Umfeld Südafrikas deutlich. Die Gemeinschaften dort sind heterogen zusammengesetzt, wie es bei Nachbarschaftsgruppen möglich ist. Bei weitem nicht alle Katholiken in der Nachbarschaft nehmen an den Treffen teil. Sie können aber eine erstaunliche Erfahrung machen. Wenn sie in Not geraten, zum Beispiel wenn ein Sterbefall eintritt, dann erleben sie auf einmal Menschen, die sich um sie kümmern, wo sie selbst sich nie um ihre lokale KCG gekümmert haben. Das ist Gnadenerfahrung, wie es das auch für KCG-Mitglieder ist, die eher die Auffassung vertreten: Die haben sich zu Lebzeiten nicht um uns gekümmert, warum sollten wir uns nun um sie kümmern?

Wenn van der Ven die Kirche als „Jesus-Bewegung" bezeichnet, dann findet das hier einen exzellenten Ausdruck in der konkreten „Jesus-Verankerung" der „örtlichsten Kirche" in Jesus selbst. Er wird präsent und der Antrieb für Einsatz nach „außen".

Integration

Anders als in Verbänden ist bei KCGs angenommen, dass jeder Katholik zu der KCG seines Wohnviertels gehört; das gilt auch für die vielen, die nicht aktiv an den Begegnungen teilnehmen. Die KCG bleibt lokaler Bezugspunkt für sie.

Es war das erklärte Ziel des Pastoralplans von 1989, Gemeinschaft zu fördern. Seine Vision von Kirche ist es, eine Gemeinschaft zu sein, die der Menschheit dient. KCGs haben viel zu der Integration in die Kirche beigetragen. Menschen sorgen füreinander. Leaders für die ganze Gemeinde gehen aus ihnen hervor. Die Kirche wird als gemeinsame Verantwortung wahrgenommen. Es wachsen Beziehungen, die auch die „Fernstehenden" als Nachbarn mit einschließen. Kontakte bestehen ja eh zu ihnen. Gespräche mit ihnen fördern zumindest ein gewisses Zusammengehörigkeitsgefühl und tragen dazu bei, auf dem Laufenden zu bleiben mit Entwicklungen in Kirche und Gemeinde.

In dieser Weise werden KCGs ein spezieller Ausdruck der Communio Theologie vom Zweiten Vatikanischen Konzil.

Ein besonderer Aspekt der Integration wird mit dem Begriff der „Gemeinschaft von Gemeinschaften" angesprochen. Oftmals wird darunter verstanden, dass die KCGs, die sich als Gemeinschaften während der Woche treffen, sich dann sonntags als eine große Gemeinschaft zum Sonntagsgottesdienst versammeln. So fangen sie an, ein Netzwerk zu bilden. Und sie erfahren wirklich die Feier der Eucharistie als „Gipfel und Quelle" christlichen Lebens (LG 11).

Dieses Netzwerk kann viel ausgefeilter werden und damit noch mehr zur Integration in die Kirche beitragen. In Kangemi, einem Slum von Nairobi, lernte ich diese Art von Netzwerk kennen. Es war begonnen worden von Rodrigo Mejia SJ, als er dort Pfarrer war. Jede KCG hatte Beauftragte oder Vertreter für einen Bereich der Pastoral, zum Beispiel Katechese, Jugend, soziale Fragen, Ehe, Liturgie. Es war nicht Aufgabe dieser Vertreter, in diesen Bereichen alles selbst zu machen. Sie sollten vielmehr an den Pfarrei-Treffen der jeweiligen Vertreter, zum Beispiel derer für Liturgie, teilnehmen. Dort wurden relevante Fragen besprochen oder eingeführt, die dann über diese Vertreter die KCGs erreichten; die aktive Beteiligung von Laien an der Liturgie, wie in SC 14 angezielt, erhält hier eine ganz spezielle Plattform. Über das Netzwerk können auch Verbesserungen in der Katechese angegangen werden, soziale Probleme wie der weitverbreitete Verkauf von illegalem und giftigem Alkohol, das Fehlen von Infrastruktur oder Parlamentswahlen in kritischer Zeit. Andersherum konnten die Vertreter etwaige Anliegen der KCGs in diese Pfarrei-Treffen einbringen. Auf diese Weise war eine hohe Beteiligung aller in Planungs- und Entscheidungsprozessen gewährleistet, also eine richtige Basisbeteiligung. Und wichtige Ideen und Programme konnten leicht weit verbreitet werden. Dies betraf dann nicht nur die aktiven Mitglieder der KCG, sondern, über diese, auch die anderen, mit denen nachbarschaftliche Gesprächskontakte bestehen. Die Vision von AA 10, dass durch die Laien ein großes Spektrum der Gesellschaft in Kontakt mit erlösenden Aktivitäten gebracht werden kann, erhält hier mit den KCGs ein kraftvolles Werkzeug.

Die Theologie von der Kirche als „Leib Christi" (LG 7) mit vielen verschiedenen Gliedern und ihrer aktiven Partizipation kann hier sehr anschaulich werden. Das schließt Pluralismus ein, der – in unserem afrikanischen Kontext fast ganz natürlich – im Streben nach Konsens eine einigende Kraft hat. Was sie in aller Unterschiedlichkeit eint, ist die Christusbeziehung. In Südafrika fanden die Laien in den KCGs eine Basis, um die Grundaufgabe der Kirche, Evangelisierung, zu verwirklichen. *Evangelii Nuntiandi* (18), die Apostolische Exhortation von Papst Paul VI. von 1975, drückte dies so aus, dass die Gute Nachricht, das Evangelium, in alle Bereiche der Gesellschaft getragen werden sollte. Kirche wird wirklich „Zeichen und Werkzeug" für Einheit mit Gott und untereinander (LG 1). In KCGs wird in besonderer Weise vermieden, was das Dekret über die Laien (AA 2) sagt, dass jemand der nicht nach seinen Möglichkeiten zum Wachstum des Leibes der Kirche beiträgt, nutzlos für sie und sich selbst ist.

Nebenbei sei bemerkt, dass eine besondere Art des Netzwerkes erst kürzlich beschrieben wurde.[6] Durch das Internet ist es den KCGs eben in entlegenen Gebieten möglich geworden, mit KCGs sonstwo in der Welt in Kontakt und Austausch zu treten und so an der katholischen Universalität teilzuhaben.

Während wir in der Diözese Aliwal diese Netzwerk-Strategie so noch nicht haben (in der gegenwärtigen Planungsphase wird sie aber wahrscheinlich eingearbeitet werden, um eine aktive Beteiligung so vieler wie möglich nicht nur in der Liturgie, sondern im

---

6 Healey, J.: Promoting SCCs via the Internet. In: Healey, JG & Hinton, J.: *Small Christian Communities Today: Capturing the moment.* Nairobi: Paulines 2006, S. 177–181.

ganzen Gemeindeleben zu erreichen), gilt bereits Vergleichbares für die Pfarrgemeinderäte, die ja auch auf das Zweite Vatikanische Konzil zurückgehen (AA 26). Sie kommen nicht durch allgemeine Wahlen zustande. Vielmehr senden wesentlich die KCGs ihre Vertreter. In den KCGs haben sie ihre Legitimation (die KCGs sind Kirche vor Ort) und ihren Rückhalt. Das Letztere ist wichtig, wenn es darum geht, Aufgaben zu übernehmen; das Pfarrgemeinderatsmitglied steht nicht allein, gewählt von einer anonymen Wählerschaft, sondern hat ein Mandat von den Mitgliedern der KCG, die mit der Erteilung des Mandats auch die Verantwortung übernehmen, ihre Vertreter zu unterstützen.

Durch KCGs kann Wirklichkeit werden, was *Gaudium et Spes* behauptet hat: Dass Freude und Hoffnung, Trauer und Angst der Menschen von heute auch die Anliegen der Kirche seien.

In der Diözese Aliwal geschieht dies zum Beispiel durch „KCG Arbeitsblätter" („SCC-notes"). Sie behandeln verschiedene Themen auch sozialer Natur wie lokale Korruption, schlechten Gesundheitsdienst, fehlende Wasserversorgung und dergleichen. Diese Blätter liefen unter der Überschrift „Masingathuli", „Lasst uns nicht schweigen". KCGs haben in diesen Materialien einen Prozess aufgegriffen, der schon lange vom Lumko-Institut her bekannt ist. Er baut auf Kardinal Cardijns „Sehen-Urteilen-Handeln" auf, das von Holland und Henriot in Sambia weiterentwickelt wurde und als „Pastoral Circle", also „Pastoraler Zirkel" oder „Pastoraler Zyklus" bekannt ist.[7]

Der „Pastorale Zyklus" – im Unterschied zu „Sehen-Urteilen-Handeln" – schließt als dritten Schritt, vor dem Handeln, die theologische oder spirituelle Reflexion ein. Dies ist der Ort, wo die bestätigende oder kritische Kraft des Evangeliums aus-

---

7 Holland, J. & Henriot, P.: *Social analysis: Linking faith and justice.* Maryknoll: Orbis Books 1983. Siehe auch: Wijsen, F., Henriot, P. & Mejía, R. (Hrsg.): *The pastoral circle revisited: A critical quest for truth and transformation.* Nairobi: Paulines Publications Africa 2006.

drücklich in den Prozess eingebaut ist. Dies schließt, das Wissen darum vorausgesetzt, auch ausdrückliche Referenz zur katholischen Soziallehre mit ein. Es geht dann nicht mehr „nur" um zum Beispiel Entwicklungsarbeit, wie sie alle anderen auch machen könnten, sondern um Evangelisierung. Es stellt sicher, dass KCGs Agenten des Evangeliums sind und nicht irgendwelcher anderer Ideologien oder Interessen.

Es mag manchmal erscheinen, dass KCGs gerade im Schritt sechs des Bibel-Teilens – nämlich: „Was sollen wir tun" – eher disintegrieren. Mir wurde berichtet, dass KCGs den Schritt ausließen oder auf eine Zeit nach dem Bibel-Teilens verlegten, weil sie zu streiten anfingen. Es könnte sein, dass dann eher eine gute Reflexion aus Sicht des Glaubens fehlt, die ja auch dafür plädieren kann, dass man verschiedener Meinung sein kann.

Planung

Mit dem Pastoralplan für das ganze südliche Afrika ist es Diözesanpolitik geworden, KCGs als Grundbaustein der örtlichen Kirche zu haben. Das ist inzwischen tief in das Bewusstsein von Mitarbeitern gedrungen: „Alles soll seinen Anfang in den KCGs nehmen", sagen sie.

KCGs sind Teil eines umfassenden Plans geworden. Stellte der Pastoralplan verschiedene Wege dar, wie man Gemeinschaft aufbauen könnte, zum Beispiel durch Leaders oder durch KCGs, so zeigt die Erfahrung, dass beide eng miteinander verbunden sind. Leaders gehen aus KCGs hervor. Das sind nicht nur die Leaders der KCGs selbst, sondern zum Beispiel auch die Leiter der Sonntagsliturgie, Prediger, Verkündiger der Schrift, Katecheten, Beerdigungsleiter und Leiter im sozialen Einsatz.

Wir sprechen von und ziehen den Begriff „emerging" – „hervorgehende" – Leader vor. Andere Weisen, Leader zu finden, können die Auswahl durch den Pfarrer sein, der Aufruf nach Freiwilligen oder auch eine Wahl in der Sonntagsgemeinde. Man kann all diese Methoden auf ihre Vor- und Nachteile hin überprüfen. Wir haben gute Gründe für und Erfahrungen mit Leadern, die aus den KCGs hervorkommen.

Infolge meiner Forschung über Beerdigungsleiter habe ich in Kursen so etwas wie einen Leadership-Zyklus vorgestellt. Er besteht in der Auswahl und dem Training von Leadern, ihrer Wahl, ihrer Beauftragung und ihrer (zeitlich oft auf drei Jahre limitierten) Tätigkeit, die mit Auswertung zusammengeht.

Die KCGs sind in unserem theologischen Verständnis Gemeinschaften des Heiligen Geistes. Entsprechend vorbereitet (das könnte auch mit Hilfe der „Vertreter" geschehen), können sie in einem Prozess der Unterscheidung der Geister Leute identifizieren, die für bestimmte Aufgaben in der Gemeinde in Frage kommen. Sie sind sozusagen das Subjekt von „Berufung". Sie können Leute ermutigen, eine Aufgabe zu übernehmen, die sich selbst dafür nicht für geeignet hielten. Ich habe es erlebt, das eine KCG Frauen ermutigt hat, die Rolle von Beerdigungsleitern zu übernehmen, eine Rollenzuteilung, die im lokalen Kontext bei etlichen höchst umstritten ist.

Wenn solche Leader in der KCG identifiziert sind, werden sie an entprechenden Aus- und später dann Fortbildungsveranstaltungen teilnehmen. Die finden meist auf „Außenstations"- oder Pfarreiebene statt. Die KCGs berücksichtigen als wesentliches Kriterium bei der endgültigen Wahl den Kompetenzerwerb durch die Teilnahme an diesen Ausbildungsveranstaltungen. Sie bestätigen die Leader, die für sie und in ihrem Namen arbeiten werden.

Die Beauftragung für eine bestimmte Amtszeit wird in der Regel durch den Bischof vorgenommen. Sie besiegelt die Entscheidung der KCG und verankert die Tätigkeit in der Autorität Christi.

Die Ausübung der verschiedenen Aufgaben erfolgt auf dem Hintergrund der KCGs. Die Kriterien, die sie zur Auswahl hatten, die Qualitäten, die sie im einzelnen Leader sahen, werden durch Beobachtung und Begleitung verifiziert. So kann es vorkommen, dass bestimmte Leader für bestimmte Aufgaben nicht wiedergewählt werden. Es kann auch sein, dass ein Leader, der „seine Leute" beobachtet, sagen kann, dass er seine Aufgabe nicht weiter ausüben möchte. Vor kurzem hatten wir einen Fall, wo die Gemeinde einen Mann zwar als Sonntagsgottesdienstleader haben wollte, nicht aber als „Kommunionhelfer". Da er auch traditioneller Heiler ist, hatten sie Angst, dass er Zauberkräfte hätte, die über die gereichte „Nahrung" auf sie Einfluss haben könnten. Ohne den komplizierten Fall hier weiter zu betrachten, hatten wir dem Leader, der in dieser Situation um Rat fragte, geraten, eher Paulus zu folgen. Vielleicht war an all dem nichts dran, aber um den Schwachen kein Ärgernis zu geben, sollte er besser nicht wieder kandidieren.

Unter Priestern haben wir gerade ein Gespräch begonnen, das auf dem Hintergrund der extrem schwachen Berufungsgeschichte in der Diözese – wir haben bisher zwei Priester, die aus der Diözese stammen – überlegt, dass und wie KCGs in die Berufungspastoral einbezogen werden können, ja müssen. Denn diese Leute vor Ort kennen ihre jungen Leute, ihre Verhaltensweisen, ihre Werte, ihre Sehnsüchte besser, als ein Priester sie kennen kann. In anderen Ländern Afrikas geschieht dies seit etlicher Zeit. Wir fühlen da einen Nachholbedarf. In diesem wichtigen Bereich von Berufung zum Priestertum können KCGs einen entscheidenden Beitrag in der Qualitätssicherung leisten.

Dies sind nur einige Beispiele dafür, dass KCGs Aufgaben haben müssen. Es ist wichtig, dass sie merken, dass sie wichtig sind.

Gerade unter dieser Perspektive der Leader und ihrer Begabungen kommt der charismatische Aspekt der Kirche als Ge-

meinschaft des Heiligen Geistes zum Tragen (z. B. 1 Kor 12,8–
10). Alle sind begabt, aber in verschiedener Weise. Diese Begabungen brauchen Einordnung und Abstimmung. In der
Gemeinschaft wird die Kraft und Bestärkung durch den Geist
erfahren. Bibel-Teilen kann hier als kritisches Korrektiv dienen, um zu „gewährleisten", dass dieser Geist der Geist Christi und seines Vaters ist, der die Kirche „erneuert", verjüngt
(LG 4). Van der Ven hebt hervor, dass im Zweiten Vatikanum
eine ausdrückliche Pneumatologie, eine pneumatologische
Ekklesiologie, fehlt. Mit KCGs kann man von praktischer Seite her sagen, dass man eine Pneumatologie im Werden beob-
achten kann.

Management

KCGs fallen nicht vom Himmel. Nicht nur in Südafrika wurden Wege oder Strategien beschrieben und gegangen, wie man
KCGs in Gemeinden einführen kann. In den USA hat das Baranowski für die *Small Church Communities* getan, und dabei auf
seine Erfahrungen in Detroit zurückgegriffen.[8]

Die Überzeugung der Hauptamtlichen ist wesentlich, wenn
man KCGs einführen will. Das gilt nicht nur für die Einführung von KCGs, sondern auch wesentlich für ihre weitere Begleitung.

Anders als Verbände, die ihre spezifische Aufgabe und ihr
Profil haben, teilen KCGs „das Schicksal" der Kirche: Sie sind
von allem Möglichen herausgefordert, wenn sie es denn zu-
lassen, oder sie bleiben apathisch. Sie sind eben wirklich die
„örtlichste Inkarnation der Katholischen Kirche" – im Guten

---

8 Baranowski, A. R.: *Creating Small Church Communities: A plan for restructu-
ring the parish and renewing Catholic life.* Cincinnati: St. Anthony Messenger
Press 1996.

wie im Schlechten. Für uns bedeutet das die fortwährende Herausforderung zu dem, was wir als „Animation" bezeichnen, also Anregung oder Inspiration. Das geschieht zum Beispiel durch Aus- und Weiterbildung der Leiter von KCGs sowie der KCGs selbst und durch die schon erwähnten Arbeitsblätter. Damit verändert oder eher erweitert sich das Berufsprofil. Priester und Hauptamtliche werden mehr die Rolle von Christus als Lehrer einnehmen und so „in seiner Person" handeln. Verbände sind attraktiv für eine ganze Reihe von Leuten. Sie haben bei uns ihre Feste, an denen sie sich feiern. Dafür wird Beachtliches an Energie aufgebracht. Ende der 90er Jahre habe ich dann angeregt, dass dieses Geschenk, das KCGs für die Kirche sind, auch gefeiert werden müsste. Mein Hintergrund war die Pastoraltheologie von Dieter Zimmermann,[9] die den Dreischritt von Leben-Deuten-Feiern betont. Etwas, das wichtig ist, muss auch gefeiert werden. Und das hat dann Einfluss auf sein Leben. Etliche Gemeinden haben das nach anfänglichem Zögern aufgegriffen. In der Teresa-Mission habe ich gerade das 10-Jahre-KCG-Fest mitgefeiert. Diese Feste stehen dort unter einem Thema und tragen so zur Akzentsetzung in der Pastoral bei.

9 Zimmermann, D.: Leben – Glauben – Feiern. In: *Leben – Deuten – Feiern. Eine Orientierung für Katechese und Pastoral,* hrsg. v. D. Zimmermann, München: Deutscher Katecheten Verein 1994, S. 13–21.

Geschätzte Nebenprodukte

Priester begleiten KCGs. Ein weiterer Aspekt kommt hinzu: KCGs begleiten auch den Priester. Sie helfen ihm, wenn man das so sagen darf, ein besserer Priester zu werden. Laien stärken geistig die Hirten (AA 10). Wenn Priester an den Treffen der KCGs teilnehmen, dann fangen sie ganz konkret an, die Freude und Hoffnung, Trauer und Angst ihrer konkreten Pfarreimitglieder zu teilen und sich zu eigen zu machen. Manche haben es so ausgedrückt: Der Pfarrer predigt jetzt besser, nicht mehr so abstrakt. Wenn ein wesentlicher Teil der Spiritualität der sogenannten Weltpriester denn die Welt ist, das Mit-den-Menschen-sein als eine wirklich religiöse Funktion, dann trifft er gewiss hier die Welt. Wenn KCGs als Nachbarschaftsgruppen Versammlungen aufeinander geworfener Menschen sind, dann findet der Priester hier hoffentlich einen breiten Querschnitt von Leuten schon innerhalb der Kirche, der gewiss auch das theologisch eher „schmuddelige" Rauschen oder die eher unscharfen Randfrequenzen von Randsiedlern einschließt und damit gleichzeitig für die Weite der Mission die Augen öffnet.

Auf diese Weise gelangt man schon innerkirchlich dicht an die Nahtstellen zur weiteren Gesellschaft heran. Das Leben und die Erfahrungen dort mögen nicht mehr so ganz einem schön sortierten katholischen Milieu entprechen; sie sind die kraftvolle Tankstelle, wo in der Begegnung mit dem Anderen das Bewusstsein für und die Praxis unseres Glaubens wächst. Ohne sie wären wir in der Gefahr, für ganze Bereiche irrelevant zu werden: Wer nicht im Dialog ist, fällt in ein am Ende tödliches Schweigen. Als Missiologe darf ich vielleicht sagen, dass Missiologie wie Mission manchmal in eher trüben, schmuddeligen Wassern arbeiten, mit Bereichen in Berührung kommen und kommen möchten, die bisher noch nicht evangelisiert wurden. Das ist ein herausforderndes Unterfangen. Denn wenn Kirche sich auf andere Bereiche einlässt, wird sie sich ändern: Nicht in ihrer Substanz, aber in ihrem Aussehen. Und wenn ich es frech sagen soll: Wenn zwei ethnisch verschiedene Menschen in Liebe eins werden, dann kommt dabei heraus, was wir in Südafrika einen „Coloured" nennen, ein Mischling. Manche sagen, dass das Mischen des Genpools große Vorteile in sich birgt. Ein Auffrischen, dass das Leben stärker macht. Theologisch gesehen können KCGs ein besonderes Werkzeug in dieser Richtung sein, das die Kirche stark macht – wenn wir das denn wagen wollen.

Missionarisch Kirche sein ist ein Stichwort. Kirche ist wesentlich missionarisch (AG 2). Die schon erwähnten Netzwerke sind in einer weiteren Perspektive Teile der missionarischen Werkzeugkiste. Vernetzung derer, die sich immer mehr in ihren Glauben vertiefen, geschieht ja bei weitem nicht nur innerhalb der Gemeinde und zwischen KCGs. Diese Leute gehen ja auch anderen Beschäftigungen nach, in der Freizeit wie im Beruf. Hier treffen sie auf Gruppen, in denen sie, gestärkt und gestützt durch ihre Glaubensgeschwister, eine neue Perspektive in Diskussion und Planung einbringen können. In unserem Fall geschieht das zum Beispiel in Schulverwaltungsräten, Krankenhausbeiräten, traditionellen Versammlungen und so weiter.

Schwachpunkte

Es gibt natürlich auch Schwachpunkte bei KCGs, wie bei allen anderen sozialen Erscheinungsformen auch.

An manchen Oten in Südafrika haben mir Priester berichtet, dass die KCGs relativ schwach seien. Sie führten das darauf zurück, dass diese nicht klar genug eingeführt worden waren und Leute so falsche Vorstellungen von ihnen hätten. Mir wurde auch von Priestern berichtet, die bewusst und strategisch geplant die Arbeit ihrer Vorgänger mit KCGs zerstörten.

Ich habe angedeutet, dass KCGs fortwährende Begleitung brauchen, was sie ja wirklich zu einem kraftvollen Grundzug der Kirche machen könnte. Als ein Problem erscheint in diesem Zusammenhang gelegentlich die Inkompetenz der Begleiter, die zum Beispiel selbst keine Ideen haben oder in der Erfahrung der eigenen Heimatpfarrei steckengeblieben sind, und sich eine neue Vision nicht wirklich angeeignet haben. Andere mögen müde geworden sein und scheuen die Anstrengung, die in der Begleitung von KCGs liegt.

In den KCGs selbst haben wir das Problem, dass manchmal fast ausschließlich Frauen, und dazu noch alte Frauen, ihre Mitglieder sind. Das hat zum einen demographische Gründe in der Wanderarbeit. Die Männer sind einfach nicht da. Zum anderen kommt das in der Kirche nicht als Überraschung. Es hat jedoch einen negativen Einfluss auf Glaubensgespräch wie Aktion, wenn wesentliche Teile der Gemeinde nicht vertreten sind und so der Charakter von „örtlichster Inkarnation der Kirche" verschwindet.

Anregungen für den deutschsprachigen Raum

Was kann ich schon sagen als Anregung für den deutschsprachigen Raum als jemand, der von außen kommt? Manch einer mag sie schon während des bisher Gesagten gefunden haben. Nun, ich bin ja immer wieder hier gewesen, um unsere südafrikanischen Erfahrungen zu teilen und Anregungen einzubringen. Und manchmal habe ich mich gefragt, was ich denn machen würde, wenn ich wieder als Pfarrer nach Hildesheim kommen würde.

Gerade in der gegenwärtigen Situation mit all den Zusammenlegungen von Pfarreien würde ich von einer adaptierten Form von KCGs träumen. Mein wichtigstes Anliegen wäre, in einer Welt, die von vielen üblen Geistern umgetrieben ist, eine spirituelle Erneuerung oder Bestärkung zu bewirken. Christen sollten in die Lage versetzt sein – und etliche sind es ja –, selbstbewusst und freudig eine neue Perspektive an ihren Lebensorten wie Familie, Arbeit, Freizeit einzubringen: andere Werte, neue Wertschätzung von Leben. Das gilt dann auch für die Gemeinde. Bibel-Teilen mit seinen Tiefendimensionen wäre ein Teil davon. Sicher gibt es auch andere Wege; die kann und sollte man mitbedenken.

Andere Aspekte, die mir KCGs als wichtige Bausteine für Kirche erscheinen lassen, sind oben angeklungen:
- Sie sind Verwirklichung von Kirche
- Sie fördern Einheit
- Sie helfen der Vertiefung von Glauben und Spiritualität
- Sie helfen Glauben in der eigenen Umgebung zu leben
- Sie können für die Mission der Evangelisierung wichtig werden

Eine Sorge, wenn ich darüber nachdachte, war die Frage nach der Zusammenarbeit mit den Hauptamtlichen, Priestern und Laien. Würden sie mitmachen? Was, wenn nicht, und wenn dann eine Versetzung käme und jemand anderes dann sein oder ihr „Ding" einführte anstelle von KCGs? Würde es eine pastorale Richtline oder Option geben wie in Ostafrika – auch wenn das dort nicht überall geklappt hat, aber doch zumindest in einzelnen Diözesen als Ganzen, die den Schritt gemacht haben.

Was ich als notwendig ansähe, wäre eine konsequente pastorale Planung, die so viele wie möglich an Bord holt und dann auch dafür sorgt, dass sie befähigt sind, Prozesse und KCGs zu begleiten. Das würde Arbeit an einer gemeinsamen Vision bedeuten. Inkompetente oder aus Unkenntnis oder Unfähigkeit ängstliche Begleiter sind kontraproduktiv.

Solche Pastoral-Planung könnte auch Gedanken einschliessen, wie sich Verbände, das traditionelle Gesellungswesen in der Kirche Deutschlands, und KCGs miteinander vernetzen lassen. Könnten Verbände mit ihren spezifischen Merkmalen Partner im Netzwerk werden für eine Kirche aus KCGs?

In diesem Zusammenhang erscheint es mir auch bedeutsam, dass diese Frage des Gemeindeaufbaus mit KCGs konsequent in der Seminarausbildung und der Pastoralausbildung der Hauptamtlichen als normales Thema oder Fach im Bereich der Pastoraltheologie aufgenommen, systematisch reflektiert und eingeübt wird.

KCGs haben das Potential, auf die kritischen Momente in heutiger Gesellschaft zu antworten, die Bischof Kamphaus 1999[10] vorstellte (wenn die denn so heute noch gelten). Er nannte Mobilität, auch befristete Loyalität; cocooning als den Aufbau künstlicher Lebenswelten; Patchwork-Identitäten mit selbstgebauten Lebenskonzepten aus heterogenen Anschauungen; selbstgestaltete Religion. Kamphaus zieht als Fazit: „Kleine christliche Gemeinschaften sind gefragt, die aus der Mitte des christlichen Glaubens heraus leben und sich zeichenhaft an der Lösung der modernen Probleme beteiligen".[11]

Für mich wäre die Netzwerkidee dabei eine besonders reizvolle. Sie setzt aber voraus, dass nicht nur einzelne, aufgrund von Eigeninititative persönlich wichtige KCGs entstanden sind, sondern pfarreiweit und darüber hinaus viele KCGs enstehen, die die gemeinsame Vision von Kirche erst richtig interessant und auch wirkmächtig machen.

In Südafrika habe ich während meiner Pfarreiarbeit einen deutlichen Schwerpunkt auf die Arbeit mit Leadern gelegt. Würde ich in Deutschland arbeiten, wäre es mein Ziel, solche Leader aus den KCGs heraus zu gewinnen. Die KCGs müssten dazu befähigt werden, einen guten Prozess der Unterscheidung der Geister durchzuführen und geeignete Leader zu entdecken

---

10 Kamphaus, F.: Kirche – Wohin? In: Purk, E. (Hrsg.): *Herausforderung Großstadt. Neue Chancen für die Christen*. Frankfurt am Main: Knecht 1999, S. 12–23.
11 Ebd. 21.

und dann zu unterstützen. Die dazugehörige Vision müsste auch im Pastoralplan mit ausgearbeitet werden.

Ich meine, es war Bischof Spital von Trier, der einmal davon gesprochen hatte, dass wir nicht Priester-, sondern Gemeindemangel hätten. Ich sehe in den KCGs einen ganz konkreten Weg, Gemeinde aufzubauen und die vielen Facetten der Vision vom Zweiten Vatikanischen Konzil aufzugreifen und weiter auszubauen.

Narrativer appendix

Ein Beispiel in der Diözese Aliwal ist die „Teresa Mission". Der Pastoral-Plan „Community Serving Humanity" wird dort durch KCGs umgesetzt. Die Katholiken dort sind wirklich eine Gemeinschaft von Gemeinschaften. Kleine Christliche Gemeinschaften sind nicht ein Einzelphänomen, eine Gruppe unter anderen. Vierundvierzig KCGs gibt es dort.

Jede KCG wird monatlich von Hauptamtlichen besucht. Der regelmässige Besuch erscheint als wichtig, um das Leben der KCGs aufrecht zu erhalten. Sie brauchen *Animation,* immer wieder Anregung. Hierin unterscheiden sie sich deutlich von den Verbänden oder *Sodalities.*

Die KCGs treffen sich dort wöchentlich. Auf der Grundlage von Bibel-Teilen verbinden sie Fragen des Alltagslebens durch die Bibel mit dem Glauben. Die Häufigkeit der Treffen kann variieren. Das hat dann natürlich auch Auswirkungen auf die Häufigkeit von Besuchen durch Hauptamtliche.

Einige kurze Geschichten können etwas vom Leben der KCGs widerspiegeln:

In Kwacina, einem der vielen Dörfer, starb eine Frau. Sie besaß buchstäblich nichts. Nun sind Beerdigungen ein sehr wichtiger Aspekt des sozialen Lebens. Zwei KCGs sammelten Geld und kauften einen selbstgemachten Sarg. Außerdem besorgen sie Maismehl und einiges anderes zu Essen für die Trauergemeinde. Die Frau wurde würdig bestattet.

Eines Tages beklagte sich eine Frau beim KCG Treffen, dass Krankenschwestern einer nahegelegenen Ambulanz-Klinik den HIV-Status von Patienten öffentlich machten. Zwei KCG-Mitglieder gingen zur Klinik und konfrontierten die Schwestern dort.

Ein andermal beklagte sich eine Mutter beim KCG Treffen, dass ihre Tochter missbraucht würde, um Dagga (Marihuana) zu schmuggeln. Die KCG zusammen mit der Animatorin überwanden lähmende Furcht und Initiativlosigkeit und nahmen Kontakt mit der Polizei auf. Die konnte schon am nächsten Tag die Beteiligten auf frischer Tat ertappen.

Mark Lesage – Estela Padilla

A.
Basiskirchliche Gemeinschaften: Wie Kirche sich ereignet – ein pastoraler Ansatz aus Asien

Basiskirchliche Gemeinschaften als Glaubensgemeinschaft im Umfeld, in der Nachbarschaft, schaffen eine Verbindung zwischen Kirche und alltäglichem Leben. Zunächst könnte man meinen – und das ist nicht einmal falsch –, dass „Kirche" und „Lebensalltag" zwei unterschiedliche Welten sind. Örtlich betrachtet sagen die einen, Kirche ist „da drüben" und das alltägliche Leben spielt sich „hier" ab. Und was die konkreten Dinge betrifft: In der Kirche finden wir Bibel und Altar, Kerzen und Ölfläschchen. Im alltäglichen Leben spielen Töpfe und Pfannen, Besen und Bürsten eine Rolle. In der Sprache der Kirche reden wir von Jüngerschaft, Mission, Spiritualität, Moral und Theologie. Die Sprache des Alltags ist geprägt von Geld, Nahrungsmitteln, Sex, Kleidung, Inflation, Politik, den Märkten und so weiter. Diese Beispiele scheinen darauf hin zu deuten, dass „Kirche" und „Lebensalltag" zwei scheinbar unabhängig von einander bestehende Welten sind.

Basiskirchliche Gemeinschaften ermöglichen, diese Kluft zwischen Kirche und Lebensalltag zu überbrücken. Durch sie können Christen, die miteinander am selben Ort wohnen, jeden Tag Kirche leben. Durch basiskirchliche Gemeinschaften wird Kirche vielmehr zu einem Verb, einem *Tu*wort, und nicht zu einem Nomen, einem *Haupt*wort. Die Gläubigen sammeln sich, reflektieren Gottes Wort, finden Antworten auf schwierige Situationen in ihrem Alltag und lassen sich leiten durch Gottes Wort. Durch basiskirchliche Gemeinschaften ereignet sich Kirche.

In den vergangenen Jahrzehnten sind eine Vielzahl von Hilfsmitteln und Methoden entwickelt und Prozesse initiiert worden, die basiskirchliche Gemeinschaften wachsen lassen und erhalten. Hier möchte ich Ihnen in aller Kürze den AsIPA-Ansatz[1] vorstellen als Mittel und Methode, basiskirchliche Gemeinschaften aufzubauen.

1. AsIPA :

a. ... ist erfahrungsorientiert

Der AsIPA-Ansatz ist erfahrungsorientiert. Die Methodik und Hilfsmittel ermöglichen es Menschen in eine Erfahrung einzutauchen, vor allem in die Erfahrung, dem Herrn, dem Lebendigen Wort, begegnen zu können, besonders durch das BibelTeilen. Und gerade weil es um eine Erfahrung geht, ermöglichen diese Hilfsmittel auch eine Erfahrung der Umkehr. AsIPA-Tex-

---

1 AsIPA – Asian Integral Pastoral Approach; entwickelt 1993 von Fr. Oswald Hirmer (seit 1997 Bischof der südafrikanischen Diözese Umtata), Begründer des Lumko-Institutes, und verschiedenen Menschen aus Asien, die am Lumko-Training teilgenommen haben (die ursprüngliche Gruppe bestand aus Cora Mateo, Wendy Louis, Estela Padilla, Fr. Mark Lesage, Fr. Thomas Vijay, Bro. Anthony Rogers). Man könnte AsIPA als das „asiatische Lumko" bezeichnen, mit kleinen Unterschieden: einfachere Materialien, keine Notwendigkeit von besonders ausgebildeten Leitern von Gruppen; jede und jeder kann von den einzelnen Blättern ablesen (BibelTeilen).
Lumko ist das Pastoral-Institut der Bischofskonferenz des südlichen Afrikas. Seit den 70er Jahren werden dort Arbeitsmaterialien für die Erwachsenen Fort- und Ausbildung entwickelt, besonders Bewusstwerdungsprozesse für die Bildung von basiskirchlichen Gemeinschaften

te sind keine Literatur, die studiert sein will; vielmehr ermöglicht uns ihr „Studium", das Heilige zu berühren.

Der AsIPA-Ansatz ist auch deshalb erfahrungsorientiert, weil die Bewusstwerdungs- und Bewusstseinsprozesse auf der Basis des Lebensalltags gewachsen sind. So erweisen sie sich für die jeweiligen Menschen als relevant; sie werden durch sie direkt angesprochen, herausgefordert und motiviert.

b. ... ist partizipatorisch

Die Methodik des AsIPA-Ansatzes gründet auf Partizipation. Im Blick auf die Hilfsmittel, die schriftlichen Materialien, zählt jede und jeder Einzelne. Jede und jeder ist berufen und hat eine Gabe von Gott, das Leben der Gemeinschaft mit aufzubauen und an ihrer Sendung mitzuwirken. Die Methodik des AsIPA-Ansatzes lässt nicht zu, dass Einzelne dominieren, stattdessen ist ein immanenter partizipatorischer Prozess das Wesensmerkmal aller AsIPA Materialien, Hilfsmittel und Schriften.

c. ... ermöglicht Wachstum für alle

Der AsIPA-Ansatz ist „für alle". Seine Methodik, Hilfsmittel und Materialien sind deshalb sehr einfach und praktisch. Sie sind für den Gebrauch an der Basis gedacht – Werkzeuge einer Pastoral, die ermöglicht, dass Kirche lebendig und sich ihrer Identität und Verantwortung bewusst wird. Gerade weil es um einen Ansatz „für alle" geht, sollte es, mit etwas Training, für jeden möglich sein, entsprechende Treffen und Aktivitäten mit durchzuführen. Der AsIPA-Ansatz ist so ausgelegt, dass gerade auch die Menschen an der Basis teilhaben können und wird so in hohem Maß angenommen. Er befähigt getaufte Christen, ihre durch die Taufe erworbene Identität und Verantwortung in ihrem Lebensalltag zu übernehmen und zu leben.

d. ... ist Pastoralmethode und Lebensstil zugleich.

Die AsIPA-Methodik, ihre Hilfsmittel und Schriften bezeugen den zugrundeliegenden Traum von Kirche als einer partizipatorischen Kirche. Die Methodologie des Ansatzes bewahrheitet dies – es geht darum, dass alle teilhaben können und dazu befähigt werden, den Weg zu Gottes Traum für das Volk Gottes mitzugehen und mitzugestalten.

Der AsIPA-Ansatz führt deswegen auch zu einem neuen Lebensstil – dem eines Dieners – und einem Führungsstil, der Menschen nicht dominiert, sondern sie befähigt.

2. Kirche als Volk Gottes

Wahrscheinlich ist das Bild von Kirche, das der AsIPA-Ansatz am stärksten bezeugt, das der Kirche als „Volk Gottes" (*Lumen Gentium* – LG 9–17). Dieses Kirchenbild des Konzils, der Aufruf, Communio zu leben und zu sein, entspricht dem Urbild des dreifaltigen Gottes. Gott hat es gefallen, die Menschen nicht einzeln, sondern als Gemeinschaft zu sammeln und zu retten (LG 9). So betonen die Konzilstexte auch besonders, dass jeder Christ durch die Taufe Anteil hat am priesterlichen (LG 10, 11), am prophetischen (LG 12) und am königlichen Amt Christi. Die Zentralität des Gottesdienstes im Leben von basiskirchlichen Gemeinschaften macht deutlich, dass die Berufung zum allgemeinen Priestertum aller Gläubigen uns herausfordert, unser Leben in den Dienst am Reich Gottes zu stellen. Studium und Reflexion des Wortes Gottes in den basiskirchlichen Gemeinschaften, wie auch Aus- und Weiterbildung in den verschiedenen Aspekten des christlichen Lebens, stärken unsere prophetische Berufung, die Zeichen der Zeit zu erkennen und sie mit den Augen des Glaubens zu lesen. Inspiriert vom Wort Gottes dienen basiskirchliche Gemeinschaften den Menschen in Not und antworten so auf die Herausforderungen, die sich ihnen stellen beim Aufbau des Reiches Gottes mitzuwirken – und zwar dort, wo sie leben.

Mehr noch, als Glaubensgemeinschaft im Nahbereich ist es wesentlich für basiskirchliche Gemeinschaften, offen zu sein für alle.(LG 13). In der Nachfolge Jesu kümmern sie sich, so wie Er, mit mitleidsvollem Herzen und missionarischem Eifer besonders um die Armen, die Benachteiligten und die, die in ihren Gemeinschaften am Rande stehen, selbst wenn diese zu anderen Religionsgemeinschaften oder sozialen Gruppen gehören.

Die AsIPA-Methodik, Hilfsmittel und Materialien gibt so der konziliaren Vision von Kirche als Volk Gottes ein konkretes Antlitz.

B.
Ein weiterer Schritt nach vorne:
Die Kirche in Deutschland ist eingeladen, sich auf
auf den Weg einer kontextuellen Theologie einzulassen

Im Grunde wäre es nicht schwer, den AsIPA-Ansatz (oder jedes andere vorgefertigte Programm) zu übernehmen: Die Vision und eine Reihe von Ausbildungsprogrammen sind vorhanden – man bräuchte sie nur zu verwirklichen. Es gibt ausreichend praktische Hilfsmittel und Methoden sowie konkrete Trainingsprogramme, die einen bestimmten Führungsstil und eine Art, Kirche zu leben, fördern.

Aber ich denke, die deutsche Kirche muss noch einen Schritt weitergehen, um wirklich lebendig zu sein. Und wie könnte dieser weitere Schritt aussehen? Eure Kirche sollte sich von vorgefertigten Programmen verabschieden. Sie sollte stattdessen die Menschen neu entdecken, mit denen sie lebt, ihre eigene Kultur wahrnehmen, ihre Träume erkennen und sich gemeinsam mit ihnen als Glaubensgemeinschaft weiterentwickeln.

Ich möchte euch von unseren eigenen Erfahrungen berichten, von dem weiteren Schritt, den wir gemacht haben, nachdem wir mit den AsIPA Methoden, Materialien und Trainingsprogrammen gearbeitet hatten. Uns wurde klar, dass noch ein weiterer Schritt zu tun ist, *bevor* wir die vielen guten Ansätze von AsIPA oder auch andere gute basiskirchliche Programme einsetzen konnten. Entsprechend den Prinzipien des AsIPA-Ansatzes, also: Erfahrung, Partizipation, Befähigung, nennen wir diesen Prozess *Journey-Program (Weg-Programm):* Wir gehen einen gemeinsamen Weg mit örtlichen Kirchen (Diözesen, Pfarreien oder Institutionen), so fördern wir Gemeinschaft und Sendung. Darüber hinaus haben wir erkannt, dass dieses *„Journey-Program"* einen ganz konkreten theologischen Prozess darstellt, den man allgemein ‚Inkulturation' oder ‚Kontextualisierung' nennen könnte.

1. Praktische Theologie (Kontextualisierung) in und durch basiskirchliche Gemeinschaften

a. *Inkulturation* ist der Dialog zwischen unserer Glaubenstradition und der gegenwärtigen Erfahrung/Kultur. Die Fähigkeit der Kirche zur Inkulturation oder zur Kontextualisierung trägt dazu bei, ein engagiertes Glaubensleben zu ermöglichen, das für die Zeit, in der wir leben, bedeutsam ist. Viele Theologen stimmen darin überein, dass eine Theologie der Inkulturation und Kontextualisierung entscheidend sein wird für das Überleben der Kirche im nächsten Jahrtausend.

b. *Inkulturation ist ein anderer Begriff für die lokale Selbstverwirklichung von Kirche* (Being Church in Asia Vol. 1, TAC, 1994).

Für Theologen in Asien sind deshalb Inkulturation und Aufbau von basiskirchlichen Gemeinschaften direkt und wesentlich miteinander verknüpft. In diesem Sinne führt eine Gruppe von Gläubigen, die in derselben Umgebung wohnt (lebensraumbezogene Kirche, basiskirchliche Gemeinschaft), dort dem lebendigen Wort begegnet und aus ihm lebt, die Sendung Christi – Gerechtigkeit, Liebe, Frieden – fort. Inkulturation besteht genau in diesem Prozessen des Selbstvollzugs der christlichen Überzeugung an den Orten, wo man lebt. Der konkrete Aufbau von basiskirchlichen Gemeinschaften ist also angewandte Inkulturation/Kontextualisation. Christliches Leben und theologische Reflexion im Kontext von Aufbau basiskirchlicher Gemeinschaften sind der eine und selbe Vollzug der Nachfolge.

2. Pastorale Planung als theologischer Prozess – eine Vision für die deutsche Kirche entwickeln

Bevor ich über den Inkulturations- und Kontextualisierungsprozess spreche, den wir „Journey-Program" nennen, möchte ich mit Euch gemeinsam ein anderes Kirchen-Modell des Konzils anschauen, dem wir – und vielleicht auch die deutsche Kirche – mehr Aufmerksamkeit schenken sollten in unserer modernen, beziehungsweise postmodernen Welt: die „dienende" Kirche, so wie sie in *Gaudium et Spes* beschrieben ist. In *Gaudium et Spes* (GS) finden wir den Rahmen für eine Inkulturation beziehungsweise Kontextualisierung.

a. Die dienende Kirche (Gaudium et Spes)

Gaudium et Spes beschreibt die Kirche als Gemeinschaft, die teilhat an den Freuden und Leiden der Menschen – „Und es gibt nichts wahrhaft Menschliches, das nicht in den Herzen der Jünger Christi seinen Widerhall fände" (GS 1). Die in der Geschichte handelnde Kirche sucht den Dialog mit der Welt, den Kulturen und will ihnen dienen (eintreten in einen Dialog als „beredte Bekundung der Verbundenheit, Achtung und Liebe gegenüber der ganzen Menschheitsfamilie" GS 3,40). In Zusammenarbeit mit allen Menschen mit dem Ziel der „Errichtung einer menschlicheren Welt" (GS 3,40), in der Zusammenarbeit mit allen Völkern zum Aufbau einer menschlicheren Welt (GS 43,57)erfüllt die Kirche ihre Sendung.

Das Kirchenbild in *Gaudium et Spes* zeigt eine nach außen gewandte Kirche, im Vergleich zu der nach innen gewandten Kirche des ‚Volkes Gottes' in *Lumen Gentium*. Die dienende Kirche in GS ist eine Kirche, die aufs engste verbunden ist mit der ganzen Menschheit, ihrer Geschichte und dem Kosmos. Sie ist ihrem Wesen nach eine Kirche mit einer Sendung, die auf das Reich Gottes ausgerichtet ist (GS 1).

Von *Gaudium et Spes* inspiriert, wollen wir nun Schritt für Schritt durch das „Journey-Program" gehen.

b. Journey-Program (Bukal ng Tipan)[2]

Gemeinsam suchen wir: wahrnehmen und zuhören
(ein pastoraler Weg)

Der erste Schritt zur Erneuerung unserer Kirche heißt: suchen – so, wie in GS im allerersten Satz gefragt wird: Was sind Freude und Hoffnung, Trauer und Angst der Menschen unserer Zeit? Wir in *Bukal* haben erkannt, dass der erste Schritt unsere

---

2 *Bukal ng Tipan* (Quell des Bundes) ist ein Trainingszentrum für pastorale Fähig- und Fertigkeiten im CICM (Kongregation des Unbefleckten Herzens Mariä), das für verschiedene Diözesen auf den Philippinen und in ganz Asien arbeitet. Es begann als pfarreiliche Arbeitsgruppe in einer CICM-Pfarrei in Manila. Der dortige Pfarrer und die pastoralen Laienmitarbeiter begannen mit dem Lumko-Training in den 90er Jahren und entwickeln seitdem ihre eigenen pastoralen Programme und Training. Die Gruppe arbeitet mit bei AsIPA und ist Mitglied des AsIPA-Komitees, welches AsIPA vor zwei Jahrzehnten gegründet hat.

Kirche zu erneuern, der erste Schritt zu Inkulturation und Kontextualisierung, darin besteht, herauszufinden was Menschen bewegt; was brauchen sie wirklich, wonach sehnen sie sich? Es scheint einfacher mit vorgefertigten Programmen zu beginnen, wie es sie bei der Charismatischen Erneuerung, Cursillo, Lumko oder auch bei AsIPA gibt. Vorgefertigte Programme können definitiv erst einmal hilfreich sein. Aber wenn wir unsere Kirche wirklich von innen her erneuern wollen, müssen wir wissen, was die Menschen tief in ihren Herzen bewegt, das heißt so handeln, wie uns die Schrift von Jesus berichtet, der mit den Jüngern den Weg nach Emmaus geht. Er geht mit ihnen diesen Weg und obwohl er ganz genau weiß, was in Jerusalem geschehen war, will er trotzdem von ihnen hören, was geschehen ist, was sie fühlen.

In der Zusammenarbeit mit verschiedenen Diözesen auf den Philippinen machen wir es genau so: Bevor wir irgendein Programm anbieten, schulen wir die Menschen vor Ort zunächst darin, gemeinsam wahrzunehmen, zu suchen und die Menschen, mit denen sie leben, kennenzulernen. Was brauchen diese Menschen? Was sind ihre tiefsten Sehnsüchte? Was bewegt sie? Was macht sie glücklich? Was frustriert sie? Was macht sie wütend? Was gibt ihnen Kraft?

In GS 58 lesen wir: „Denn Gott hat […] entsprechend der den verschiedenen Zeiten eigenen Kultur gesprochen."

Was sich die deutsche Kirche also zunächst fragen müsste, ist: Was sind wichtige Aspekte unserer heutigen Kultur? Was sagt uns Gott durch diese Kultur, durch diese kulturelle Gemeinschaft? Finden wir etwas in unserer Kultur, das uns Gott entdecken lässt? Um genau diese Frage geht es im ersten Schritt unseres „Journey-Program".

Gemeinsam kehren wir um: Erfahrungen, Studium
(Liebe zu den Menschen)

In GS 4 lesen wir: „ Es gilt also, die Welt, in der wir leben, ihre Erwartungen, Bestrebungen und ihren oft dramatischen Charakter zu erfassen und zu verstehen." Die Informationen und Erkenntnisse, die wir nach diesem ersten Schritt gewonnen haben, zeigen deutlich, was die Menschen am jeweiligen Ort bewegt, was sie am meisten brauchen, was sie sich am meisten für ein Leben in größerer Fülle wünschen. Wir glauben, dass Bibel-Teilen mit Sicherheit ein gutes Werkzeug ist, aber vielleicht nicht für jeden. Vielleicht ist es nicht geeignet für manche unserer Kulturen, oder Teile von ihnen? Vielleicht ist es auch nicht in jeder Kultur für einen „Anfängerkurs" geeignet?

Vielleicht gibt es andere Möglichkeiten, die auch auf der Schrift basieren und die den Menschen eher dabei helfen würden, Jesus zu begegnen und sich zu Ihm zu bekehren? Wenn wir die Menschen in unserem Lebensumfeld wirklich kennen, werden wir Möglichkeiten finden, die wirklich die Mitte eines Menschen treffen können. Wir könnten so Prozesse initiieren und Erfahrungen ermöglichen, die die Herzen der Menschen berühren, wie zum Beispiel evangelisierende Prozesse, die eine gemeinschaftliche Umkehr zu Jesus ermöglichen; geistliche Übungen, die unseren Glauben an das Reich Gottes stärken. Keine noch so gute Pastoral nützt etwas, wenn sie uns nicht zu Jesus und Seiner Sendung umkehren lässt. Kirche sein ist eine Sache des Herzens.

Gemeinsam träumen wir: Planung, Strategieerarbeitung
(pastorale Planung)

Die AsIPA-Vision von einer partizipatorischen Kirche ist eine gute Vision, eine phantastische Vision, eine relevante Vision. Wir sind von ihr überzeugt, aber sind es die Menschen auch? Wenn die Menschen nicht oder vielleicht auch noch nicht von ihr überzeugt sind, wessen Vision ist es dann? Wenn es eine Vision von Kirche ist, dann sollte diese Kirche selbst wirklich daran beteiligt sein und ihr Ausdruck verleihen, und zwar Kirche als das Volk Gottes an einem bestimmten konkreten Ort.

In unserer Arbeit mit verschiedenen Diözesen haben wir festgestellt, dass das Wichtigste an einer gemeinschaftlichen Vision nicht etwa ist, wie theologisch „wasserdicht" oder gut ausformuliert sie ist. Das Wichtigste ist vielmehr, *wessen* Vision es ist. Zum Beispiel die Vision einer partizipatorischen Kirche – wessen Vision ist das? Ist das die Vision der Kirche (der Gläubigen) in Deutschland?

Lasst die Menschen ihren Traum von Kirche selbst formulieren, in ihren eigenen Worten und ihrem eigenen Stil. Uns ist deutlich geworden, dass es am wichtigsten ist, dass alle mitträumen dürfen – nur so wird es auch zu ihrem eigenen Traum. Wenn die „Basis" den Traum artikuliert hat, dann ist der Zeitpunkt gekommen für gemeinsame Planung. Wir helfen den Menschen, selbst zu entscheiden, wie sie ihren Traum verwirklichen könnten.

Gemeinsam gehen wir: Fähigkeiten entwickeln, Trainer trainieren (Pastoral-Teams)

Ein Traum braucht Strukturen, um verwirklicht zu werden. Deshalb ist jetzt der Zeitpunkt gekommen, Programme zu entwickeln, die christliche Gemeinschaften nachhaltig stärken und ihre Evangelisierung vertiefen. Bei diesem Schritt legen wir in Bukal den Schwerpunkt auf die Entwicklung von regelmäßigen und fortlaufenden Trainingsmodulen mit dem Ziel, dass die Teilnehmer lernen, solche Evangelisierungsprogramme zu ermöglichen, zu leiten und zu koordinieren. Wenn diese Fähig- und Fertigkeiten nicht entwickelt werden, bleiben Träume im Herzen verschlossen oder existieren nur auf dem Papier.

Dies ist der schwierigste und längste Abschnitt dieses Weges – vielleicht hört gerade dieser Abschnitt auch niemals auf. Leiten darf nicht immer nur ein und derselbe, also ist Rotation notwendig. Das bedeutet, dass Menschen, bei denen sich die Gabe der Leitung zeigt, fortlaufend ausgebildet werden müssen. Auch im Blick auf die verschiedenen Dienste braucht es ständiges Training und immer wieder Rotation. Nur so können wir uns neuen Herausforderungen reflektiert und angemessen stellen.

Auf diesem Abschnitt des Weges bezeugen wir am stärksten das Reich Gottes mitten unter uns. Jetzt wäre der richtige Moment für vorgefertigte Programme – wie beispielsweise AsIPA, Lumko, oder Programme der Charismatischen Erneuerung.

Besser aber noch wäre jetzt, wir hätten Menschen am jeweiligen Ort dazu befähigt, ihre eigenen Ausbildungsprogramme, Wahrnehmungsübungen, Methodentraining, geistliche Übungen und so weiter zu entwickeln. Uns ist deutlich geworden, dass Evangelisierungsprogramme, die vor Ort, von und mit den Menschen, die dort leben, entwickelt werden, am meisten dienen, weil sie genau auf Kultur und Kontext der jeweiligen Gemeinschaft zugeschnitten sind.

Gemeinsam stärken und stützen wir: Stabilisierung, Erneuerung (Pastorale Räte)

Auf diesem Abschnitt des Weges versuchen wir in Bukal einen Beitrag zu leisten, damit stabile Strukturen entstehen können, die dieses Wachstum stärken und fördern, aber auch immer die Notwendigkeit von Erneuerung im Blick haben.

Aus unserer Sicht gibt es fünf Merkmale, die förderlich sind, damit eine partizipatorische Kirche in einem gegebenen Lebensumfeld durch basiskirchliche Gemeinschaften wachsen kann. Diese fünf Merkmale sind: eine Vision, die von allen geteilt wird, entsprechende Strukturen, Fähig- und Fertigkeiten, Fähigkeit zum Lebenszeugnis und die Entwicklung einer der Vision entsprechenden Kultur.

– Wir sollten die Diözesen dahingehend unterstützen, dass sie den richtigen Zeitpunkt für eine Überprüfung *ihrer Vision* wahrnehmen, so dass die Vision immer neu Antwort sein kann auf die Zeichen der Zeit und auch die nächste Generation sie sich immer wieder neu zu eigen machen kann. Wir ermöglichen auch den Aufbau von Strukturen, die der Umsetzung der gemeinsamen Vision dienen.

– *Struktur* meint *hier* stabile Systeme, die die konkrete Umsetzung der Vision und ihr Wachstum fördern. Diese stabilisierenden Strukturen erstrecken sich auf die Bereiche von Leitung, Diensten, Aus- und Weiterbildung sowie Liturgie. Indem wir diese Strukturen stärken, ermöglichen wir unseren christlichen Gemeinschaften, beständig in Nachfolge und Sendung zu wachsen.

– *Fähig- und Fertigkeiten* sind daher sehr wichtig; Ausbildung und Einüben von solchen Fähig- und Fertigkeiten lassen die Kirche auch konkret ihre Ziele erreichen. In Bukal ermutigen wir nicht nur die Leiter, sondern die ganze Gemeinschaft, sich beständig und regelmäßig in solchen Fähig- und Fertigkeiten aus- und weiterzubilden. Es zeigt sich uns ganz klar, dass Trainer und beständiges Training, regelmäßige Aus- und Weiterbildung von Trainern auf diesem Abschnitt des Weges ungeheuer wichtig sind. In der Gemeinschaft von Leitern und Trainern liegt der Schlüssel für die Nachhaltigkeit einer Vision von Kirche, für die für diese Vision notwendigen Strukturen sowie für vertiefende Evangelisierungsprogramme.

– Auch das Verständnis für die Bedeutung des *Zeugnisgebens* ist in unserer Kirche noch nicht weit genug entwickelt. Zeugnisgeben sollte ein Lebensstil sein und nicht etwas, dass sich nur zu besonderen Ereignissen manchmal ereignet. Es sollte einen geordneten Weg geben, der es ermöglicht, dass Menschen die kleinen Erfolge mit-teilen können, die sie in ihrem Umfeld, mit ihren Leitern im Amt, in den Pastoralräten, in ihrer missionarischen Arbeit erfahren, so dass dieses Zeugnisgeben beständige Quelle neuer Inspiration und Leidenschaft für ihre Vision ist.

– wichtigster Faktor im Blick auf Effektivität und Erfolg solcher Programme ist: Die Kirche/Glaubensgemeinschaft muss immer neu für die vorherrschenden *Kulturen* offen sein. Es ist wichtig, dass sie sie wahrnimmt, weil sie ja in ihnen lebt. Nur so kann sie auch die heutigen Herausforderungen wahrnehmen, effektiv auf diese reagieren, und so können die jeweiligen Kulturen ständig die christliche Gemeinschaft neu beleben.

3. Fazit

Wenn wir *Gaudium et Spes* lesen, dann finden wir genau im Herzen des Zweiten Vatikanums das neue Wort für die Frohe Botschaft unserer Zeit, nämlich DIALOG. Dialog mit der Welt (GS 40), mit allen Völkern (GS 92), und – besonders wichtig für die Kirche in Asien: mit den Armen, mit den Frauen, mit den verschiedenen Kulturen – in einem Geist von Achtung, Aufrichtigkeit und Vertrauen. Dialog – das ist der Weg, auf dem die Kirche den Menschen in unserer modernen/postmodernen Welt dienen kann. Lasst uns nicht den Menschen vorauseilen – manchmal kann das sogar eine Zumutung sein, selbst wenn WIR überzeugt sind zu wissen, welcher konkrete Ansatz jetzt gerade gut für sie wäre. Lasst uns stattdessen die weitaus schwierigere und herausforderndere Aufgabe annehmen, in einen Dialog einzutreten mit den Menschen, mit der Welt, mit den verschiedenen Kulturen – und dem Gott folgen, von dem das Buch Exodus uns erzählt: Gott, der Seinen Namen mitten in unserer Geschichte, mitten in unserer Welt offenbaren wird.

Aus dem Englischen von Gabriele Viecens, Dipl.-Übersetzerin

Francis Scaria

Die Ekklesiologie der Kleinen Christlichen Gemeinschaften

Ein indischer Ansatz und seine Konsequenzen

1. Einleitung

Das Selbstverständnis der Kirche veränderte sich auf dem Zweiten Vatikanischen grundlegend und führte so zu einer wesentlichen Erneuerung des Kirchenverständnisses. Eigentlich wurde beim Konzil ein ursprüngliches Kirchenverständnis wieder entdeckt. Viele Schwerpunktverlagerungen in der Ekklesiologie erwuchsen daraus, dass die eine der Grundideen des erneuerten Kirchenverständnisses darin bestand, die Kirche als eine Gemeinschaft von Gemeinschaften zu verstehen. Bereits vor dem Zweiten Vatikanischen Konzil hatte Yves Congar richtig vorhergesehen, dass die Idee der Gemeinschaft einen zentralen Platz in der Ekklesiologie der Zukunft einnehmen würde.[1] Die Entwicklung der Kirche nach dem Konzil hat gezeigt, dass das Verständnis einer Communio-Ekklesiologie sich weiter vertieft hat und dass wir auch heute noch an den Konsenquenzen und der Bedeutung dieser Entdeckung arbeiten. Das Konzil lehrt, dass die Kirche „So erscheint die ganze Kirche als das von der Einheit des Vaters und des Sohnes und des Heiligen Geistes her

---

1 Vgl. *Congar, Y.: Sainte eglise, Etudes et Approche ecclesiologiques. Paris 1963,*
S. 21–24

geeinte Volk" (LG 4). Es unterstreicht das Bild der Kirche als Volk Gottes, dem die Hierarchie dient.[2] Das Konzil hatte die Vision von einer Kirche der Menschen, die sich auf Beteiligung aller und gemeinsamer Verantwortung aller gründet. Das Konzil unterstrich darum: „Die Kirche ist nicht wirklich gegründet, hat noch nicht ihr volles Leben, ist noch nicht ganz das Zeichen Christi unter den Menschen, wenn nicht mit der Hierarchie auch ein wahrer Laienstand da ist und arbeitet."[3] Obwohl das Zweite Vatikanische Konzil allein von der Kollegialität der Bischöfe in deutlichen Worten spricht, beinhaltet die Ekklesiologie des Konzils die Kollegialität sowohl der Geistlichen untereinander als auch mit den Laien. Kollegialität ist ein Wesenszug des gesamten Volkes Gottes.[4]

‚Communio' ist ein vielschichtiger Begriff und hat eine große Bedeutungsweite. Die kirchliche Communio findet ihren Ausdruck im gemeinsamen apostolischen Glaubensbekenntnis, in einem gemeinsamen sakramentalen Leben, das durch die eine Taufe begonnen wurde und in der Verkündigung des Wortes und im Brechen des Brotes gemeinsam gefeiert wird, und in einem gemeinsamen Leben, in dem Laien und Hauptamtliche gleichermaßen anerkannt sind, wahrgenommen und gewürdigt werden. Weiterhin findet die Communio ihren Ausdruck in der gemeinsamen Sendung, sein Evangelium allen Menschen zu verkünden und der ganzen Schöpfung zu dienen. Diese Communio ist konkret erfahrbar in der Berufung zu einer lebendigen Gemeinschaft, im gemeinsamen Bekenntnis des Glaubens, der immer neuen Umkehr zum Evangelium und schließlich der Weihe und Sendung in die Welt.

---

2 Vgl. CIC 877.
3 II. Vatikanum: *Ad gentes*, 21.
4 Vgl. Leonardo Boff: *Und die Kirche ist Volk geworden. Ekklesiogenesis.* Düsseldorf 1987.

2. Blick auf die Kirche vor Ort

Christus dominus versteht die Ortskirche auf der Ebene der Diözese. Diese konkrete Kirche am Ort ist „der Teil des Gottesvolkes, der dem Bischof in Zusammenarbeit mit dem Presbyterium zu weiden anvertraut wird. Indem sie ihrem Hirten anhängt und von ihm durch das Evangelium und die Eucharistie im Heiligen Geist zusammengeführt wird, bildet sie eine Teilkirche, in der die eine, heilige, katholische und apostolische Kirche wahrhaft wirkt und gegenwärtig ist."[5] Das Konzil konstatiert auch: „Diese Kirche Christi ist wahrhaft in allen rechtmäßigen Ortsgemeinschaften der Gläubigen anwesend, die in der Verbundenheit mit ihren Hirten im Neuen Testament auch selbst Kirchen heißen. Sie sind nämlich je an ihrem Ort, im Heiligen Geist und mit großer Zuversicht (vgl. 1 Thess 1,5) das von Gott gerufene neue Volk. In ihnen werden durch die Verkündigung der Frohbotschaft Christi die Gläubigen versammelt, in ihnen wird das Mysterium des Herrenmahls begangen, „auf daß durch Speise und Blut des Herrn die ganze Bruderschaft verbunden werde."[6]

Wir können nicht abstrakt und ortlos von Kirche sprechen. Auch wenn wir von der universalen Kirche reden, begegnet man der Kirche doch erst in der Ortskirche konkret. „Die eine und universale Kirche manifestiert sich nicht selbst, genau genommen manifestiert sie ihre Existenz innerhalb der Ortskirchen, obwohl gilt: *Die Gesamtkirche kann nicht als die Summe der Teilkirchen aufgefasst werden und ebensowenig als Zusammenschluss von Teilkirchen.*"[7] Sie ist nicht das „Ergebnis" von deren Gemeinschaft; sie ist vielmehr im Eigentlichen ihres Ge-

---

5 CD 11.
6 LG 26.
7 Louis Bouyer: *The Church of God*. Übersetzer: Charles Underhill Quinn. Franciscan Herald Press, Chicago 1982, S. 396 (unsere Übersetzung).

heimnisses eine jeder *einzelnen* Teilkirche *ontologisch* und *zeitlich* vorausliegende Wirklichkeit",[8] wird sie (die Gesamtkirche) immer nur lokal erfahren. Die Weltkirche wird also zu einer konkreten Erfahrung in der Nachbarschaft. Die Kirche vor Ort ist also nicht einfach nur ein Teil der universalen Kirche, sondern sie selbst ist ganz und gar Kirche.

Es ist eine Tatsache, dass viele unserer Pfarreien zu groß sind, als dass man sie ‚Gemeinschaft' nennen könnte. Oftmals sind es einfach zu viele Leute, die sich nicht kennen und einander fremd bleiben, die da zusammenkommen. In unseren Pfarreien, die oft aus einer Mehrheit an passiven Mitgliedern bestehen, können die Wesensmerkmale einer Communio-Ekklesiologie kaum verwirklicht werden, es sei denn, die Strukturen werden wesentlich umgestaltet.

In der Gemeinde von Korinth kam es zu einer echten Bedrohung, als sie die Gegenwart des auferstandenen Herrn in ihren Mitchristen während der Eucharistiefeier (vgl. 1 Kor 11; 1 Kor 3: 1–3) nicht erkannte. Diese Bedrohung ist heutzutage noch viel realer und präsenter in vielen christlichen Gruppierungen. Dies trifft gerade auf junge und lebendige Kirchen zu, während an anderen Orten ein alarmierender Rückgang der Kirchenbesucher festzustellen ist. Die Gottesdienste werden als trocken und langweilig empfunden. Das Evangelium scheint seine aufrüttelnde Kraft und seine Dynamik verloren zu haben. Ist das nicht ein alarmierender Weckruf?

Die Kirche aufzubauen bedeutet, Leib Christi oder Tempel des Heiligen Geistes zu werden. Die universale Kirche ist der Leib Christi. Auch die Kirche vor Ort ist Leib Christi. Sie ist wirklich Kirche und kann doch nur zusammen mit der universalen Kirche die eine, heilige, katholische und apostolische Kirche sein. Die Kirche ist eine Gemeinschaft, die durch den

---

8 Kongregation für die Glaubenslehre: *Brief an die Bischöfe über einige Aspekte der Kirche als Communio.* VAS 107, Bonn 1992, S. 9.

Heiligen Geist zum Leib Christi zusammengefügt wird. Diese Gemeinschaft bleibt aber, solange wir von der universalen Kirche sprechen, nicht berührbar. Sie wird als Leib Christi berührbar in der Gemeinschaft der Gläubigen in der Nachbarschaft. Solche Gemeinschaft vor Ort kann die heilende Kraft Jesu weitergeben, die Liebe Jesu spürbar werden lassen, den sanften Blick Jesu erlebbar machen und die gute Nachricht vom Reich Gottes den Menschen aus Fleisch und Blut hier und jetzt verkünden.

Die Communio-Ekklesiologie unterstreicht die Tatsache, dass Erlösung kein indivdualistisches Geschehen ist, sondern gemeinschaftsbezogen.

Bei Erlösung geht es also nicht vorrangig darum, dass der Einzelne mit Gott ins Reine kommt. Es geht vielmehr um Erneuerung, Heilung und Verwandlung menschlichen Lebens, besonders auch aller menschlicher Beziehungen. Solange diese Wirklichkeiten nicht für den konkreten Menschen erfahrbar werden – in einer konkreten Gemeinschaft, zu einer bestimmten Zeit und an einem bestimmten Ort – bleibt dies alles ferne Theorie.

Das handelnde Subjekt in all unserem missionarischen Handeln ist konkret und vor allem die erlebbare Kirche vor Ort. Je ‚lokaler‘ die Kirche ist, desto näher ist sie dem Leben der Menschen.[9]

3. Kleine christliche Gemeinschaft als Mikrokosmos der Kirche

Wir können Kirche nicht einfach mit Gemeinde identifizieren: Kirche ist dort, wo das Volk Gottes ist. Die Kirche ist also nicht

9 Vgl. G. Rosales/C. G. Arévalo: *For all the peoples of Asia*. Federation of Asian Bishop Conferences: Documents from 1970 to 1991. Diliman, XX.

einfach eine wöchentliche Sonntagsversammlung. Kirche ist dort, wo „zwei oder drei in meinem Namen versammelt sind" (Mt 18: 20). Wenn zwei oder drei in seinem Namen versammelt sind, formt Jesus sie zu seinem Leib, zu seinem Tempel und beginnt, in ihrer Mitte zu wohnen. Er macht sie zur Kirche.

Die Sonntagsliturgie, die in der Gemeinde am Tag des Herrn gefeiert wird, ist Höhepunkt jenes Lebens, das Christen in ihren Häusern, in ihren Straßen und Nachbarschaften leben – und zugleich auch Quelle für dieses Leben.

Der Heilige Geist wird nicht zuerst in den Vorgaben der organisatorischen Strukturen, der disziplinarischen Regelungen und der Sakramenten erlebt. Er wird hauptsächlich in der Geschwisterlichkeit erfahren, in der die einzelnen Gläubigen mit Ihm verwoben sind.

Er ist der ‚Gott unter uns'. Wir sind in ihm vereint, so wie der Vater und der Sohn in Ihm vereint sind.

Deshalb sind wir, wenn wir das Christsein auf ein Gefüge von Dogmen, ein Netzwerk von Strukturen, einen Haufen disziplinarischer Regelungen oder eine Ansammlung an Sakramenten reduzieren, keinen Deut besser als die Schriftgelehrten und Pharisäer, die in den Augen Jesu nichts anderes taten.

Wir werden den Weg zur Verwirklichung des Reiches Gottes, das Jesus brachte, verfehlen. Was wir am meisten brauchen, sind nicht platonisch-aristotelische Gedankenspiele, sondern einfaches und gemeinschaftliches Suchen, Zuhören – das Hören und Leben des Wortes in den konkreten Gemeindekontexten der Gläubigen. Die Kirche setzt sich seit dem Zweiten Vatikanischen Konzil mit dieser immer wieder neuen Einsicht auseinander. Und auch wir sollten jede Gelegenheit nutzen, uns mit dieser Herausforderung auseinanderzusetzen.

Genauso wie Jesus in seiner Zeit und mit den Menschen seiner Zeit lebte und lehrte, so lebt und lehrt Jesus, der in der Gemeinschaft der Gläubigen gegenwärtig ist – sie sind auf geheimnisvolle Weise sein Leib –, heute auch im Leben dieser konkreten Gemeinschaft. Wir müssen eine solche Gemeinde vor Ort werden, um authentische Kirche zu sein. Unsere Liebe zur universalen Kirche wird am authentischsten durch unseren Einsatz für die Kirche vor Ort bezeugt. Zweifellos ist dabei die Kirchenerfahrung in den Kleinen Christlichen Gemeinschaften am intensivsten, weil sie sehr lokal und basisnah sind.[10]

Eines der schönsten Phänomene, das wir in den vergangenen Jahrzehnten in unserer Kirche vorfinden, ist die Bildung von Kleinen Christlichen Gemeinschaften. Sie sind eine neue Blüte der ursprünglichen Erfahrung des Kircheseins als einer Gemeinschaft von Gläubigen. Kleine Christliche Gemeinschaften sind wirklich und wahrhaftig „Kirche vor Ort". Diese Gemeinschaften haben einen „bedeutenden kirchlichen Wert",[11] da sie die Gläubigen einer konkreten Nachbarschaft zur lebendigen Kirche machen. Hier finden wir in der Tat eine konkrete Verwirklichung der Communio-Ekklesiologie. Bei den Kleinen Christlichen Gemeinschaften geht es also nicht um eine neue geistliche Bewegung, sondern es geht um die Kirche selbst – Kirche an der Basisebene, Kirche im ursprünglichsten Sinne. Diese Basisgemeinschaften stellen die grundlegendste Verwirklichung von Kirche an einem konkreten Lebensort dar. Es scheint, dass der Geist die Kirche immer stärker in genau diese Richtung weist, nämlich die weitverbreitete Wirklichkeit von kirchlichen Gruppierungen anzuerkennen, deren Mitglieder untereinander verbunden sind im Herrn durch das Wort Gottes und deren Einheit zum Ausdruck kommt durch zwischen-

---

10 In der Geschichte der Kirche waren die Kandidaten zum Priesteramt oft Lehrlinge des Pfarrers selbst, der ganz am Leben der Gemeinde teilhatte. Diese kommunitäre Dimension der Ausbildung ist nach der tridentinischen Reform verlorengegangen. Vgl. Bosco Puthur: *Formation of the diocesan clergy: A short historical survey of the catholic seminarx formation in Kerala.* In: *The Living word* 3/6 (2005), 348–349.
11 Leonardo Boff: *Ekklesiogenesis,* aaO, S. 2.

menschliche Beziehungen und einem Gefühl der Zugehörigkeit. Man darf vermuten, dass dieses Phänomen sich entwickelt hat aus dem weitverbreiteten Bedürfnis, das Christsein intensiv zu leben, aus dem Priestermangel, dem Bedürfnis nach Zugehörigkeit und Unterstützung und dem Wunsch, Verantwortung in der Kirche zu teilen. Die Mitglieder dieser Gemeinschaften teilen miteinander das Wort Gottes, integrieren es in ihr Alltagsleben und verkünden es anderen. Sie werden so zu „Tätern des Wortes" (vgl. Jak 1,22). Christliches Leben in Kleinen Christlichen Gemeinschaften wird charakterisiert durch direkte Beziehungen, Gegenseitigkeit und gegenseitige Hilfe für alle. Grundlage ist ein tiefer Sinn von Gemeinschaft und die Gleichheit aller Mitglieder.[12] Hauptanliegen dieses neuen Weges ist es, an einer lebendigen Kirche zu bauen, die sich auszeichnet durch einen Geist des Anteilnehmens und -gebens, durch tiefe, direkte, vertrauensvolle, informelle, gegenseitige Beziehungen auf Augenhöhe.[13] Keinesfalls geht es darum, Strukturen zu vermehren. Kleine Christliche Gemeinschaften zielen auf eine „Gemeinschaft von zwischenmenschlichen Bindungen", deren fortlaufende Erfahrung darin besteht, in der „erfüllenden Aufbruchstimmung der Frohen Botschaft leben zu dürfen."[14] Jedem ist also klar, dass alle Christgläubigen jeglichen Standes oder Ranges zur Fülle christlichen Lebens und zur vollkommenen Liebe berufen sind.[15] Papst Johannes Paul II. ruft alle Christen auf, in ihrem ganz gewöhnlichen Alltagsleben heilig zu werden. Er mahnt „allen mit Überzeugungskraft diesen ‚hohen Maßstab' des gewöhnlichen christlichen Lebens neu vor Augen zu stellen. Das ganze Leben der kirchlichen Gemeinschaft und der christlichen Familien muss in diese Richtung

12 ebd S. 4.
13 Vgl. ebd. S. 5.
14 Ebd. S. 4.
15 Vaticanum II: *Lumen Gentium* (LG) 40.

führen."[16] Er ermutigt dabei zu einer „Leidenschaft, die es nicht versäumen wird, ein neues missionarisches Engagement in der Kirche zu wecken, das nicht einer kleinen Schar von »Spezialisten« übertragen werden kann, sondern letztendlich die Verantwortung aller Glieder des Gottesvolkes einbeziehen muss."[17] Kleine Christliche Gemeinschaften nehmen dieses Signal sehr genau wahr.

Um realistisch zu sein muss, eine entsprechende Ekklesiologie, eine so gelebte Gemeinschaft der Gläubigen, so wie sie in den Kleinen Christlichen Gemeinschaften erfahren wird, reflektieren, denn genau in diesen Gemeinschaften ist Kirche zutiefst berührbar und auf Erfahrung ausgerichtet. Genau hier leben Menschen aus Fleisch und Blut das Geheimnis von Kirche an einem bestimmten Ort, zu einer bestimmten Zeit in menschlichen Beziehungen – genau so, wie die ersten christlichen Gemeinden dies taten.[18] Kleine Christliche Gemeinschaften sind die elementarste Inkarnation von Kirche vor Ort, Kirche *en miniature*. Manchmal werden sie sogar als Mikrokosmos von Kirche bezeichnet, dabei handelt es sich hier um die „universale Kirche, die sichtbar wird im Rahmen von gegebenem Ort und gegebener Zeit und Kultur."[19] Papst Johannes Paul lehrt uns, dass im Aufbau von Gemeinschaft, welche zutiefst das Wesen des innersten Geheimnisses von Kirche verkörpert und offenbart, Kirche als Sakrament sichtbar wird.[20] In diesem Sinn sind Kleine Christliche Gemeinschaften „örtliches Sakrament" zur Rettung der Menschen, welches uns in Jesus Christus geschenkt ist. Es wäre aber falsch anzunehmen, dass Kleine Christliche Gemeinschaften isolierte Inseln seien. Sie

16 Johannes Paul II.: *Apostolisches Schreiben Novo Millenio Ineunte* (NMI). VAS 150. Bonn 2001.
17 NMI.
18 Vgl. Michael Pannock: *Your church and you: History and images of catholicism*. Ave Maria Press, Notre Dame. 1983, S. 63.
19 L. Boff, ebd, S. 18.
20 Vgl. NMI S. 41.

müssen zutiefst in der universalen Kirche verwurzelt und mit der Ortskirche verbunden sein, und von legitimierten Hirten und dem Lehramt geleitet werden.

Zwar wird die Familie oft als Hauskirche bezeichnet[21] und als die kleinste Zelle der Gesellschaft, und man sieht sie vielfach auch als die kleinste Verwirklichung von Kirche an, aber normalerweise sind Menschen in einer Familie durch „Blutsbande" verbunden. Oft hören wir auch das Sprichwort „Blut ist dicker als Wasser". Jesus jedoch lehrt uns, dass das Wasser der Taufe dicker ist als Blut. In der Kirche Jesu gelten Bande, die stärker sind als Blut: nämlich die Verbundenheit durch das Wort, in dem sich der Wille des Vater offenbart und eine „Verwandtschaft" unter uns entstehen lässt, die ewig ist (vgl. Lk 8, 19–21). In den Kleinen Christlichen Gemeinschaften, in denen diese starke Verbundenheit tatsächlich gelebt wird, sind die vier Kennzeichen von Kirche – eins, heilig, katholisch und apostolisch – berührbar. In diesen Kleinen Christlichen Gemeinschaften entdecken wir das „Wir-Gefühl"[22] der Kirche, denn genau in ihnen entdecken wir „ein Volk, das eins ist in der Einheit mit dem Vater, dem Sohn und dem Heiligen Geist."[23] In den Kleinen Christlichen Gemeinschaften kommen „Kirche des Glaubens" und „Kirche der Erfahrung" zusammen.[24]

Kleine Christliche Gemeinschaften sind lebendige Zellen, die Kirche sind. Sie sind deshalb Teil der organischen Struktur von Kirche. Für diejenigen, die die Kirche lieben, stellen sie deshalb nicht eine bloße Option dar, sondern sie sind ein wesentlicher Weg dahin, dass Kirche in einem gegebenen Kontext gegenwärtig sein kann. Kleine Christliche Gemeinschaften sind Gemeinschaften von Gläubigen, die durch den Heiligen Geist in der Ein-

---

21 Vgl. LG.

22 Vgl. J. Ratzinger, Kirche: Ökumene und Politik. Einsiedeln 1987, S. 6.

23 LG 4 zitiert Cyprian: De oratione dominica 23, PL 4, S. 553.

24 Vgl. Francis A. Sullivan: One, Holy, Catholic and Apostolic. Paulist press, New York 1989, S. 16 f.

heit verbunden sind und durch das lebendige Wort gestärkt werden, welches sie dazu aufruft, alles, was sie besitzen, zu teilen und einander zu dienen. Kirche, die so gelebt wird, ist eine Gemeinschaft von evangelisierenden Gemeinschaften und ihrem Wesen entsprechend missionarisch. Diese Gemeinschaften sind von prägendem Wert für diejenigen, die in ihnen leben, und haben eine wichtige evangelisierende Bedeutung für alle anderen. So verpflichtet sich Kirche, die sich aus Kleinen Christlichen Gemeinschaften bildet, zu missionarischem, zu evangelisierendem Einsatz. In der Kirche sind Leben und Mission nicht voneinander zu trennen. Das Leben der Kirche ist missionarisch und umgekehrt, indem sie missionarisch ist, ist sie lebendig.

Für Christen ist Gemeinschaftsbildung von lebenswichtiger Bedeutung. Christen brauchen einander, um zu überleben. Ein Christ kann kein Christ sein ohne die Gemeinschaft mit anderen Christen. In Kleinen Christlichen Gemeinschaften werden Christen dazu herausgefordert, ihre durch die Taufe gegründete Geschwisterlichkeit mit ihren Nachbarn zu leben. Das führt unweigerlich dazu, Gemeinschaft zu bilden. Kleine Christliche Gemeinschaften sind keine Option, sondern konkreter Ausdruck unseres Taufbundes. Sie geben uns die richtige Ausgangsbasis für alle Dienste in der Kirche. Pfarrgemeinden riskieren oft eine anonyme Ansammlung von Individuen zu werden, die einander fremd sind. Die wahre Geschwisterlichkeit unter den Kindern des einen himmlischen Vaters wird in den Kleinen Christlichen Gemeinschaften auf sehr spürbare Art bezeugt. Dennoch gilt es auch hier, wie schon Papst Paul VI. warnt, sehr wachsam zu sein, damit Gemeinschaften nicht sektiererisch werden oder Ghettos bilden.[25]

25 Vgl. EN 58. Paul VI. sagt hier auch, dass gesunde kleine kirchliche Gemeinschaften ihre Nahrung im Wort Gottes suchen und sich nicht vereinnahmen lassen von einseitiger politischer Polarisierung oder modernen Ideologien. Sie bleiben eng verbunden mit der Pfarrei und der Diözese, zu der sie gehören. Sie sind eng verbunden mit den Hirten, die Christus seiner Kirche gegeben

4. Anfragen an diese neue Kirchengestalt

In *Christifidelis Laici* ermahnt Papst Johannes Paul II. die kirchlichen Amtsträger vor Ort, „die kleinen Basisgemeinschaften, auch lebendige Gemeinden genannt, in denen die Gläubigen einander das Wort Gottes verkündigen und im Dienst und in der Liebe tätig werden können, zu fördern."[26] In *Ecclesia in Asia* ermutigt der Papst die Kirche in Asien „diese Basisgemeinschaften als positives Merkmal einer evangelisierenden Kirche" zu betrachten.[27] Für Papst Paul VI. sind die Kleinen Christlichen Gemeinschaften „Mittel und Ausdruck der Communio der Kirche"[28] und daher sind diese Gemeinschaften „Anlass zu großer Hoffnung für das Leben der Kirche."[29] Auch für Papst Johannes Paul II. sind diese Gemeinschaften „Zeichen großer Hoffnung".[30] Er sagt uns: „Diese Gemeinden sind in Gemeinschaft mit ihren Hirten wahre Konkretisierungen der kirchlichen communio und Zentren der Evangelisierung",[31] weiterhin sagt er, dass diese Gemeinschaften „[…] die wirklich in Einheit mit der Kirche leben, ein wahrer Ausdruck der Gemeinschaft und Mittel [sind], um eine noch tiefere Gemeinschaft zu bilden. Daher geben sie Grund zu großer Hoffnung für das Leben der Kirche[32]. In einer Zeit, in der die Heiligkeit und Würde von Beziehungen und die Bedeu-

---

hat. Sie streben danach, ständig in der Verantwortung für ihre Nachbarschaft zu wachsen, in der christlich verstandenen Freiheit und ihrem missionarischen Eifer. So sind sie wirklich katholisch – und eben keine Sekte.

26 Johannes Paul II.: *Nachsynodales Schreiben Christifideles Laici* (CL). VAS 87, Bonn 1989, S. 26.

27 Johannes Paul II.: *Nachsynodales Schreiben Ecclesia in Asia*. VAS 146, Bonn 2000, S. 25.

28 Paul VI.: *Apostolisches Schreiben Evangelii Nuntiandi* (EN). VAS 2, Bonn 1975, S. 58.

29 ebd.

30 Johannes Paul II.: *Enzyklika Redemptoris Missio* (RM), VAS 100. Bonn 1991, S. 51.

31 RM 51.

32 RM 51.

tung der Familie in Frage gestellt werden, sind Kleine Christliche Gemeinschaften ein großes Zeugnis.

Der Papst stellt außerdem fest, dass „diese Gemeinden in Gemeinschaft mit ihren Hirten wahre Konkretisierungen der kirchlichen communio und Zentren der Evangelisierung sind".[33] Derselbe Papst formuliert dann in *Ecclesia in Asia* zusammen mit den Synopdenvätern, „[den] Wert der *kirchlichen Basisgemeinden* [wird] als eine wirksame Art der Gemeinschaftsförderung und Teilnahme an der Pfarrei und der Diözese hervorgehoben und sie als eine genuine Kraft der Evangelisierung qualifiziert."[34]

Werfen wir nun einen Blick auf die Anforderungen, die an das Leben in Gemeinschaft gestellt werden, und wie sie in den Kleinen Christlichen Gemeinschaften zum Ausdruck kommen.

4.1 Eine Spiritualität in Gemeinschaft

Das Leben einer Kleinen Christlichen Gemeinschaft besteht nicht nur aus Treffen, sondern es geht darum, das Leben in Christus Tag für Tag zu teilen. Es ist weit mehr als bloße Aktivität oder äußerer Anschein, es gründet sich auf eine tiefe Spiritualität der Gemeinschaft.

Papst Johannes Paul II. hat diese Spiritualität der Gemeinschaft folgendermaßen erklärt: „Die Kirche zum Haus und zur Schule der Gemeinschaft machen, darin liegt die große Herausforderung, die in dem beginnenden Jahrtausend vor uns steht, wenn wir dem Plan Gottes treu sein und auch den tiefgreifenden Erwartungen der Welt entsprechen wollen. Was bedeutet das konkret? Auch hier könnte die Rede sofort praktisch werden, doch es wäre falsch, einem solchen Anstoß nachzugeben. Vor der Planung konkreter Initiativen gilt es, eine Spiritualität

---

33 CL 61.
34 *Ecclesia in Asia.*

101

der Gemeinschaft zu fördern, indem man sie überall dort als Erziehungsprinzip herausstellt, wo man den Menschen und Christen formt, wo man die geweihten Amtsträger, die Ordensleute und die Mitarbeiter in der Seelsorge ausbildet, wo man die Familien und Gemeinden aufbaut. Spiritualität der Gemeinschaft bedeutet vor allem, den Blick des Herzens auf das Geheimnis der Dreifaltigkeit zu lenken, das in uns wohnt und dessen Licht auch auf dem Angesicht der Brüder und Schwestern neben uns wahrgenommen werden muss. Spiritualität der Gemeinschaft bedeutet zudem die Fähigkeit, den Bruder und die Schwester im Glauben in der tiefen Einheit des mystischen Leibes zu erkennen, das heißt es geht um ‚einen, der zu mir gehört‘, damit ich seine Freuden und seine Leiden teilen, seine Wünsche erahnen und mich seiner Bedürfnisse annehmen und ihm schließlich echte, tiefe Freundschaft anbieten kann. Spiritualität der Gemeinschaft ist auch die Fähigkeit, vor allem das Positive im anderen zu sehen, um es als Gottesgeschenk anzunehmen und zu schätzen: nicht nur ein Geschenk für den anderen, der es direkt empfangen hat, sondern auch ein ‚Geschenk für mich‘. Spiritualität der Gemeinschaft heißt schließlich, dem Bruder ‚Platz machen‘ können, indem ‚einer des anderen Last trägt‘ (Gal 6,2) und den egoistischen Versuchungen widersteht, die uns dauernd bedrohen und Rivalität, Karrierismus, Misstrauen und Eifersüchteleien erzeugen. Machen wir uns keine Illusionen: Ohne diesen geistlichen Weg würden die äußeren Mittel der Gemeinschaft recht wenig nützen. Sie würden zu seelenlosen Apparaten werden, eher Masken der Gemeinschaft als Möglichkeiten, daß diese sich ausdrücken und wachsen kann.«[35]

Die Spiritualität der Gemeinschaft erfordert eine neue, kreative Form von Nächstenliebe im Blick auf die Armen, damit sie

---

35 NMI 43.

sich „zu Hause" fühlen können: *„Es ist Zeit für eine neue ‚Phantasie der Liebe', die sich nicht so sehr und nicht nur in der Wirksamkeit der geleisteten Hilfsmaßnahmen entfaltet, sondern in der Fähigkeit, sich zum Nächsten des Leidenden zu machen und mit ihm solidarisch zu werden, so daß die Geste der Hilfeleistung nicht als demütigender Gnadenakt, sondern als brüderliches Teilen empfunden wird. Daher muß es uns gelingen, daß sich die Armen in jeder christlichen Gemeinde wie ‚zu Hause' fühlen."*[36]

4.2 Vertrauen auf den Auferstandenen in der Mitte seines Volkes

Das II. Vatikanische Konzil entwarf eine Theologie der Gegenwart des Auferstandenen in seiner Kirche.[37] Die Gegenwart des Auferstandenen ist nicht beschränkt auf die eucharistische Gestalt von Brot und Wein. Er ist genauso wirklich gegenwärtig in seiner Kirche, deren Haupt er ist. Im Leib der Kirche wird er selbst berührbar und sichtbar. Die Konsequenzen und Implikationen dieser kirchlichen Gegenwart des Herrn müssen wir noch weiter ausloten. Jesus lebt dort, wo wir in Einheit verbunden sind, und Er selbst handelt, wo wir gemeinschaftlich handeln. Er ist lebendig erfahrbar, wenn wir einander Anteil geben an unserem Leben. Seine Gegenwart und seine Botschaft werden wirklich und zeigen sich in der kirchlichen Communio. Wenn man das so versteht, dann können wir nicht nur sagen, dass Jesus in seiner Kirche gegenwärtig ist, sondern man muss geradezu sagen: Die Kirche ist Jesus.

Diese Wirklichkeit müssen wir immer im Blick behalten und sollten deswegen in den Gläubigen ein tiefes Bewusstsein für die kirchliche Gestalt der Gegenwart des Auferstandenen Herrn schaffen.

---

36 NMI 50.
37 Vgl. Vatikanum II: *Sacrosanctum Concilium* 7.

Der auferstandene Herr, der in der Gemeinschaft der Gläubigen lebt, ist im Leben der Gläubigen wirkmächtig: Er ermutigt sie in ihren täglichen Herausforderungen und Schwierigkeiten. Er zeigt sich ihnen als der Gott, der sie begleitet im „Hier und Jetzt" ihres Lebens.

Wir müssen noch viel tiefer eintauchen in dieses Geheimnis der kirchlichen Gegenwart des Herrn im Sinne der theologischen Logik des II. Vatikanums.

4.3 Die Wechselbeziehung zwischen dem Lebendigen Wort und dem konkreten Leben der Menschen

In der Gemeinschaft der Kirche ist Christus nicht nur eine Gestalt der Vergangenheit, sondern er ist gegenwärtig. Wir müssen dafür sorgen, dass es zu einem ständigen Dialog zwischen dem Lebendigen Wort und dem konkreten Leben der vielen Gemeinschaften in jener Communio kommt, die wir Kirche nennen. Das Wort ist das tägliche Brot für jeden Christen, denn er ist dazu gerufen, von jedem Wort zu leben, „dass aus dem Munde Gottes kommt."[38] Das Wort Gottes ist „lebendig und wirksam".[39] Es ist ein Same, der aufgeht und zu einer Pflanze wird.[40] Wir brauchen Christen, die nicht nur das Wort Gottes lesen, sondern es dem Wort erlauben, dass es ihr Leben lesen darf. Vor dem Herrn sind wir nackt.[41] Nur der Herr kennt uns, wie wir wirklich sind. Wir müssen dafür sorgen, dass das immer neue und lebendige Wort uns immer neu begegnen kann im lebendigen Miteinander der Gemeinschaft der Gläubigen. So kann es zu einer fruchtbaren Dynamik zwischen dem Evangelium und dem konkreten Leben einer Gemeinschaft kom-

---

38 Vgl. Mt, 4,4.
39 Hebr 4, 12; Vgl. 1. Pt 1,23.
40 Vgl. Lk 8, 11; Apg 6,7; 12,24.
41 Vgl. Hebr 4, 13; Jer 49,10; Ez 13,14.

men. Neue Wege und Methoden müssen so gestaltet werden, dass sie auf diese neue Herausforderung des Evangeliums antworten.

4.4 Das Gleichgewicht zwischen vertikaler und horizontaler Dimension ekklesialer Communio

Vor allem anderen ist Communio Geschenk Gottes und Frucht göttlichen Handelns im Paschageheimnis.[42] Aber dieses Geschenk muss wirklich werden in der Geschwisterlichkeit der Gläubigen. Es ist „Geschenk, großes Geschenk des Heiligen Geistes, das von den gläubigen Laien dankbar angenommen und gleichzeitig mit einem tiefen Verantwortungsgefühl gelebt werden soll."[43] Eigentlicher Ursprung und Modell aller kirchlicher Communio ist die Dreifaltigkeit. Jede Communio findet ihren Ursprung und ihre Fülle in der Trinität. Aus der Gemeinschaft der Christen mit Christus ergibt sich ihre Gemeinschaft untereinander: Alle sind Reben des einen Weinstocks, der Christus ist. Der Herr Jesus deutet uns diese brüderliche Gemeinschaft als leuchtenden Widerschein des Lebens und der Liebe des Vaters, des Sohnes und des Heiligen Geistes, an dem alle Getauften auf geheimnisvolle Weise teilnehmen. Um diese Gemeinschaft betet Jesus: „Alle sollen eins sein, wie du, Vater, in mir bist und ich in dir bin, sollen auch sie in uns sein, damit die Welt glaubt, daß du mich gesandt hast" (Joh 17,21).[44] Die Dreifaltigkeit ist Modell, Quelle und Bedingung der Möglichkeit unserer Gemeinschaft mit Gott und den anderen Christen. Genau aus diesem Grund unterscheidet sich die Kirche von anderen

---

42 Vgl. Kongregation für die Glaubenslehre: *Brief an die Bischöfe der katholischen Kirche über einige Aspekte der Kirche als Communio.* VAS 107, Bonn 1992, S. 3.
43 LG 9.
44 CL 18.

menschlichen Organisationsformen. Papst Benedikt XVI. hat bei seinem Treffen in der Fastenzeit mit dem Klerus der Stadt Rom am 22. Februar 2007 gesagt:

„Mir scheint, wir müssen diese Ekklesiologie noch viel mehr verinnerlichen, und zwar sowohl die Ekklesiologie von *Lumen gentium* wie jene von *Ad gentes,* das auch ein ekklesiologisches Dokument ist, sowie auch jene der kleineren Dokumente und sodann die Ekklesiologie von *Dei Verbum.* Durch die Verinnerlichung dieser Sicht können wir auch unser Volk für diese Sicht gewinnen, damit es erkennt, daß die Kirche nicht bloß ein großes Gebilde, eine dieser übernationalen Einrichtungen ist, die es gibt. Die Kirche ist, auch wenn sie Leib ist, Leib Christi und somit ein geistlicher Leib, wie der hl. Paulus sagt. Sie ist eine geistliche Wirklichkeit.

Mir scheint daher sehr wichtig zu sein, daß die Menschen sehen können: Die Kirche ist keine übernationale Organisation, keine Verwaltungs- oder Machtkörperschaft, keine Sozialagentur – auch wenn sie soziale und übernationale Arbeit leistet –, sondern ein geistlicher Leib.“[45]

Wir müssen immer wieder unterstreichen, dass wir die Kirche niemals auf eine nur menschliche Organisationsform reduzieren dürfen. Sie hat eine spirituelle und eschatologische Dimension und Bedeutung. Deswegen müssen wir auch immer neu auf das Gleichgewicht zwischen den horizontalen und vertikalen Aspekten der Communio achten. Zwar muss es eine ständige Weiterentwicklung der Pastoral geben, aber dabei darf nicht vergessen werden, dass unsere Begegnung mit Gott im BibelTeilen und in der Eucharistie Quelle und Höhepunkt allen pastoralen Handelns ist. Damit also Kleine Christliche Gemeinschaften ihre Lebendigkeit bewahren, brauchen sie immer neu Nahrung und Anregung, um in rechter Weise Gemein-

---

45 Papst Benedikt XVI. Zu den Priestern der Diözese Rom am 22. Februar 2007.

schaft zu bleiben. In hohen Maß trägt das BibelTeilen zu diesem Prozess der Weiterentwicklung bei.

4.5 Kirche als Gemeinschaft Jesu auf dem Weg

Jesus ist der, der mit uns auf dem Weg ist und zu dem die Gläubigen immer wieder sagen: „Herr, bleibe bei uns" (Lk 24,29). Die Kirche ist auf dem Weg. Das Unterwegssein kennzeichnet unser kirchliches Leben. Wir sollten uns vor jedem Überlegenheitsgehabe hüten. Der christliche Glaube lebt von einer Achtsamkeit und einem Bewusstsein dafür, dass unser Leben ein Wunder ist und in einem Geheimnis wurzelt. Die Suche nach dem Verstehen unseres Glaubens zielt natürlich auf eine gedankliche Klarheit, aber dennoch bleiben unvermeidlich viele Fragen offen.

Das letzte Wort kann nie gesprochen werden, weil unser theologisches Nachdenken immer unabgeschlossen ist. Alles, was wir entdecken, ist nur ein Meilenstein, und es liegt noch viel vor uns. Wir sollten uns von der Annahme lösen, dass es nur eine einzige Theologie gibt, die wir als abgeschlossen betrachten können, auf Ewigkeit hin gültig und überall anwendbar. Es geht darum die Weisheit zu entdecken, die in dem Satz steckt: „Je mehr ich weiß, desto mehr weiß ich, dass ich nichts weiß."

Wie ein gelehriger Schüler werden wir auf den Geist hören, der ständig in das Ohr der Gemeinschaft hineinflüstert. Die Geschichte zeigt, dass Kleine Christliche Gemeinschaften auf diese Weise Sauerteig sind für die Evangelisierung und Erneuerung der Welt.

4.6 Schöpferische Unterscheidung der Geister

Eine Christliche Gemeinschaft wird ihrer Sendung nicht gerecht, wenn sie nicht erkennt, wann und wie Gott in ihr gegenwärtig ist, und wenn sie sich nicht im Erkennen des Willen Gottes für die Gemeinschaft übt. Unser ekklesiologischer Ansatz will die Fähigkeit einer Gemeinschaft stärken, Handlungsalternativen zu entdecken, indem sie sorgfältig die verschiedenen Möglichkeiten des Handelns analysiert und sich um eine schöpferische Unterscheidung der Geister zu bemüht. Es ist unabdingbar, danach zu fragen, was Gott für die Gemeinschaft will. Wir müssen auf die leise Stimme des Geistes hören, wenn wir auf die verschiedenen Fragen und Situationen entsprechend reagieren wollen. Durch die Entwicklungen in Psychologie und Personalmanagement haben wir exzellente und effektive Techniken zur Entscheidungsfindung entwickelt. Aber wir brauchen eine „Feinabstimmung" im Blick auf die Unterscheidung der Geister. Es darf nicht darum gehen, was das Effektivste, Wirtschaftlichste, Bequemste, Beliebteste, Modernste oder allgemein Machbare ist, sondern wir müssen danach fragen, was Gott möchte, dass wir tun. Dennoch, gemeinschaftliche Unterscheidung der Geister bleibt herausfordernd und schwieriger. Wir finden ein Beispiel für diese Unterscheidungsprozesse in der frühen Kirche: „Propheten sollen zwei oder drei reden, die übrigen sollen ein Urteil darüber abgeben" (1Kor 14,29). Offensichtlich waren die Glieder des Leibes dazu aufgerufen die Prophetie zu bewerten. Maßstab der Unterscheidung für das, was von Gott stammt und was nicht, waren die Schriften des Alten Testaments und die Lehren der Apostel. Paulus ermahnte die Thessalonicher: „Löscht den Geist nicht aus! Verachtet nicht prophetisches Reden! Prüft alles und behaltet das Gute! Von jeder Art des Bösen haltet euch fern" (1 Thess 5,19–22). Auch der Apostel Johannes ermahnt: „Geliebte, schenkt nicht jedem Geist Glauben, sondern prüft die Geister, ob sie aus Gott sind, denn viele falsche Propheten sind in die Welt gegangen" (1 Joh 4,1). Also hatte die frühe Kirche einen apostolischen Auftrag, die verschiedenen prophetischen Botschaften daraufhin zu sichten, zu sieben, zu überprüfen und auszusortieren, ob sie von Gott kamen oder nicht.

Wenn jemand die Schrift auslegt und das Volk Gottes dazu ermahnt, sie auf ihr Leben anzuwenden, dann hat die Gemeinde die Verantwortung, diese Auslegung zu prüfen, auszuwerten und zu beurteilen. Gottes Volk hat die Freiheit, seine Lehrer zu prüfen. Weil eine Gemeinschaft dazu verpflichtet ist, die Wahrheit nur in Liebe auszusprechen, wird eine Evaluation der Lehre und Anfragen an diese Lehre nicht den Leib Christi zerstören, sondern ihn aufbauen.

Wir müssen das Volk Gottes dazu befähigen, sich in einer solchen Unterscheidung der Geister immer wieder zu üben und nicht nur als Einzelne oder auch gemeinschaftlich Entscheidungen zu treffen. Wenn man entscheidet, fragt man normalerweise: „Was ist am Effektivsten, Bequemsten, Wirtschaftlichsten, Beliebtesten, und so weiter?" Aber bei der Unterscheidung der Geister ist die Frage einfach immer: „Was möchte Gott in dieser Situation?" Es gibt immer einen kategorischen Imperativ, nämlich den Willen Gottes.

Wenn man einen Menschen lange genug kennt, dann ist es meistens möglich vorherzusagen, wie er oder sie sich in einer bestimmten Situation verhalten wird. Ein Grund dafür ist, dass wir unsere Entscheidungen eher aufgrund bewährter Verhaltensmuster und Erfahrungen treffen, und weniger darin geübt sind, geistlich zu unterscheiden. Als „Requisite" für eine richtige Unterscheidung der Geister müssen wir uns in Loslösung und Indifferenz im Blick auf verschiedene Lösungsmöglichkeiten üben, damit sich nicht unser Ego durchsetzt. In KCGs üben wir uns darin, gemeinsam zu suchen, hinzuhören, zuzuhören und dem Wort Gottes Folge zu leisten.

4.7 Das Wechselspiel zwischen Lehramt und Sensus fidelium

Der Sensus fidelium ist ein sehr hochgeschätzter Begriff, aber er bleibt im Bereich der Utopie, wenn wir nicht demütig seine Wahrheit und Wirklichkeit in lokalen kirchlichen Gemeinschaften entdecken. Vertrauen wir wirklich der spirituellen und religiösen Vernunft in einer lokalen kirchlichen Gemeinschaft, die sich darum bemüht, ihre gemeinschaftliche und individuelle Berufung zu leben und sich dabei versteht als die Versammlung derer, die von Gott dazu gerufen sind, Seine Sendung zu Seiner Zeit auf Seine Weise zu vollziehen? Glauben wir wirklich an die Zusage des Herrn, dass Er in der Gemeinschaft bleiben wird bis zum Ende aller Zeit? Und verstehen wir diese Seine Gegenwart nur abstrakt oder doch ganz konkret? Oder ist er nur durch die Hierarchie in der Gemeinschaft der Kirche gegenwärtig?

Papst Pius XII: sagt: „Man darf jedoch nicht glauben, dieser organische Aufbau des Leibes der Kirche beziehe und beschränke sich allein auf die Stufenfolge der kirchlichen Ämter, [...] Aber mit vollem Recht haben die Kirchenväter, wenn sie die Dienstleistungen, Stufen, Berufe, Stellungen, Ordnungen und Ämter dieses Leibes hervorheben, nicht nur jene vor Augen, die heilige Weihen empfangen haben, sondern [...]."[46]

„Christliche Gemeinschaften sind nicht nur passive Empfänger des Glaubens (durch das hierarchische Lehramt), sondern sie bringen selbst den Glauben hervor unter der Führung des Heiligen Geistes".[47] Kardinal Newman hat hervorgehoben, dass der Christliche Glaube zu allererst und zutiefst in christlichen Gemeinschaften lebt und zu Hause ist – und nicht in der Hierarchie.[48] Darum muss es auch unser Ziel sein, die Trennung in der Kirche zu überbrücken zwischen einem theologisch ausgebildeten Klerus und den theologischen Laien. Die gesamte christliche Gemeinschaft braucht eine theologische Ausbil-

---

46 *Mystici Corporis*, hier in W. Jussen (Hrsg.): *Gerechtigkeit schafft Frieden. Reden und Enzykliken des Heiligen Vaters Papst Pius XII.*, Hamburg 1946, S. 276

47 E. E Whitehead/J. D. Whitehead: *Community of faith: models and strategies for developing christian communities*, New York 1982, S. 163 (unsere Übersetzung).

48 Vgl. ebd.

dung. Unsere Kirche kann erst dann wirklich reif sein, wenn wir ausreichend geformte Laien haben und sich so wahre Gleichheit und Würde aller Getauften entfalten kann. So sagt es auch der Kanon 208 des Kirchenrechts: „Unter allen Christgläubigen besteht aufgrund ihrer Wiedergeburt in Christus in ihrer Würde und Tätigkeit eine wahre Gleichheit, in der alle, gemäß der ihnen eigenen Stellung und Aufgabe, am Aufbau des Leibes Christi mitwirken."[49]

Wenn wir das Lehramt einseitig hervorheben, ist die Kirche nur eine Karikatur ihrer selbst. Der Glaubenssinn des Gottesvolkes muss angemessen berücksichtigt werden in unserem ekklesiologischen Nachdenken. Wir müssen für kirchliche Strukturen sorgen, die ein Zusammenwirken des Lehramts und der Erfahrungen unserer Glaubensgemeinschaften ermöglichen. „Die Räume der Gemeinschaft müssen im gesamten Leben jeder Kirche Tag für Tag auf allen Ebenen gepflegt und ausgeweitet werden. Hier muss die Gemeinschaft zum Strahlen kommen in den Beziehungen zwischen Bischöfen, Priestern und Diakonen, zwischen Hirten und dem ganzen Volk Gottes, zwischen Klerus und Ordensleuten, zwischen kirchlichen Vereinigungen und Bewegungen. Zu diesem Zweck muss man die vom Kirchenrecht zur Mitarbeit in der Teilkirche vorgesehenen Organe, wie *die Priester- und Pastoralräte*, immer besser zur Geltung bringen. Sie folgen zwar bekanntlich nicht den Kriterien der parlamentarischen Demokratie, weil ihre Arbeit Beratungs- und nicht Entscheidungscharakter hat, doch verlieren sie deshalb nicht an Bedeutung. Theologie und Spiritualität der Gemeinschaft bewirken nämlich ein wechselseitiges Zuhören zwischen Hirten und Gläubigen. Dadurch bleiben sie einerseits in allem, was wesentlich ist, *a priori* eins, und andererseits führt das Zuhören dazu, dass es auch in den diskutierbaren Fragen

---

49 CIC 208.

normalerweise zu ausgewogenen und gemeinsam vertretbaren Entscheidungen kommt.

Zu diesem Zweck müssen wir uns die alte pastorale Weisheit zu eigen machen, welche die Hirten, ohne jegliche Schmälerung ihrer Autorität, dazu ermutigte, das ganze Volk Gottes so weit wie möglich anzuhören. Bezeichnend ist, woran der heilige Benedikt den Abt des Klosters erinnert, wenn er ihn auffordert, auch die jüngsten Mitglieder zu befragen: „Der Herr offenbart oft einem Jüngeren, was das Bessere ist".Und der heilige Paulinus von Nola mahnt: „Wir wollen an den Lippen aller Glaubenden hängen, weil in jedem Gläubigen der Geist Gottes weht."[50]

Erst wenn Communio jeden Bereich der Kirche durchdringt, dann können wir den Glaubenssinn des Gottesvolkes erfahren. Das führt uns dazu, das Wirken Gottes auch in den Geringsten, Letzten und Verlorenen wahrzunehmen und zu schätzen. Achten auf diese einzigartige Weise göttlicher Kommunikation?

4.8 Die Notwendigkeit eines neuen Leitungsgstils

Kirchen in allen Teilen der Welt beginnen, diesen neuen Weg des Kircheseins zu erfassen. Sie sind dabei, ihre visionären Perspektiven in dieser Linie zu konkretisieren und ihr in wesentlichen Zügen eine Gestalt zu geben. Die große Entdeckung des Konzils war es ja, dass nicht nur Klerus und Ordensleute, sondern auch die Laien zur Heiligkeit und zu einem engagierten geistlichen Leben berufen sind. Diese Entdeckung bringt jetzt – wenn auch etwas verspätet – wesentliche Veränderungen mit sich.

Das II. Vatikanum unterstrich darüber hinaus das Prinzip der Subsidiarität: Alle Angelegenheiten der Kirche sollten, so-

---

50 NMI 45.

weit möglich, auf der lokalen Ebene geregelt und gestaltet werden. Gleichermaßen unterstrich das Konzil die Prinzipien der Kollegialität und der Konziliarität.

Mit großer Genugtuung lässt sich feststellen, dass mehrere Bischofskonferenzen in der ganzen Welt Kleine Christliche Gemeinschaften als ihre erste pastorale Priorität etabliert haben, auf dass ihre Kirchen zu einer „Gemeinschaft von Gemeinschaften" werden. Paul VI. und Johannes Paul II. haben diese Entwicklungen nachdrücklich bestätigt. Es geht aus den kirchlichen Dokumenten sehr eindeutig hervor, dass Kleine Christliche Gemeinschaften die neue Weise sind, Kirche zu sein.

Mit der Entwicklung dieser Gemeinschaften stellten sich auch neue Fragen in Bezug auf den bisherigen Stil der Wahrnehmung der Leitung in der Kirche, der sich nicht als hilfreich erweist für das Leben dieser Gemeinschaften. Diese Gemeinschaften ihrerseits scheinen die Kirche zu einem Entwicklungsprozess herauszufordern: von einem dominierenden Leitungsstil hin zu einem partizipatorischen und nicht-dominierenden Leitungsstil. Denn die Menschen in diesen Gemeinschaften möchten miteinbezogen werden und selbst bei Beratung und Dialog mitwirken und so Anteil erhalten an der Gestaltung der Kirche vor Ort. Sie möchten Verantwortung übernehmen für all das, was in der Kirche geschieht, denn sie beginnen zu verstehen, dass sie selbst Kirche sind. Diese Entwicklung kann man nicht weiter ignorieren – sie ist ein weltweites Phänomen.

Die Ekklesiologie der Gemeinschaft unterstreicht die gleiche Würde und die aktive Teilhabe aller Mitglieder der Gemeinschaft. Dazu braucht es einen Leitungsstil, der zu dieser Teilhabe befähigt und sie ermöglicht, und eben nicht dominiert. Es geht darum, dass alle Mitglieder der Gemeinschaften ihre Möglichkeiten voll ausschöpfen können. Jedweder Klerikalismus gefährdet hingegen jeden Versuch, solche authentische Gemeinschaft aufzubauen. Die Hirten müssen in diesen Prozessen lernen, intensive Zuhörer zu werden. Dabei ist Jesus, der

Herr und Meister, der den Jüngern die Füße wäscht, unser Modell: Denn er kehrt ja die althergebrachte Ordnung um, bei der der Diener zu Füßen seines Herrn sitzt und ihm dient. Obwohl er der Herr und Meister war, wusch er seinen Jüngern die Füße. So kann derjenige, der leitet, durch sein Leben und sein Vorbild lehren – und eben nicht durch Vorträge und Sanktionen. Jemand, der in der Kirche leitet, soll Diener sein, soll Freund sein – und jemand, der inspiriert. Denn er, weil er Hirte ist, ist der, der vorangeht, indem er in allen Tugenden und in seinem dienenden Engagement ein Beispiel gibt.

4.9 Die Rolle des Priesters in diesem neuen Szenario einer anderen Art des Kircheseins

In der sich verändernden Situation der Kirche ist die Rolle des Priesters als desjenigen, der die Gemeinschaft fördert, von entscheidender Bedeutung. Das nachsynodale apostolische Schreiben *Pastoris dabo vobis* formuliert: „Er ist *Diener der Kirche als Gemeinschaft*, weil er – verbunden mit dem Bischof und in enger Beziehung zum Presbyterium – im Zusammenführen der verschiedenen Berufungen, Charismen und Dienste die Einheit der kirchlichen Gemeinschaft aufbaut."[51] Das *Direktorium zum Dienst und Leben des Priesters,* das von der Kongregation für den Klerus herausgegeben wurde, unterstreicht seinerseits ebenfalls sehr nachdrücklich, dass der Priester in Gemeinschaft mit den Laien und dem ganzen Volk Gottes sein muss.[52] Auch

---

51 Johannes Paul II: Nachsynodales Schreiben *Pastores dabo vobis.* VAS 105, Bonn 1992, 16.
52 Vgl. Kongregation für den Klerus: *Direktorium für Dienst und Leben des Priesters.* VAS 113, Bonn 1994, S. 30: „Als Mensch der Gemeinschaft wird der Priester seine Liebe zum Herrn und zur Kirche nicht zum Ausdruck bringen können, ohne sie in eine tatkräftige und bedingungslose Liebe zum christlichen Volk, dem Objekt seiner pastoralen Sorge, umzusetzen.
Wie Christus muß er diese »in der ihm anvertrauten Herde gleichsam an sich selbst transparent werden lassen«,(88) indem er mit den gläubigen Laien einen

Johannes Paul II. legt hohe und ideale Maßstäbe an im Hinblick auf die Aufgabe der Priester, die kirchliche Gemeinschaft zu fördern:

„Der Priester muß wachsen im Bewußtsein der tiefen Gemeinschaft, die ihn an das Gottesvolk bindet: er befindet sich nicht nur der Gemeinde ‚gegenüber‘, sondern vor allem ‚in‘ ihr. Er ist Bruder unter Brüdern und Schwestern. Kraft der Taufe – bezeichnet mit der Würde und Freiheit der Kinder Gottes im eingeborenen Sohn – ist der Priester Glied dieses einen Leibes Christi (vgl. Eph 4,16). Das Bewußtsein dieser Gemeinschaft mündet in das Bedürfnis, die Mitverantwortung für die eine gemeinsame Heilssendung anzuregen und zu entfalten mit lebhafter und herzlicher Anerkennung aller Charismen und Aufgaben, die der Geist den Gläubigen

positiven und förderlichen Umgang pflegt. Deren Würde als Kinder Gottes anerkennend, fördert er deren eigene Rolle in der Kirche und dient ihnen mit seinem gesamten priesterlichen Dienst und mit seiner pastoralen Liebe.(89) Im Bewußtsein der tiefen Gemeinschaft, die ihn mit den gläubigen Laien und den Ordensleuten verbindet, wird sich der Priester alle Mühe geben, um »die Mitverantwortung für die eine gemeinsame Heilssendung anzuregen und zu entfalten, mit lebhafter und herzlicher Anerkennung aller Charismen und Aufgaben, die der Geist den Gläubigen für die Auferbauung der Kirche schenkt«.(90) Konkret wird also der Pfarrer, der immer um das Gemeinwohl der Kirche bemüht ist, die Vereinigungen und Bewegungen der Gläubigen mit religiösen Zielsetzungen fördern,(91) sie alle aufnehmen und ihnen dabei helfen, untereinander Einheit in den Absichten, im Gebet und im Apostolat zu finden.

Insofern er die Familie Gottes vereint und die Kirche als Comunio verwirklicht, wird der Priester zum »Pontifex«, der den Menschen mit Gott verbindet und sich zum Bruder der Menschen macht, gerade indem er ihnen Hirte, Vater und Lehrer sein will.(92) Dem heutigen Menschen, der den Sinn seiner Existenz sucht, ist er Wegbegleiter zur Christusbegegnung. Diese Begegnung geschieht als Zusage und als zwar noch nicht endgültige, aber doch schon gegenwärtige Realität in der Kirche. So wird sich der zum Dienst am Volk Gottes bestimmte Priester als Experte der Menschlichkeit erweisen, als ein Mensch der Wahrheit und der Gemeinschaft sowie als Zeuge der Sorge des einzigen Hirten für alle und jedes einzelne seiner Schafe. Die Gemeinde wird mit Sicherheit auf seinen Einsatz zählen können, auf seine Verfügbarkeit, auf seine unermüdliche Evangelisierungsarbeit und vor allem auf seine treue und bedingungslose Liebe."

für die Auferbauung der Kirche schenkt. Vor allem in der Erfüllung des seelsorglichen Amtes, das seinem Wesen nach auf das Wohl des Gottesvolkes hingeordnet ist, muß der Priester seine tiefe Gemeinschaft mit allen leben und bezeugen, gemäß den Worten Pauls VI. – ‚Wir müssen uns zu Brüdern der Menschen machen, gerade indem wir ihre Hirten, Väter und Lehrer sein wollen. Die Atmosphäre des Dialogs ist die Freundschaft. Mehr noch, der Dienst.'"[53]

4.10 Die Herausforderung einer angemessenen ekklesiologischen Schwerpunktverlagerung in der Ausbildung der Priester

Schon seit dem Abschluss des II: Vatikanischen Konzils wurde in unseren Seminaren begonnen, eine Ekklesiologie der Gemeinschaft in ihrer ganzen Breite zu lehren. Und die Ideale, die wir als Standards unserer Ausbildung gesetzt haben, zählen in wunderschöner Weise Eigenschaften auf, die in den Priesteramtskandidaten gefördert werden sollten, damit sie die Kirche als Gemeinschaft entwickeln und fördern könnten. Aber nun müssen wir uns auch fragen: Waren wir in der Lage, Priester hervorzubringen, die eine neue Qualität haben und die in der Lage sind, mit Überzeugungskraft diese neue Vision der Gemeinschaft zu unterstützen und sie mit Leidenschaft zu befördern? Wir werden in der Tat viele Widersprüchlichkeiten in der Praxis finden. Es ist wohl keine Übertreibung, wenn man sagt, dass die sechzehn Dokumente des Konzils unglücklicherweise für eine große Zahl von Priestern nur Papier und Tinte geblieben sind – bis zum heutigen Tag. Es gibt eine große Kluft zwischen den Entdeckungen des Konzils und dem tatsächlichen Leben der Kirche von heute.

---

53 Johannes Paul II.: *Pastores dabo vobis*, S. 76.

Ist es etwa nicht wahr, dass unsere Priesterausbildung keinen Erfolg damit hatte, den Priestern unserer Zeit die Wertvorstellungen und Grundhaltungen der Gemeinschaft nahe zu bringen, die die Kirche kennzeichnen? Merken wir etwa nicht, dass Priester und andere Führungspersönlichkeiten der Kirche im allgemeinen immer noch ihren eigenen Ideen folgen und sie anderen überstülpen wollen, dass sie in ihrem Apostolat dominante Rollen einnehmen und so eine große Mehrheit in der Passivität halten? Oft ist es doch so, dass Machtfragen und die Frage nach der hierarchischen Position eine wichtige Rolle spielen. Weit weniger wird die Entwicklung einer Spiritualität berücksichtigt, die dazu dienen kann, Gemeinschaft zu fördern. Die Kirchenleitenden scheinen weithin noch von einem pyramidalen und hierarchischen Kirchenmodell auszugehen und danach zu handeln – ein Modell aus der Zeit vor dem Konzil. Kategorien wie „Ermächtigung" oder „Mitverantwortung" finden oft noch keinen Raum im Denken der meisten Führungspersönlichkeiten

Viele neuere Studien und Untersuchungen zeigen ein besorgniserregendes Bild der Priesterausbildung. Unsere Seminare scheinen dazu zu dienen, eine kirchliche Kultur hervorzubringen, die eher wenig die pastorale Dimension beachten.[54] Stattdessen wird eine sehr theoretische Perspektive bevorzugt und die dazugehörige pastoralpraktische Dimension wenig beachtet.[55] Es fehlt die Entwicklung einer Spiritualität der Beziehungen – eine Spiritualität der Gemeinschaft.[56] Und auch wenn die Pastoralausbildung sehr unterstrichen wird in der Ausbildungsordnung,[57] dann ist doch das Verständnis der pastoralen Arbeit sehr beschränkt.[58]

---

54 Vgl. John D'Mello: *What kind of Culture are our seminaries producing?* In: JPJRS 3/2 (2000), S. 45–47.
55 Vgl. ebd. S. 48–50.
56 Vgl. ebd. S. 51–54.
57 Vgl. die indisches Ausbildungsordnung CPF 3.2.4.
58 Vgl. John D'Mello, aaO., S. 58.

Genau in diesem beschriebenen dissonanten Kontext müssen wir uns fragen, ob es ausreicht, einfach nur zu sagen, dass die Kirche Communio ist – das Volk Gottes? Fordert uns diese Situation nicht heraus, einen Schritt zurückzutreten und uns zu fragen, was es denn konkret braucht, um der Kirche eine ausreichende Zahl von Priestern zur Verfügung zu stellen, die wirklich die Communio fördern können? Wie können wir denn die praktischen Implikationen einer Communio-Ekklesiologie lehren und die entsprechenden Grundhaltungen den Studierenden vermitteln, schon während der Ausbildung im Seminar, wie auch später während der pastoralen Arbeit in der Pfarrei? Auf diesem Hintergrund müssen wir darüber nachdenken, ob wir auf dem richtigen Weg sind. Tragen wir nicht auch durch unsere Ausbildung dazu bei, dass genau diese Leerstellen bleiben? Müssen wir nicht an den Fehlstellen unserer Methoden arbeiten, damit wir zur Ausbildung, in einer neuen Weise Kirche zu sein, beitragen können?

Auf jeden Fall braucht es eine genaue und kritische Analyse der Inhalte und Methoden der Ekklesiologie, die in den Seminaren gelehrt wird. Viele Fragen müssen aufgeworfen werden. Berücksichtigen wir eigentlich die positiven Trends in unserer Kirche, wenn wir unsere zukünftigen Priester ausbilden? Sind unsere Methoden dazu geeignet, echte Überzeugungen zu entwickeln, Engagement bei den Seminaristen zu entwickeln, Begeisterung zu entfachen und den Studenten dabei zu helfen, ihren Blick auf die Gegenwart Jesu als den Mittelpunkt der Gemeinschaft zu richten – und so dafür zu sorgen, dass ihre Denkkategorien und ihr liebendes Handeln radikal verwandelt werden? Oder geben wir uns damit zufrieden, weiterhin letztlich einer tridentinischen Methodologie zu folgen, die dogmatische Wahrheiten verkündet – in einem eher technischen theologischen Sprachstil.

Besteht nicht die Gefahr, dass unsere Gemeinden mit fertigen Konzepten konfrontiert werden, die erdacht wurden an einsamen Schreibtischen und die dann ausgebreitet werden in unseren Seminaren als theologische Kurse – natürlich mit sorgfältigen Formulierungen, die von Generation zu Generation weitergegeben werden, mit dem Stempel ewiger Gültigkeit versehen? Während also die Kirche an vielen Orten immer mehr die Gestalt einer Gemeinschaft von Gemeinschaften annimmt, könnte es passieren, dass ihre zukünftigen Hirten schlecht darauf vorbereitet sind, diese positive Entwicklung der Kirche zu begleiten und zu ermöglichen, und so diesen Prozess verhindern.

Wenn die Kleinen Christlichen Gemeinschaften der neue Weg sind, Kirche zu sein, müsste dann nicht auch die zeitgenössische Ekklesiologie sich in ihrem Nachdenken auf dieses Phänomen konzentrieren? Müsste das nicht ein – inhaltlich wie von seinen Voraussetzungen her – Hauptstück ekklesiologischer Reflexion sein? Ist es nicht ein Widerspruch, dass das Thema der Kleinen Christlichen Gemeinschaften höchstens nebenbei berührt wird? Aber selbst dann, wenn die Kleinen Christlichen Gemeinschaften berücksichtigt werden – gibt es eigentlich hinreichende inhaltliche Einsichten über diesen Zugang zur Ekklesiologie?

Wenn es also einen radikalen Wandel in der nachvatikanischen Ekklesiologie gegeben hat und ein neues Bild der Kirche sich zeigt, haben sich dann ebenso radikal Inhalt, Kontext und Methodologie der gelehrten Ekklesiologie verändert und – noch wichtiger – hat sich denn wirklich die Weise geändert, wie wir Ekklesiologie leben und Kirche bezeugen? Oder versuchen wir irgendwie, den „neuen Wein in alten Schläuchen" zu bewahren?

Im Wandel unserer Zeit müsste die Communio-Ekklesiologie sich orientieren hin zu einem mehr praktischen Zugang. Wenn die Ekklesiologie so ist, wie sie wirklich gemeint ist, dann muss sie zuerst und vor allem das Nachdenken über die örtliche Gemeinschaft sein, näherhin über die Kleinen Christlichen Gemeinschaften. Solange unsere theologische Ausbildung nicht das wachsende Phänomen der Kleinen Christlichen Gemeinschaft berücksichtigt, wird unsere theologische Ausbildung nicht wirklich wirksam werden und erfolgreich sein.

Es ist oft angemerkt worden, dass die Theologie, die in den Seminaren gelehrt wird, sich häufig auf Theologiegeschichte beschränkt. Das aktuelle theologische Nachdenken über das, was in unserer Kirche sich entwickelt, hat wenig Platz in unseren Seminaren. Natürlich ist es notwendig, dass wir von dieser traditionellen Methode ausgehen und so in einen theologischen Denkprozess eintreten, zu dem die Geschichte der Theologie wichtige Orientierungen geben kann. Aber eine zeitgemäße Theologie schaut auf die gegenwärtige Situation der glaubenden Gemeinschaft und achtet auf die Gegenwärtigkeit Jesu in dieser Gemeinschaft – und versucht von hier aus weiterzudenken.

Das bedeutet dann aber auch, dass unser ekklesiologisches Nachdenken die verschlossenen Türen der Vorlesungssäle verlassen muss, und sich in die Lebenssituationen unserer glaubenden Gemeinschaften begeben wird – und dabei sollten die Studierenden aktive Mitglieder dieser Gemeinschaften werden. Es ist eine schwerwiegende Angelegenheit, wenn Studenten in unseren Priesterseminaren von unseren christlichen Gemeinschaften abgekapselt werden, um Risiken für ihre Berufung zu vermeiden. Man kann nicht wirklich Theologie treiben, wenn man in einer solchen überbehüteten Atmosphäre lebt.

Wenn man Communio-Ekklesiologie lehrt, dann muss auch solche Gemeinschaft in den Priesterseminaren gelebt werden. Das Leben ist eindrücklicher als bloße Worte. Wenn wir Communio-Ekklesiologie lehren ohne sie zu leben, dann verliert sie jede Wirksamkeit – sie ist bloße Hörsaaltheorie. Unsere Priesterseminare müssen deswegen Modelle gelebter Communio sein. Es braucht einen wechselseitigen Austausch und ein Teilen aller Ressourcen, Fähigkeiten und Talente für das Wohl der Gemeinschaft – zwischen dem Leitungsteam und den Studenten, im Leitungsteam selbst und unter den Studenten. Einheit und Gemeinschaft unter den Mitgliedern der Seminarleitung spielt eine entscheidende Rolle, um die verschiedenen Gaben der Studenten zu entwickeln. Es ist leider zu bemerken, dass unsere Priesterseminare immer öfter blühende Orte des Individualismus werden – im Namen persönlicher Freiheit und persönlicher Professionalisierung. Es gibt einen großen Graben zwischen Ausbildern und Auszubildenden. Das muss dringend angegangen werden.

Für die Pädagogik ist klar: Wenn man jemandem Mathematik beibringen will, muss man sowohl die Person wie die Mathematik berücksichtigen und kennen. Nur der Ausbilder, der mit den Auszubildenden eine wirkliche und konstante gemeinsame Grundlage hat, die darin besteht, gemeinsam die Wirklichkeit der Kirche zu leben, wird auch den besten Weg finden können, mit ihnen zu kommunizieren. Es ist ja leider nicht selten, dass die Ausbilder die Fehler bei den Auszubildenden suchen – und umgekehrt die Ausbildungsfehler gnadenlos von den Auszubildenden den Ausbildern vorgehalten werden. Dieses wechselseitige Spiel des Beschuldigens offenbart nur zu deutlich, dass unsere Seminare weit davon entfernt sind, Gemeinschaften zu sein, wo man Communio erfahren kann. Daraus folgt auch, dass wir im Prozess unseres ekklesiologischen Nachdenkens uns daran erinnern müssen, dass unser erstes Interesse nicht darin bestehen kann, Probleme zu lösen oder Menschen und Institutionen zu disziplinieren – es geht doch darum, Gemeinde aufzubauen und zu bilden. Diese Idee der Communio wird eine Illusion bleiben, wenn sie nicht konkret berührbar und erfahrbar ist – gerade auch im Blick auf das alltägliche Leben mit lokalen christlichen Gemeinschaften und dem Priesterseminar als Gemeinschaft. Zuweilen fragen Leute, ob es nicht eine Verbindung gibt zwischen dem Verhalten junger Priester in ihren Pfarreien und dem, was im Seminar im Verhalten der Professoren durchscheint – ein Fehlen von Offenheit und Reflexion, viele Vorurteile, Überheblichkeit und so weiter. Von daher erscheint es sehr wichtig, dass die Ausbilder der Priesterseminare selbst pastoral engagiert sind.

4.11 Die Notwendigkeit der Entwicklung konzentrischer Kreise der Communio

Wir müssen uns mehr bewusst werden, dass in allen Bereichen der Kirche solche Kleinen Gemeinschaften wachsen. Dabei stellt sich dann auch die Frage, wie wir die Tiefe und Weite dieser ekklesiologischen Entdeckung allen Mitgliedern der Kirche nahebringen können. Wenn einer versucht, die Herausforderung der Inkarnation zu durchdenken, dann wird er unausweichlich konzentrische Kreise der Communio in den Blick nehmen müssen:

„Aus der innerkirchlichen Gemeinschaft öffnet sich die Liebe, wie es ihrer Natur entspricht, auf den universalen Dienst hin und stellt uns in den Einsatz einer tätigen, konkreten Liebe zu jedem Menschen. [...] Es ist sicher nicht zu vergessen, daß niemand von unserer Liebe ausgeschlossen werden darf. Denn ‚der Sohn Gottes hat sich in seiner Menschwerdung gewissermaßen mit jedem Menschen vereinigt.‘ Wenn wir uns aber an die unmißverständlichen Worte des Evangeliums halten, dann ist in den Armen Christus in besonderer Weise gegenwärtig, was der Kirche eine vorrangige Option für sie auferlegt. Durch diese Option wird die Art der Liebe Gottes, seine Fürsorge und sein Erbarmen, bezeugt. Außerdem werden in die Geschichte gewissermaßen jene Samenkörner des Gottesreiches ausgesät, die Jesus selbst in das Erdreich seines Lebens gelegt hat, indem er denen entgegenkam, die sich wegen aller möglichen geistigen und materiellen Nöte an ihn wandten.“[59]

59 NMI 49.

Von daher muss man Kleine Christliche Gemeinschaften und Kleine Menschliche Gemeinschaften innerhalb jener Konzentrischen Kreise sehen, die niemanden ausschließen. Christen leben in ihren Familien und bilden so häusliche Kirche. Wenn sie dann leben in Zusammenarbeit mit denen, die mit ihnen im Katholischen Glauben vereint sind, dann kommen wir zu Katholischen Basisgemeinschaften. Auf einer weiteren Ebene arbeiten sie zusammen mit allen, die an Christus glauben. Solche Gemeinschaften all derer, die Christus nachfolgen – und die zu verschiedenen kirchlichen Gemeinschaften oder Denominationen gehören –, sind Kleine Christliche Gemeinschaften. Wenn man dann auf eine noch weitere Ebene kommt, bilden sich Menschliche Gemeinschaften, die zusammenarbeiten mit allen Menschen guten Willens in der Gesellschaft.

Diese konzentrischen Kreise kann man im Licht jener konzentrischen Kreise der Beziehungswelt Jesu sehen. Die Menge folgte ihm. Sie waren um ihn herum und hörten ihm zu, bezeugten seine Wunder und begleiteten ihn auf seinem Lebensweg. Näher bei ihm waren die 70 oder 72 Jünger, die er erwählt und zu zweit ausgesandt hatte, damit sie die Frohe Botschaft verkündeten. Dann hatte er die zwölf Apostel, seine Jünger im engeren Sinn. Sie folgten ihm buchstäblich und lebten mit ihm. Und auch noch innerhalb des Zwölferkreises gab es eine innere Gruppe von drei Jüngern – Petrus, Johannes und Jakobus. Katholische Gemeinschaften dürfen nicht nach innen schauen, sondern müssen immer nach außen blicken – und das gilt auch für die Christlichen Gemeinschaften. Natürlich sind Katholiken im Glauben auch untereinander enger verbunden. Und dies gilt ja auch für jede Denomination, die geeint ist in einem Glauben und einer Glaubenspraxis. Dabei sollten wir uns aber auf das konzentrieren, was uns eint – und nicht auf das, was uns trennt. Das Handeln Kleiner Katholischer Gemeinschaften sollte sich daran ausrichten, auch andere mit einzubeziehen.

Von daher ist diese Perspektive offen für Ökumene und interreligiösen Dialog.

In diesem Beitrag aber sind Kleine Christliche Gemeinschaften tatsächlich zunächst Kleine Katholische Gemeinschaften.

5. Zusammenfassung

Die Väter des II. Vatikanischen Konzils bemerkten, dass die Kirche sich selbst verengt, wenn sie sich auf Triumphalismus, Klerikalismus, Legalismus und Institutionalismus beschränkt. Sie versuchten, diese Perspektive zu korrigieren, indem sie eine umfassende Erneuerung des Kirchenbegriffs anstrebten. Auch wenn das II. Vatikanische Konzil vom Geheimnis der Kirche sprach, dann offenbart doch auch ein nur kurzer Blick auf das Leben der Kirche, wieviele Herausforderungen noch vor uns liegen, die ihrerseits darin begründet sind, dass es keinen theologischen Konsens über die Natur der Kirche selbst gibt. Es kann kein Zweifel bestehen: Die biblischen Modelle – wie „Volk Gottes", Tempel des Heiligen Geistes, Leib Christi, Braut Christi, Herde Christi und so weiter – sprechen von diesem Geheimnis. Doch sie brauchen – um mit Paul VI. zu sprechen – ein immer tieferes Eindringen in diese Wirklichkeiten. Deswegen besteht die größere Herausforderung auch darin, das, was wir entdeckt haben, auch praktisch zu tun.

Wenn wir also von Kirche als Communio sprechen, dann sind wir herausgefordert, alle Gläubigen als Mitjünger zu sehen. Und wenn wir Ekklesiologie studieren, dann sind wir auch dazu aufgerufen, gemeinsam mit den lokalen Gemeinschaften zu denken. Wir müssen eine Ekklesiologie entwickeln, die erwächst aus dem kritischen Nachdenken über die Kleinen Christlichen Gemeinschaften – und ihrem Nachdenken über ihre eigene Lebenswirklichkeit im Licht des Evangeliums. Um den Sinn der Communio zu erfassen, müssen wir Gemeinschaft selbst leben, zusammen mit anderen Jüngern, die versammelt sind in Seinem Namen und die mit IHM auf dem Weg sind.

Es geht darum, eine Generation von Priestern herauszubilden, die fähig sind zum Dienst, um so die Kirche auf dem Weg der Verwirklichung der Communio voranzubringen. Papst Johannes Paul II. sagte der Philippinischen Bischofskonferenz am 27. September 1996: „Wenn die Erfahrung der Basiskirchlichen Gemeinschaften darin Erfolge zeigt, dass sie tiefer, brüderlicher und konkreter das christliche Leben und die christliche Solidarität bezeugt, dann wird sich ein neues Bild der Kirche zeigen, das Bild einer aktiven und verantwortlichen Gemeinschaft, die wirklich jenes Modell widerspiegelt, das die ersten Christen von Jerusalem darbieten, wie es in der Apostelgeschichte beschrieben ist."

Stellen wir uns dieser Herausforderung in unserem eigenen Land?

Aus dem Englischen von Dr. Christian Hennecke/Gabriele Viecens, Dipl.-Übersetzerin

Franz Weber

Die nachkonziliare Gemeindeentwicklung in der Weltkirche

Eine Anfrage an die Kirche im deutschsprachigen Raum

Lohnt es sich überhaupt, auf einem internationalen Symposion wie diesem der Gemeindentwicklung in der Weltkirche nachzugehen und die so genannten „Kleinen Christlichen Gemeinschaften" verstehen zu wollen? Was bringt das für die Kirche in Deutschland und im deutschsprachigen Raum? Haben uns die Anderen in den Kirchen des Südens überhaupt etwas zu sagen, wenn es um die Bewältigung oder vielleicht sogar um die kreative Gestaltung unserer momentanen pastoralen Situation geht, die ohne Zweifel mit Realismus nüchtern als Notsituation bezeichnet werden muss? Lassen wir uns überhaupt etwas sagen?

Meine Überlegungen beginnen deshalb auch mit der grundsätzlichen ekklesiologischen Frage nach der Möglichkeit und Bereitschaft zur Verwirklichung einer „Lerngemeinschaft Weltkirche" (1.). Auf Wunsch der Initiatoren dieses Symposions wäre es am Abend dieses ersten Tages nach der Klärung einiger grundlegender ekklesiologischer Fragen (Pottmeyer) und dem direkten Einblick in das Leben Kleiner Christlicher Gemeinschaften in Afrika und Asien … noch einmal in großen Zügen nachzuzeichnen, was sich in den letzten Jahrzehnten in der Weltkirche an Gemeindeentwicklung ereignet hat. Ich werde dabei nach einer allgemeinen Würdigung der pastoral- und gemeindetheologischen Bedeutung dieser „neuen Art, Kirche zu sein" (2.) auch einen etwas genaueren Blick auf die Kirche in Lateinamerika und ihre so genannten „Kirchlichen Basisgemeinden" werfen, weil sonst auf diesem Symposion ein ganzer Kontinent mit seinen historisch einmaligen Gemeindeerfahrungen ausgeblendet bliebe. Es dürfte sich – trotz einiger Fachkongresse und bereits existierender Fachliteratur zur Thematik – hierzulande noch nicht genügend herumgesprochen haben, dass die 5. Generalversammlung des lateinamerikanischen Episkopats, die im Mai des letzten Jahres im brasilianischen Wallfahrtsort Aparecida stattgefunden hatte, sich zur Bedeutung der Kleinen Christlichen Gemeinschaften, zur Pfarrgemeinde als „Gemeinschaft der Gemeinschaften" bekannte und auch den bisherigen Weg der Kirchlichen Basisgemeinden grundsätzlich gut geheißen hat. Diese lateinamerikanische Entwicklung muss wohl in großen Zügen zur Sprache kommen (3.). Für den Schlussteil meiner Überlegungen wurde mir dann die Aufgabe gestellt, zu evaluieren, in welcher Weise die weltkirchlichen Ansätze im deutschsprachigen Raum rezipiert werden können. Bescheidener und realistischer ausgedrückt: Es tut uns gut zu fragen, welche Bedeutung diese nachkonziliare Gemeindeentwicklung in der Weltkirche für unseren aktuellen deutschsprachigen Kontext mit seinen vielfältigen Umbrüchen und Strukturprozessen bedeuten könnte und welche Anfragen sich für uns daraus ergeben (4.).

1. Bereitschaft zur Verwirklichung
einer „Lerngemeinschaft Weltkirche"

Es gehört nach meiner Beobachtung nicht zu den großen Stärken unserer Kirche in Europa und schon gar nicht in Deutschland, dass wir uns ohne weiteres in interkulturelle und zwischenkirchliche Lernprozesse hineinbegeben. Da herrscht doch eher noch – bewusst oder unbewusst – häufig die Grundeinstellung vor, dass an unserem deutschen Wesen die Welt genesen soll. Die Weltkirche soll sich von uns zeigen lassen, wo es lang geht, wenn wir schon das Geld für soziale und pastorale Projekte zur Verfügung stellen.

Oder sind wir inzwischen aufgrund unserer eigenen Grenzerfahrungen bescheidener und lernbereiter geworden? Der deutschen Universitätstheologie kann ich, was ihren Welt- und Weitblick und ihre interkulturelle weltkirchliche Lernfähigkeit angeht, von wenigen Ausnahmen abgesehen, nicht einmal ein „befriedigend" oder ein „genügend" ins Zeugnis schreiben. Da waren wir vor dreißig oder zwanzig Jahren schon einmal weiter, oder „katholischer", im besten und theologisch-ekklesiologischen Sinn des Wortes, wie das Zweite Vatikanische Konzil die Katholizität der Kirche verstanden hat.

Es gibt zweifellos zu denken, dass die nachkonziliare Ekklesiologie die Vision einer katholischen Weltkirche als „Communio ecclesiarum", wie sie in der Kirchenkonstitution (LG n. 13) entfaltet worden war, kaum rezipiert und weitergeführt hat.

„Diese Eigenschaft der Weltweite, die das Gottesvolk auszeichnet, ist Gabe des Herrn selbst [...] Kraft dieser Katholizität bringen die einzelnen Teile ihre eigenen Gaben den übrigen Teilen und der ganzen Kirche hinzu, so dass das Ganze und die einzelnen Teile zunehmen aus allen, die Gemeinschaft miteinander halten und zur Fülle der Einheit zusammenwirken."

Die Kirchenkonstitution spricht dann bekanntlich für die Weltkirche von einer „Gemeinschaft der geistigen Güter" und der „apostolischen Arbeiter" – und erst an dritter Stelle von der „Gemeinschaft der zeitlichen Güter", was im gängigen Verständnis von Verwirklichung von Weltkirche meistens als vorrangig betrachtet wird.

Von den Anderen lernen, geht das überhaupt und wie geht das? Ich selbst durfte als Mitglied einer internationalen Missionsgemeinschaft und als Theologe im Laufe meines Lebens auf verschiedene Art und Weise an diesem Austausch mit anderen Ortskirchen teilnehmen. Dass ich über längere Zeit in Brasilien in die Schule der Kirchlichen Basisgemeinden gehen durfte, hat mich für mein Leben als Christ und für meine pastoraltheologische Reflexion genau so geprägt wie die Begegnung mit den Kleinen Christlichen Gemeinschaften, die ich auf mehreren Aufenthalten im südlichen Afrika und in Ostafrika kennen lernendurfte. Dankbar bin ich in letzter Zeit vor allem auch für die Auseinandersetzung mit einer Reihe von asiatischen Gemeindeentwicklungen, die ich nicht nur über einen Studienaufenthalt in Taiwan oder über die umfangreiche Literatur, sondern vor allem auch über Vermittlung einiger meiner Doktoranden kennenlernen und reflektieren darf.

Ich habe es seinerzeit sehr begrüßt, dass Missio im Rahmen des Projektes „Spiritualität und Gemeindebildung" Räume für Exposure Reisen nach Asien eröffnet hat, in denen eine Begegnung mit den Kleinen Christlichen Gemeinschaften und dem AsIPA Programm möglich gemacht wurde, die nach dem Wunsch der Initiatoren auf die Pastoral in Deutschland zurückwirken sollte. Wer sich wirklich auf eine solche „Exposure" einlässt – und das ist auch unsere Erfahrung mit unserem Lehrgang „Kommunikative Theologie" in Innsbruck, zu dem immer auch eine „Exposure" in Lateinamerika, Afrika oder Asien gehört –, wer sich also dem „kulturell Anderen", auch dem „kirchlich Anderen und Neuen", in unserem Fall ganz anderen Gemeinschafts- und Gemeindeerfahrungen aussetzt, bei dem/der gerät etwas in Bewegung, bei dem entstehen Anfragen an die eigene Kirchen- und Gemeindepraxis, auch Fragen pastoraler Art, die bei uns – leider Gottes – fast niemand mehr stellt oder vielleicht auch nicht mehr stellen darf. Darf man in manchen unserer Diözesen zum Beispiel noch die bis ins Detail geplanten, von Unternehmensberatern begleiteten und von Diözesanleitungen konsequent durchgeführten Strukturprozesse in Frage stellen, ohne gleich in Verdacht zu geraten, den notwendigen Reformen im Wege zu stehen?

In den Gemeindeentwicklungen, das heißt in der Ausformung verschiedener neuer Gemeindeformen, die sich nach dem Zweiten Vatikanischen Konzil in verschiedenen Ortskirchen des Südens, meist auf Initiative oder zumindest mit der Zustimmung von Bischofskonferenzen und kreativen Sektoren der Kirche entwickelt haben, werden bei näherem Hinsehen Lebenszeichen und gemeindetheologische Stoßrichtungen erkennbar, die wir in unseren eigenen Struktur- und Erneuerungsprozessen manchmal vermissen.

2. Eine Kirche, die „zum Leben gekommen" und „am Leben geblieben" ist

Das Zweite Vatikanische Konzil hat der katholischen Kirche, so darf man wohl ohne Übertreibung sagen, vor allem dadurch „das Leben gerettet", dass es sie verpflichtet hat, „nach den Zeichen der Zeit zu forschen und sie im Licht des Evangeliums zu deuten".[1] Die Kirche musste, so könnte man mit einem anderen Schlagwort sagen, im Konzil erst mühsam und schrittweise lernen, sich in die moderne Freiheitsgeschichte und in die Lebenswelten der verschiedenen Völker und Kulturen zu „inkulturieren". Diese Prozesse sind keineswegs abgeschlossen. Sie sind voll im Gange, stehen da und dort noch sehr am Anfang oder haben vielerorts noch gar nicht begonnen.

Es scheint mir angebracht, gerade auch die Genese und Weiterentwicklung der Kleinen Christlichen Gemeinschaften in den verschiedenen kontinentalen und ortskirchlichen Kontexten weltweit als Vorgang einer spannenden und spannungsreichen

---

1 Zweite Vatikanisches Konzil: *Pastoralkonstitution. Die Kirche in der Welt von heute,* Nr. 4.

Ekklesiogenese, einer Kirchwerdung im Prozess, in den Blick zu nehmen. Die Kirche ist, um es mit Walter Kaspar zu sagen, „gegenwärtig auf dem Weg über vielfältige innere und äußere Konflikte mitten in einem Gestaltwandel begriffen, dessen Ende noch nicht abzusehen ist, in dem sich aber ihre Communio-Struktur und damit der Reichtum ihrer Katholizität deutlicher und reicher ausprägen werden, als dies in den letzten Jahrhunderten der Fall sein konnte."[2] Das Konzil ging in seiner Neuformulierung des theologischen Selbstverständnisses der Kirche unter anderem von der Überzeugung aus, „dass diese Kirche Christi wahrhaft in allen rechtmäßigen Ortsgemeinschaften der Gläubigen anwesend [ist], die in der Verbundenheit mit ihren Hirten im Neuen Testament auch selbst Kirchen heißen."[3] Im gleichen Abschnitt der Kirchenkonstitution sagt der Konzilstext weiter: „In diesen Gemeinden, auch wenn sie oft klein und arm sind oder in der Diaspora leben, ist Christus gegenwärtig."[4]

War es die Weltkirchenwahrnehmung Johannes XXIII., der schon in einer Radioansprache vor dem Konzil von einer „Kirche der Armen" sprach, oder jene Gruppe von sozial engagierten Konzilsvätern, die den anderen den Blick für diesen "Normalfall von Kirche" geöffnet haben? In der Umsetzung der Reformideen des Konzils in die pastorale Wirklichkeit zeigte sich sehr bald, dass die konziliare Volk-Gottes- und Communio-Theologie auch in einer neuen Sozialgestalt von Kirche und Gemeinde vor Ort seinen Ausdruck finden musste, wenn sie überhaupt verstanden werden sollte. Es genügte wohl nicht, ein neues Selbstverständnis von Kirche als Communio lehramtlich und theologisch zu behaupten. Wie konnte eine solche Ekklesiologie in einer pluriethnischen und multikulturellen Weltkirche Wirklichkeit werden? Im neuen Kommentar zum Zweiten

---

2 Walter Kasper: Art. „Kirche". In: LThK3 Bd. 5, 1473.
3 Zweites Vatikanisches Konzil: *Dogmatische Konstitution über die Kirche*, Nr. 26.
4 Ebd.

Vatikanischen Konzil schreibt Joachim Sander: „Sie (die Kirche) erfährt sich als überall präsent, aber sie muss diese Präsenz auch überall einlösen können. Das, was sie vor allen Menschen ist, muss sie bei ihnen jeweils auch werden."[5]

Eine erneuerte und für Menschen greifbare und erfahrbare Gestalt von Kirche konnte freilich nicht einfach vom Himmel des Konzils auf die Erde fallen. Sie konnte sicher nicht, auch wenn manche in der Kirche das bis heute gerne hätten, in Form eines global anwendbaren Einheitsmodells von Pfarrei und Gemeinde von einer zentralen Kirchenleitung den Filialen, sprich Teilkirchen vor Ort, zur Implementierung verordnet werden. So etwas lässt sich der Geist Gottes, durch dessen kreatives Wirken letztlich christliche Gemeinde entsteht, nicht gefallen. Gemeinde ist „creatura verbi". Sie entsteht immer wieder neu aus dem Hinhören auf das Gemeinschaft stiftende Wort Gottes, das sich im Leben von glaubenden Menschen verleiblicht. Christliche Gemeinde nimmt in der Heilsgeschichte immer wieder vor Ort in einer bestimmten historischen Situation eine kontextuell-inkulturierte geschichtliche Gestalt an. Es war dieser vom Konzil angestoßene Prozess der Ekklesiogenese, der dann vor allem in manchen Kirchen des Südens zur Entstehung ganz neuer Gemeindeformen geführt hat. Diese „Gemeindeentwicklung" ohne Idealisierung, aber interessiert wahrzunehmen, verändert auch den Blick auf die gemeindetheologische Diskussion in Mitteleuropa und auf das Bemühen vieler Diözesen, unter veränderten Bedingungen neue strukturelle Voraussetzungen dafür zu schaffen, dass christliche Gemeinde auch hierzulande zum Leben kommt und am Leben bleibt.[6]

5 Hans Joachim Sander: *Theologischer Kommentar zur Pastoralkonstitution über die Kirche in der Welt von heute. Gaudium et spes*. In: P. Hünermann/B. J. Hilberath (Hrsg.): *Herders theologischer Kommentar zum Zweiten Vatikanischen Konzil*. Bd. 4, Freiburg 2005, S. 585.
6 Vgl. Franz Weber: *Neuverortung von Kirche? Gemeindeentwicklungen in den Kirchen des Südens*. In: Diakonia 37 (2006), S. 195–196.

Von wo ist diese Gemeindeentwicklung in Lateinamerika, Afrika und Asien eigentlich ausgegangen? Wer waren ihre Träger und Protagonisten? War das von Anfang an eine „Basisbewegung", die vom Volk Gottes ihren Ausgang nahm? Die Erforschung der Genese dieser neuen Gemeindeformen zeigt, dass es zuerst vor allem Bischöfe und Theologen, die nicht nur der pastoralen Not gehorchend aus Mangel an Klerikern nach der Mitarbeit der Laien riefen. Sie waren gemeinsam mit anderen zutiefst davon überzeugt, das diese neue Sicht von Kirche, wie sie im Konzil grundgelegt war, eine historisch einmalige Chance eröffnete, auch zu neuen und inkulturierten Formen christlicher Gemeinde zu finden, die der Kirche vor Ort zu einem lateinamerikanischen, afrikanischen oder asiatischen Gesicht verhelfen konnten.

Wo der Funke der Hoffnung auf eine neue und partizipatorische Gemeindepraxis von den Vertretern der Hierarchie und der Theologie auf den Klerus und auf Ordensleute, vor allem auf Ordensschwestern und KatechistInnen übersprang, die sich in vielen Diözesen sofort als ausgezeichnete MultiplikatorInnen bewährten, dort fingen sehr bald auch die Gläubigen in den Gemeinden Feuer für diese andere und neue Art von Kirche. Durch einfache Frauen und Männer, die meistens wenig Schulbildung besaßen, durch Menschen aus Fleisch und Blut, in deren Seelen – um mit Romano Guardini zu sprechen – die Kirche erwachte, gewann diese Kirche allmählich eine neue Gestalt.

Die Gläubigen fühlten sich – und das war sicher der entscheidende Schritt – nun nicht mehr als „Objekte der Missionstätigkeit", sondern begannen als TrägerInnen der Evangelisierung im Vertrauen auf die ihnen vom Geist verliehenen Charismen eigenständig und „selbstmächtig" Gemeinde aufzubauen. Durch diese „neue Art, Kirche zu sein" wurde die traditionelle und kirchenrechtlich vorgegebene territoriale Diözesan- und Pfarrstruktur ja nicht aufgelöst, sondern durch die Bildung kleiner und überschaubarer gemeindlicher Substrukturen mit Leben erfüllt. Durch alle Dokumente von kontinentalen und regionalen Bischofskonferenzen in Lateinamerika, Afrika und Asien zieht sich als ekklesiologische Leitidee das Anliegen, die Volk-Gottes-Theologie und die Communio-Theologie des Zweiten Vatikanischen Konzils durch eine neue Gestalt von Kirche und Gemeinde vor Ort in das kirchliche Alltagsleben zu übersetzen.[7]

Was oft nicht gesehen wird, ist die Tatsache, dass diese Gemeindeentwicklung nicht nur von einzelnen Bischöfe und Bischofskonferenzen, sondern auch aus Rom lehramtlichen Rückhalt bekam. Paul VI. und Johannes Paul II. scheinen bei allen Bedenken, die sie gegen manche kirchenkritische Formen von Basisgemeinden anmeldeten, doch sehr klar erkannt zu haben, dass es sich dabei um sichtbare und historisch greifbare „Zeichen für die Lebendigkeit der Kirche"[8] handelte. Beide Päpste hatten erkannt, dass diese neue Form von Gemeinden nicht nur für Kirchen des Südens von pastoraler Bedeutung war, sondern auch „eine Hoffnung für die universale Kirche"[9] darstellten. Im Anschluss an die Asiensynode ermutigte Johannes Paul II. im nachsynodalen Schreiben *Ecclesia in Asia* die Kirche in Asien ausdrücklich dazu, „diese Basisgemeinden, dort wo es möglich ist, als ein brauchbares Werkzeug für das kirchliche Werk der Evangelisierung zu betrachten."[10]

---

7 Ders.: Senfkorn und Sauerteig. *Hoffnungs- und Wachstumspotentiale in der Weltkirche*. In: Diakonia 38 (2007), S. 155–156.
8 Johannes Paul II.: *Enzyklika Redemptoris Missio*, Nr. 51.
9 Paul VI.: *Apostolisches Schreiben Evangelii Nuntiandi*, Nr. 58.
10 Johannes Paul II.: *Nachsynodales Schreiben Ecclesia in Asia*, Nr. 25.

3. Kirchliche Basisgemeinden in Lateinamerika zwischen Anerkennung und Verleugnung

Über die kirchlichen Basisgemeinden in Lateinamerika wurde hierzulande vor allem in den 70er und 80er Jahren des letzten Jahrhunderts sehr viel gesprochen und geschrieben. Manche haben in diese – im wahrsten Sinne des Wortes – hoffnungs- und leidvolle Verwirklichung von Kirche, die in schwierigen Situationen des Kontinents entstanden und bis heute – trotz vieler innerkirchlicher Widerstände – am Leben geblieben ist, ihre eigenen oft unerfüllten Kirchenträume hineinprojiziert. So ist im deutschsprachigen Raum zum Teil ein verklärtes, aber manchmal auch ein verzerrtes Bild der Basisgemeinden entstanden.[11]

Um die kulturgeschichtlichen und kirchenhistorischen Wurzeln dieser Gemeindeform zu entdecken, müsste man weit ausholen. Das Christentum hat in seiner über 500-jährigen Geschichte in Lateinamerika ja eine bunte Fülle vieler verschiedener Sozialgestalten angenommen, wie es angesichts der multikulturellen und multireligiösen Beschaffenheit dieses Kontinents gar nicht anders sein konnte. Dass die christliche Religion hier den indigenen Völkern und den aus Afrika importierten Sklaven nicht nur aus missionarischen Beweggründen, sondern auch aus handfesten politisch-wirtschaftlichen Motiven in einer möglichst einheitlichen Form aufgezwungen wurde, ist nur ein Teil der historischen Wahrheit. Menschen verschiedenster ethnischer Herkunft haben dort das Evangelium und die religiösen Traditionen der Kirche auch interessiert angenommen und sie in die je eigene kulturelle und religiöse Lebenswelt integriert. So sind auf dem lateinamerikanischen Kontinent kreative Formen eines inkulturierten Volks- und

---

11 Vgl. dazu F. Weber: *Gewagte Inkulturation. Basisgemeinden in Brasilien: eine pastoralgeschichtliche Zwischenbilanz.* Mainz 1996, S. 38–65.

Laienkatholizismus entstanden, in dem es auch ganz verschiedene Ausprägungen des Gemeindelebens gab. Das tridentinische Kirchenmodell und seine Pfarrstruktur konnten bis weit ins 19. und 20. Jahrhundert hinein nur in sehr begrenztem Ausmaß implantiert werden und erweisen sich auch in der gegenwärtigen Situation in mancher Hinsicht als fragwürdig und pastoral unwirksam.

So haben sich innerhalb oder parallel zu den meist sehr großen Pfarreien von Anfang an verschiedene Gemeindeformen entwickelt, in denen der christliche Glaube als gemeinschaftsstiftend erlebt werden konnte. Erinnert sei in diesem Zusammenhang nur an das intensive Gemeindeleben in den Reduktionen oder Missionen, in denen die Jesuiten und andere Orden die indianische Bevölkerung zusammenführten und vor der Versklavung bewahrten. Anders, aber nicht weniger gemeindebildend waren zweifellos die so genannten Quilombos, in denen geflüchtete Sklaven ohne die Priester der Kirche ihr stark afrikanisch gefärbtes Christentum lebten. Mit einer nur sehr sporadischen Präsenz ihres jeweiligen Pfarrers mussten sich auch die vielen kleinen Gemeinden auf dem Land begnügen, die über lange Zeit ohne Messe und Sakramente ihren katholischen Glauben in Form von Novenen zu ihren Heiligen und vielen anderen Formen der Volksreligiosität lebten. Ein intensives Gemeindeleben entfaltete sich in vielen Ländern Lateinamerikas in den Bruderschaften, in denen Schwarze, Mulatten und Weiße – jeweils nach Stand und Hautfarbe getrennt – unter der Schutzherrschaft eines oder einer Heiligen demokratisch-kollegiale Leitungsstrukturen entwickelten. Von Laien geleitet wurden auch über lange Zeit viele Gemeinden der Einwandererfamilien italienischen, deutschen, polnischen oder ukrainischen Ursprungs, die selbst ihre Kapellen und Schulen bauten, ihre je eigenen Feste feierten und den christlichen Glauben in eigener Verantwortung weitergaben, weil auch sie nur selten mit der Präsenz ihres Pfarrers rechnen konnten. Es ist bemerkenswert, dass die kirchlichen Basisgemeinden sich zum Beispiel in Brasilien gerade dort von Anfang an gut entwickelten, wo sie bereits auf ein größtenteils von Laien getragenes religiöses Gemeinschaftsleben aufbauen konnten.

Der Großteil dieser Gemeindeformen entwickelte sich – von den Bruderschaften abgesehen – auf dem Land, wo zunächst auch die Basisgemeinden entstanden. Die gesellschaftliche und religiöse Situation, in der heute christliche Gemeinde entsteht und am Leben bleiben muss, hat sich jedoch gegenüber früher in den letzten Jahren radikal verändert. Die katholische Kirche sieht sich heute in ihrer Pastoral mit den Phänomenen einer rapide vor sich gehenden Urbanisierung und Pluralisierung der religiösen Landschaft konfrontiert. Was mehr oder weniger für ganz Lateinamerika gilt, lässt sich kurz am Beispiel Brasiliens verdeutlichen: Während hier im Jahre 1940 laut Volkszählung noch 69 Prozent der Bevölkerung auf dem Land und nur 31 Prozent in der Stadt lebten, zeigen die Zahlen von 2000 mehr als das Gegenteil: 81,23 Prozent der Bevölkerung leben nun in der Stadt und nur mehr 18,77 Prozent auf dem Land. Ist in den immensen Peripherien der Metropolen, wo die Armen und Elenden oft unter unmenschlichen Bedingungen leben und überleben, christliches Gemeindeleben überhaupt möglich?

Eine große Herausforderung an die Kirche in Lateinamerika ist ohne Zweifel die erdrutschartige Veränderung der religiösen Landschaft. Gerade die Armen fühlen sich dort, wo es kein auch emotional erfahrbares Gemeindeleben mehr gibt, in der katholischen Kirche oft nicht mehr zu Hause und wenden sich – so geht es aus der offiziellen Bevölkerungsstatistik klar hervor – in großer Zahl den Pfingstkirchen und den großen neopentekostalen Bewegungen zu. Brasilien galt bis in die 70er Jahre des 20. Jahrhunderts als das größte katholische Land der Erde, in der die katholische Kirche nicht nur die Mehrheit darstellte, sondern gegenüber den anderen christlichen Kirchen und religiösen Bekenntnissen auch eine eindeutige Monopolstellung besaß. Schon 1980 war der Anteil der Katholiken das erste Mal unter 90 Prozent gesunken. Gegenüber 83,3 Prozent im Jahre 1991 erreichte die katholische Kirche in der Statistik des Jahres 2000 einen historischen Tiefstand von 73,9 Prozent. Auch manche von denen, die sich ehemals als Führungskräfte in Kleinen Katholischen Gemeinden und Basisgemeinden engagierten, wandern nicht selten in Pfingstkirchen aus, wenn ihre religiösen Grundbedürfnisse und ihre Sehnsucht nach erlebter Gemeinschaft keine Erfüllung finden und der Pfarrer sich nicht für sie interessiert.

In einer gesellschaftlichen Situation, in der durch die brutale Ausbeutung der Arbeitskraft der Armen und deren täglichen Überlebenskampf ein Leben in einer geordneten Familie immer schwieriger wird, lösen sich familiäre Bindungen und traditionelle Sozialformen häufig sehr rasch auf und treiben den Einzelnen oft erbarmungslos in die Isolation am Rande oder außerhalb der Gesellschaft. Wer hier in Lateinamerika mit den Armen gearbeitet hat, weiß um deren Verwurzelung in stark gemeinschaftsbezogenen kulturellen und Lebenswelten, die in einer tiefen und religiös fundierten Sehnsucht nach Fest und Feier zum Ausdruck kommt. Wo aber können die Armen ihr Leben und ihren Glauben feiern, wenn ihre Pfarrei, sofern sie diese überhaupt kennen, weit weg ist und von ihnen nur noch als eine Verwaltungsinstanz für eine notdürftige Sakramentenspendung empfunden wird?

Genau diese Frage haben sich die lateinamerikanischen Bischöfe im Jahre 1968 gestellt, als sie auf ihrer Versammlung in Medellín daran gingen, das Zweite Vatikanum und sein Verständnis von Kirche in die lateinamerikanische Wirklichkeit zu übersetzen. Ihnen wurde zunächst sehr klar bewusst, wie weit sie selbst und ihr Klerus sich von „Freude und Hoffnung, Trauer und Angst der Menschen von heute [...] besonders der Armen und Bedrängten aller Art" (Pastoralkonstitution n. 1) entfernt hatten.

Es war damals der historische Verdienst von prophetischen Bischofsgestalten wie Helder Camara und anderen, dass sie dieses „soziale Schisma" zwischen einer Amtskirche, deren Vertreter mit zahlreichen Privilegien ausgestattet meist ein gut bürgerliches Leben führten, und den Elends- und Unrechtssituationen, in denen weite Teile der Bevölkerung lebten, wahrgenommen und in den Dokumenten von Medellín auch klar benannt haben. Vor allem aber wollten die Bischöfe auch Auswege auch dem „pastoralen Schisma" suchen, das darin bestand, dass die Kirche in ihrer traditionellen Pfarrstruktur mit riesigen Pfarreien sowohl auf dem Land und noch viel weniger in den bereits damals entstehenden urbanen Peripherien vor allem die unteren Volksschichten kaum mehr erreichte. Wie konnte man in Lateinamerika die Vision Johannes XXIII. von einer Kirche der Armen verwirklichen, wenn die Armen im Leben der Kirche keinen Platz fanden?

Die Bischöfe dachten in Medellín nicht daran, die traditionelle Territorialpfarrei abzuschaffen. Sie wollten sie aber durch die Errichtung kleinerer pastoraler Einheiten vor Ort dezentralisieren, um dadurch auch besonders für die Armen die Möglichkeit zu schaffen, in ihrem eigenen Milieu eine „hautnahe" Erfahrung christlicher Gemeinde zu machen. „Das Leben der Gemeinschaft" – so heißt es wörtlich im Schlussdokument –," zu dem der Christ aufgerufen wurde [...], muss er in seiner Basisgemeinschaft finden; das heißt, in einer Gemeinschaft am Ort oder in der Umgebung, die [...] eine solche Dimension hat, dass sie die persönliche geschwisterliche Begegnung unter ihren Mitgliedern ermöglicht." Diese so genannte Basisgemeinschaft sollte nach Vorstellung der Bischöfe „Kernzelle kirchlicher Strukturierung, Brennpunkt der Evangelisierung und [...] Hauptfaktor menschlicher Förderung und Entwicklung" (Medellín 15,III,10) sein.

Das war zweifellos eine geniale, aus der Notsituation geborene pastoralstrategisch und gemeindetheologisch innovative pastorale Wegweisung, mit der man der Kirche in Lateinamerika eine neue Struktur und Gestalt geben wollte. Es war aber aufgrund zahlreicher innerkirchlicher und politischer Widerstände nicht möglich, dieser zukunftsträchtigen pastoralen Strukturreform in allen lateinamerikanischen Ortskirchen allgemein zum Durchbruch zu verhelfen. Im Gegenteil: Die innerkirchliche Diskussion über die Basisgemeinden ging auch auf der 5. Generalversammlung des lateinamerikanischen Episkopats weiter. Wie schon oft in der jüngsten lateinamerikanischen Kirchengeschichte stand unter den Bischöfen einmal mehr eine große Gruppe entschiedener Befürworter der Basisgemeinden einer kleineren Gruppe von Gegnern gegenüber, was zu seltsamen Vorgängen während und nach der Konferenz führte.

Von wo aber nehmen missionarische Impulse im pastoralen Alltag der lateinamerikanischen Kirche normalerweise ihren Ausgang? Die Bischöfe waren sich in Aparecida offensichtlich darüber im Klaren, dass Mission nicht in erster Linie das Werk einzelner Personen sein kann, sondern dass es als Basis für eine missionarische Pastoral – wie in urchristlichen Zeiten – lebendige Gemeinden vor Ort braucht.

Die Entscheidung für die kirchlichen Basisgemeinden wurde aber in Lateinamerika selbst von einem Teil der Hierarchie immer wieder in Frage gestellt. Damit war die Kirche gerade in diesem lebenswichtigen Bereich der Gemeinde vor Ort, wo sich die katholische Kirche fast überall mit der Konkurrenz der intensiven neuen Gemeindebildungen der Pfingstkirchen konfrontiert sieht, in Selbstblockaden verstrickt,[12] die sich in ganz

---

12 Vgl. Krauß, C./Kruip, G.: *In Selbstblockaden verstrickt. Römische Korrekturen am Schlussdokument von Aparecida*. In: Herder Korrespondenz 61 (2007), S. 450–453.

Lateinamerika pastoral verhängnisvoll auswirken. Trotz des Bemühens zahlreicher Bischöfe, die in ihren Diözesen sehr positive Erfahrungen mit den Basisgemeinden gemacht haben, geriet diese „neue Art, Kirche zu sein" auch in Aparecida einmal mehr zwischen die Mühlsteine entgegengesetzter Positionen innerhalb des lateinamerikanischen Episkopats. Nachdem es schon während der Konferenz wegen des mysteriösen Verschwindens des Abschnittes über die Basisgemeinden aus der Textvorlage eine große Aufregung gegeben hatte, war man dann besonders über die nachträglichen Veränderungen an dem vom Plenum approbierten Text des Schlussdokumentes verärgert, die vor allem auch die Aussagen über die kirchlichen Basisgemeinden betrafen. Vielen Bischöfen war es ein großes Anliegen gewesen, nach all dem Infragestellen der letzten Jahre endlich wieder eine klare Option für diese Gemeindeform zu formulieren, die im ursprünglichen Text folgendermaßen gelautet hatte:

„Entschieden wollen wir das Leben sowie die prophetische und heiligmachende Sendung der kirchlichen Basisgemeinden wiederum bestätigen und mit einem neuen Impuls für die Jesusnachfolge versehen."[13]

„Die kirchlichen Basisgemeinden sind in Verbundenheit mit ihrem Bischof und dem diözesanen Pastoralprojekt ein Zeichen für die Vitalität in der Kirche […] Sie können die Pfarreien von innen her vitalisieren, indem sie sie zur Gemeinschaft von Gemeinschaften machen."[14]

13 Ursprünglicher Text n. 194; vgl. Muñoz, R.: *Die Veränderungen am Schlussdokument von Aparecida.* In: *Zeitschrift für Missions- und Religionswissenschaft* 92 (2008), S. 158–159.
14 Zitiert nach Muñoz, *Veränderungen*, S. 159.

Der gegenüber dieser ursprünglichen im Plenum zur Abstimmung vorgelegten Fassung stark veränderte Schlusstext[15] enthält die pastorale Grundentscheidung für die kirchlichen Basisgemeinden nicht mehr in dieser klaren Form. Der korrigierte Text ist stark von einer Haltung der Skepsis gegenüber ihnen geprägt. Und doch kommen die Basisgemeinden auch im veränderten Text vor, der sie im Rückgriff auf Medellín als „Keimzellen kirchlicher Strukturierung und als Knotenpunkte von Glauben und Evangelisierung" anerkennt. Das Schlussdokument von Aparecida gibt damit nur wieder, was die Basisgemeinden tatsächlich für viele Ortskirchen bedeuten. Es entspricht einfach der Realität, wenn darin festgestellt wird, dass sie „das Wort Gottes als Quelle ihrer Spiritualität" betrachten, sich „mit ihrem evangelisierend-missionarischen Engagement unter den ganz einfachen und am Rande der Gesellschaft lebenden Menschen" einsetzen und „die vorrangige Option für die Armen sichtbar"[16] machen. Ihre Gegner konnten den kirchlichen Basisgemeinden in Aparecida also nicht mehr das Leben absprechen.[17] Sie werden wohl auch weiterhin, von den einen anerkannt und gefördert und von den anderen angefochten und bekämpft, das Leben vieler Diözesen und Pfarreien in Lateinamerika prägen.[18] Und es wird auch in Lateinamerika neue Formen Kleiner Christlicher Gemeinschaften geben müssen, damit die Kirche tatsächlich zu den Menschen kommt und bei den Menschen bleibt.

---

15 Vgl. Büker, M.: *Neuaufbruch im Gegenwind. Aparecida und die Änderungen am Schlussdokument der V. Generalversammlung der Kirche Lateinamerikas.* In: *Forum Weltkirche* 1/2008, S. 28; Muñoz, *Veränderungen*, S. 158–160.

16 DA, n. 179.

17 Vgl. Oliveros, M. R.: *Igreja particular, paróquia e CEBs em Aparecida.* In: Amerindia, Aparecida, S. 193.

18 Vgl. dazu auch Weber/Fuchs: *Gemeindetheologie interkulturell*, S. 159–169.

4. Basisgemeinden und „Kleine Christliche Gemeinschaften" – Eine Anfrage an unsere Gemeindetheologie und Gemeindepraxis

Für den Schlussteil meiner Überlegungen wurde mir also die Aufgabe gestellt, zu evaluieren, in welcher Weise die weltkirchlichen Ansätze im deutschsprachigen Raum rezipiert werden können. Ich sollte hier – nach dem Wunsch der Veranstalter – wohl auch kurz die Risiken und Nebenwirkungen einer solchen Rezeption aufzeigen und auch einzelne Experimente besprechen, die es in einzelnen deutschen Diözesen mit Kleinen Christlichen Gemeinschaften bereits gibt. Für eine solche Evaluierung fehlt mir die konkrete Begegnung mit diesen Erfahrungen. Ich möchte stattdessen den Versuch unternehmen, einige inhaltliche Aspekte der Gemeindepraxis der Kirchen des Südens zu fokussieren, in der uns die Kleinen Christlichen Gemeinschaften im besten Sinn des Wortes „voraus sind" und wo sie zur Anfrage an die Pastoral im deutschsprachigen Raum werden können.

Seit Jahren haben sich Theologinnen und Theologen und Menschen, denen diese „Lerngemeinschaft Weltkirche" ein Anliegen ist, über die „Chancen und Grenzen pastoraler Transferprozesse" (Arnd Bünker)[19] Gedanken gemacht. Hermann Steinkamp hatte bekanntlich schon Ende der 80er Jahre auf einem Kongress in Münster, an dem lateinamerikanische und deutsche Theologen teilnahmen, vor einer „kolonialistischen Eroberungsmentalität" gewarnt. Lateinamerikanische Basisgemeinden könnten nicht „als Frischzellen in den alternden Organismus der europäischen Volkskirche"[20] transplantiert wer-

---

19 Arnd Bünker: *Weltkirchlich wachsen lernen? Chancen und Grenzen pastoraler Transferprozesse.* In: Diakonia 38 (2007), S. 197.

20 Hermann Steinkamp: *Prozesse der Gemeindebildung: Exemplarische Schwierigkeiten in der Bundesrepublik.* In: Johann Baptist Metz/Peter Rotländer (Hrsg.): *Lateinamerika und Europa. Dialog der Theologen.* Mainz 1988, S. 110–111.

144

den. „Ist der AsIPA also wieder eine dieser exotischen, pastoralen ‚Südfrüchte‘, deren spiritueller Vitaminreichtum für die müde Kirche im Norden als belebend angepriesen wird",[21] fragt auch Bernhard Spielberg in seiner in diesem Jahr erschienenen lesenswerten und konstruktiven Auseinandersetzung mit diesem asiatischen Pastoralprogramm, und ich stimme ihm voll und ganz zu, wenn er zu bedenken gibt, dass AsIPa genau so wie viele andere von anderswo her eingebrachte Gemeindeerneuerungsprogramme auf die Dauer fruchtlos bleiben wird, „wenn die Ortskirchen in Europa [...] die Antworten und Visionen übernehmen, die die Ortskirchen in Asien in langen Debatten und in kritischer Auseinandersetzung mit ihrer spezifischen Situation mühsam errungen haben."[22]

Spielberg bringt das Problem jeder Kirchenreform und jeder Gemeindeerneuerung auf den Punkt, wenn er in Bezugnahme auf das AsIPA Programm für unseren Kontext einen „Europäischen Integralen Ansatz" fordert und zu bedenken gibt: „Integral ist der Ansatz, wenn er die Differenz zwischen Form und Inhalt kirchlicher Praxis zu überwinden versucht" und darauf aufmerksam macht, „dass eine Kirche, die sich als Communio versteht, auch als solche erfahrbar sein muss", und dass ein Ansatz nur dann pastoral ist, „wenn er der Kirche auf all ihren Ebenen und in ihren unterschiedlichen Sozialformen die Verortung des Evangeliums in der Gegenwart ermöglicht."[23]

Es geht letztlich und immer wieder und allerorts um die Inkulturation der Kirche und ihrer Botschaft in eine bestimmte Lebenswelt. Ich formuliere es schlicht und einfach gerne so: „Eine Kirche, die mit ihrer Botschaft ‚nicht zum Leben kommt‘, kommt nicht zum Leben und bleibt nicht am Leben. Eine Kirche, deren

21 Bernhard Spielberg: *Kann Kirche noch Gemeinde sein? Praxis, Probleme und Perspektiven der Kirche vor Ort.* Würzburg 2008, S. 374.
22 Ebd.
23 Ebd. S. 375.

Gemeinden und Gemeinschaften nicht Glaubens- und Lebenserfahrung ermöglichen, die in irgendeiner Form Lebensräume sind, hat auf Dauer nirgendwo auf der Welt eine Überlebenschance.

Ich behaupte nun, dass die Kirche nun durch diese neuen Gemeindeerfahrungen der Kirchlichen Basisgemeinschaften und der Kleinen Christlichen Gemeinschaften in vielen Ortskirchen zum Leben gekommen und am Leben geblieben ist. Das als katholischer Christ, als katholische Christin einmal wahrzunehmen, ohne gleich zu fragen, was wir davon bei uns anwenden können, ist schon ein Stück der Verwirklichung der – im Sinne der Kirchenkonstitution des Konzils – „katholischen" Lerngemeinschaft Weltkirche.

Es tut uns aber auch gut zu fragen, welche Bedeutung diese nachkonziliare Gemeindeentwicklung in der Weltkirche für unseren aktuellen deutschsprachigen Kontext mit seinen vielfältigen Umbrüchen und Strukturprozessen haben könnte und welche Anfragen sich für uns daraus ergeben. Ich spreche bewusst von einer heilsamen Anfrage, die allein schon durch die Existenz der Kleinen Christlichen Gemeinschaften, vor allem aber durch die Art und Weise, wie sie Kirche leben, an uns ergeht.

Wie missionarisch sind unsere Gemeinden?

Eine Anfrage an uns sind uns viele Gemeinden in den Kirchen des Südens durch ihre neue und einladende Art, missionarisch zu sein. Dabei muss der Klarheit halber auch gesagt werden, dass die Begriffe „Mission" und „missionarisch" nicht nur bei uns, sondern weltweit äußerst ambivalent sind und keinen guten Klang haben. In Lateinamerika stand die jüngste Generalversammlung des Episkopats unter dem Leitwort „Jünger und Missionare Jesu Christi", in anderen Kontexten kann und darf man das Wort Mission gar nicht verwenden.

Im Missionsdekret des Zweiten Vatikanischen Konzils steht die Aussage, dass „die pilgernde Kirche ihrem Wesen nach missionarisch"ist. Im deutschsprachigen Raum ist in letzter Zeit in kirchlichen Dokumenten und auf Kongressen wieder vermehrt von Mission die Rede. Man spricht in manchen kirchlichen Kreisen und Bewegungen oft recht undifferenziert von Evangelisierung und Neuevangelisierung und fordert landauf landab eine „missionarische Pastoral", die ja in Zeiten wie diesen alles andere als einfach ist.

In einem Dokument der Deutschen Bischofskonferenz mit dem bezeichnenden Titel *Zeit zur Aussaat. Missionarisch Kirche sein*, stellte Bischof Joachim Wanke vor einigen Jahren nüchtern fest:

„Unserer katholischen Kirche in Deutschland fehlt etwas. Es ist nicht das Geld. Es sind auch nicht die Gläubigen. Unserer katholischen Kirche in Deutschland fehlt die Überzeugung, neue Christen gewinnen zu können. Das ist ihr derzeit schwerster Mangel."

Ein provokanter Satz, der zu denken gibt! Dürfen wir in einer multireligiösen Gesellschaft überhaupt noch neue Christinnen und Christen gewinnen? Und wie kann dies glaubwürdig geschehen? Diese Frage stellt sich zum Beispiel im Kontext von Indien oder in Ländern mit muslimischer Mehrheit noch viel radikaler als bei uns.

Wenn ich es richtig beobachte, geht die Mission – wie in urchristlichen Zeiten – wieder erneut von Kleinen Christlichen Gemeinschaften aus, die schlicht und einfach – und oft als Minderheit – in ihrer Umwelt präsent sind: Als katholische Basisgemeinde und als „Nachbarschaftsgemeinde" neben anderen zum Beispiel evangelikalen Kirchen und Gruppen, in einer multikulturellen und multireligiösen urbanen Peripherie oder in einem überwiegend von Nichtchristen bewohnten Dorf.

Von solchen kleinen, machtlosen christlichen Gemeinden geht keine Bedrohung für ihre Umwelt aus. Aber sie haben auf ihre Art und Weise ein missionarisches Sendungsbewusstsein. Sie sind und bleiben zum Beispiel durch die Art ihrer Zusammenkünfte (Bibelteilen), durch ihre Nachbarschaftshilfe, durch die Teilnahme an den Festen der Anderen eine Einladung in eine Kirche, die als „Zeichen" Gottes offen und ansprechbar ist. Solche Gemeinden lassen sich auch ansprechen, und je nach Region und Situation schließen sich ihnen auch immer wieder Menschen an.

Hat uns eine solche unaufdringliche missionarische Präsenz für unsere postvolkskirchliche Situation und gegen manche Selbstzweifel einiges zu sagen?

Wie können Menschen in anonymen Großpfarreien und pastoralen Megaräumen die Erfahrung gelebter Glaubensgemeinschaft machen?

Es ist zur Genüge bekannt und viele von uns erfahren es inzwischen am eigenen Leib. In vielen Diözesen des deutschen Sprachraumes bewegen die durch Priestermangel und knapper werdende Finanzen notwendig gewordenen pastoralen Restrukturierungsprozesse die Gemüter. Vor allem kleinere und mittlere Pfarreien befürchten wohl nicht zu Unrecht, durch die doch meistens nur von oben verordneten Maßnahmen unter die Räder zu kommen.

Dass es bei der Errichtung von Großpfarreien, Pfarrverbänden oder Seelsorgeräumen nicht nur um Einsparung von Personal und Geld geht, sondern schlicht und einfach um das Leben und Überleben von Gemeinden und um die Zukunftsgestalt von Kirche überhaupt, ist wohl auch den meisten der Verantwortungsträger in den Ordinariaten und Seelsorgeämtern bewusst.

Ich frage, gerade auf dem Hintergrund der weltkirchlichen Gemeindeentwicklung und ihrer klaren Tendenz zu kleinen pastoralen Einheit, ganz ungeschützt:

Ist es pastoraltheologisch verantwortbar, kleine Gemeinden aufzulösen oder so lange „auszuhungern", bis sie sich als Restgemeinden gezwungenermaßen der Einverleibung in größere pastorale Einheiten fügen? Wurde das Evangelium nicht seit ur-

christlichen Zeiten immer wieder vor allem in kleinen Gemeinden gelebt, in denen Frauen und Männer, jüngere und ältere
Menschen, Familien und Einzelne, Heimat und Halt für ihren
Glauben fanden? Braucht christlicher Glaube nicht gerade in Zeit
extremer Individualisierung und Anonymisierung die Erfahrung
persönlich erlebter Gemeinschaft, um überhaupt am Leben bleiben zu können? Ist die Art und Weise, wie man hierzulande mit
der pastoralen Notsituation umgeht, angesichts einer genau ge-
genteiligen „Gemeindeentwicklung" in der katholischen Weltkirche vielleicht sogar ein wenig Zukunft versprechender Sonderfall,
der sich auf Dauer als „pastoraler Unglücksfall", vielleicht sogar
als „Todesfall" herausstellen wird?

Aus meiner langjährigen Erfahrung in der Begleitung brasili-
anischer Basisgemeinden und der Begegnung mit den Kleinen
Christlichen Gemeinschaften in Afrika und Asien bin ich zur
Überzeugung gelangt, dass uns das Ringen um die Bildung
kleiner, basis- und menschennaher Gemeinden, wie es uns dort
begegnet, Grundsätzliches für unsere Gemeindetheologie und
Gemeindepraxis zu sagen hat.[24] Das Faktum einer weltkirchlichen Gemeindeentwicklung, in der die Bildung von kleinen, als
Glaubensgemeinschaft erlebbaren Gemeinden eindeutig den
Mainstream darstellt, ist eine massive Anfrage an die pastora-
len Strukturprozesse der Diözesen im deutschen Sprachraum.

Wie groß ist in unseren Diözesen und Pfarreien das Vertrauen in die pastorale Grundkompetenz aller Getauften?

Ich gebrauche nicht gern das Wort Laien, weil es so „laienhaft"
und untheologisch ist, und einfach mit dem, was es in der Um-
gangssprache ausdrückt, in keiner Weise dem entspricht, was

---

24 Vgl. dazu Franz Weber: *Kleine Gemeinden – eine Überlebensfrage der Kirche?*
Lernprozesse der lateinamerikanischen Basisgemeinden. In: *Forum Weltkirche*
2005.

das Zweite Vatikanische Konzil über die Würde und den Auftrag aller Getauften und Gefirmten gelehrt hat:

„Der Apostolat der Laien ist Teilnahme an der Heilssendung der Kirche selbst. Zu diesem Apostolat werden alle vom Herrn selbst durch Taufe und Firmung bestellt." (Kirchenkonstitution, n. 33)

„Pflicht und Recht zum Apostolat haben die Laien kraft ihrer Vereinigung mit Christus, dem Haupt. Denn durch die Taufe dem mystischen Leib Christi eingegliedert und durch die Firmung mit der Kraft des Heiligen Geistes gestärkt, werden sie vom Herrn selbst mit dem Apostolat betraut. Sie werden zu einer königlichen Priesterschaft und zu einem heiligen Volk (vgl. 1Petr 2,4–10) geweiht [...] Aus dem Empfang d(ies)er Charismen, auch der schlichteren, erwächst jedem Glaubenden das Recht und die Pflicht, sie in Kirche und Welt zum Wohl der Menschen und zum Aufbau der Kirche zu gebrauchen." (Laiendekret n. 3)

Bei allem Klerikalismus, den es natürlich in den Kirchen des Südens genau so oder noch stärker gibt als bei uns, muss man doch sagen, dass diese Vorgaben des Konzils gerade in den Basisgemeinden und in den Kleinen Christlichen Gemeinschaften Wirklichkeit geworden sind.

Man wird es vielen Bischöfen in Lateinamerika, Afrika, Asien und Ozeanien gar nicht hoch genug anrechnen können, dass sie einer Kirchenreform und Gemeindeentwicklung die Wege bereiteten, die sich dadurch als Glücksfall für ihre Ortskirchen herausstellte, dass auf einmal – und das oft notgedrungen – Platz für die so genannten Laien da war. Man sprach viel von Partizipation und von einer partizipativen Pastoral und Kirche. Manche Bischöfe sind ihren Gemeinden in der Tat als Hirten auf neuen und noch unbekannten Wegen vorangegangen, anstatt die Herde nur durch Zurufe von rückwärts im Zaum zu halten.

In vielen Diözesen fanden synodale Prozesse statt, in denen sich alle miteinander auf den Weg begaben, die Hirten sich von der Kirchenbasis wirklich „etwas sagen ließen" und man aufeinander hörte. Hier konnten bischöfliche Leitungsverantwortung und der Glaubenssinn, mit dem das Volk Gottes „mit rechtem Urteil immer tiefer in den Glauben eindringt und ihn im Leben voller anwendet",[25] einander fruchtbar ergänzen.

Es gibt sicher auch bei uns Räume, wo dieses Gespür von Gemeindemitgliedern für das, was im christlichen Glauben zentral und unverzichtbar ist, in konkreter Mitverantwortung für pastorale Erneuerungsprozesse zum Tragen kommen kann. Aber vielerorts sind gerade in der deutschen Kirche Mündigkeit und Eigenständigkeit nicht mehr gefragt und erwünscht. Ein neoklerikaler Wind weht durch viele unserer Gemeinden und führt dazu, dass sich gerade die unter den Gemeindemitgliedern, die sich nicht mit einer Versorgungskirche zufrieden geben, nicht mehr zu Hause fühlen und allmählich auswandern?

Die Kleinen Christlichen Gemeinschaften stellen gerade durch ihre partizipative Gemeindespiritualität und Gemeindepraxis eine Anfrage an unsere sich verengenden Kirchen- und Gemeindestrukturen dar.

Wie diakonisch solidarisch ist unsere Gemeindepraxis?

Die Diakonie ist eine der Grundfunktionen und Grunddimensionen christlicher Gemeinde, die man nicht einfach auslagern und an die diözesane Caritas delegieren kann. Natürlich gibt es auch bei uns stark diakonisch orientierte Gemeinden und kirchliche Gruppen.

Und in den Kirchen des Südens sind manche von den Basisgemeinden und Kleinen Christlichen Gemeinschaften eigentlich nur Gebets- oder Bibelgruppen, die sich nur um sich selbst drehen. Aber viele der kleinen Gemeinden haben auch eine Rei-

---

25 Zweites Vatikanisches Konzil: *Dogmatische Konstitution über die Kirche*, n. 12.

he eigener „ministries", die für eine diakonische und mit den Armen solidarische Praxis verantwortlich sind. Dafür habe ich nicht nur in Lateinamerika, sondern vor allem in Ostafrika, und dort besonders an der Peripherie von Nairobi (Korogocho), überzeugende Beispiele erlebt.

In Aparecida haben sich die lateinamerikanischen Bischöfe – nicht zuletzt auch durch die klare Vorgabe Benedikt XVI. in der Eröffnungsansprache – eindeutig zur pastoralen Grundentscheidung einer vorrangigen Option für die Armen bekannt. Sie wollen diese Option vor allem in den Pfarreien und kleinen lebendigen Gemeinden vor Ort verwirklicht sehen. Diese Gemeinschaften des Glaubens können nicht nur Orte sakramentaler Grundversorgung bleiben, sondern müssen vor allem für die Armen als Zentren solidarischer Präsenz erfahrbar werden:

„Jede Pfarrei muss in den verschiedensten Bereichen, in denen sie sich bewegt, ihr gesellschaftliches Engagement durch solidarische Zeichen mit aller ‚Phantasie der Liebe' konkretisieren. Sie darf das große Leid so vieler Mitmenschen, die oft in versteckter Armut leben, nicht ignorieren. Jede authentische Mission verbindet die Sorge um die geistige Dimension des Menschen mit den Sorgen um seine ganz konkreten Bedürfnisse …"[26]

Mit diesen und zahlreichen anderen Aussagen des Schlussdokumentes zur Option für die Armen als pastorale Grundentscheidung der lateinamerikanischen Kirche hat Aparecida eindeutige Akzente gesetzt, die jeder Trennung von Verkündigung und sakramentaler Praxis einerseits und der dringend erforderlichen Sozialpastoral anderseits, und damit jeder Spiritualisierung der Sendung der Kirche eine klare Absage erteilen.

---

26 DA, n. 176; vgl. Arntz, *Einführung*, S. 56.

Manche der neuen geistlichen Bewegungen, von denen sich viele lateinamerikanische Bischöfe die eigentliche Neuevangelisierung des Kontinents erwarten, praktizieren eine eher nur sakramentalistisch-spiritualisierende Pastoral, die zu brennenden sozialpolitischen Fragen schweigt und nicht wirklich zu den Menschen und ihren Lebensproblemen, vor allem nicht zu den Armen hinabsteigt.

Die diakonische Praxis der Kleinen Christlichen Gemeinschaften ist eine andere, ziemlich unbequeme Anfrage an unsere Gemeinden und kirchlichen Gruppen, die zwar noch immer schöne Gottesdienste feiern, aber den alten und neuen Gesichtern von Armut bei uns nicht mehr in die Augen schauen.

Wie offen sind katholische Gemeinden für die Wahrnehmung der kulturell und religiös Anderen und für den interkulturellen und interreligiösen Dialog?

Viele der Kleinen Christlichen Gemeinschaften in den Kirchen des Südens leben nicht nur in sozialen, sondern auch in ethnischen Konfliktzonen, wo sich das Zusammenleben von Menschen mit ganz verschiedener Herkunft, Sprache, Kultur und Religion als äußerst schwierig gestaltet. Vielerorts herrscht deshalb gegenwärtig ein Klima der Angst und Gewalt. Das gilt besonders für die urbanen Peripherien in Afrika und Asien, aber auch für manche Dorfgemeinschaften, in denen die Kleine Christliche Gemeinde in ihrer Existenz bedroht ist.

Es beeindruckt mich, wie zum Beispiel die kirchlichen Basisgemeinden in Lateinamerika inzwischen versuchen, auch mit den evangelikalen Kirchen und Gruppen in einen Dialog zu treten. Aparecida hat diesbezüglich – beispielhaft und gegen manche innerkirchliche „Hardliner" – jede Polemik gegen die Freikirchen und die so genannten Sekten vermieden. Dieses Wort wird wohl bewusst nicht verwendet. Das Schlussdokument spricht stattdessen von einer „neuen Etappe der Evangelisierung", in der Dialog und ökumenische Zusammenarbeit die Jüngerschaft und Mission der Christen bestimmen soll.

„Wir stellen fest, dass dort, wo der Dialog stattfindet, weniger Proselythenmacherei herrscht, dass das Wissen umeinander und die gegenseitige Respektierung zunehmen und sich Möglichkeiten gemeinsamen Zeugnisses eröffnen." (DA 233)

Als besonders lehrreich und ermutigend betrachte ich den „Dialog des Lebens", der in vielen Kleinen Christlichen Gemeinschaften mit Hindus, Buddhisten, Muslimen und den Angehörigen anderer Religionen geführt wird. Wo die Kirche eine kleine Minderheit ist, sich aber nicht in ein religiöses Ghetto zurückzieht, sondern in kleinen christlichen Gemeinden in einer multireligiösen Umgebung lebt, besteht offensichtlich eine ganz andere Notwendigkeit für Offenheit und Bereitschaft für einen interreligiösen Dialog, als zum Beispiel bei uns, wo viele Katholiken immer noch in volkskirchlichen Vorstellungen gefangen sind. Sie träumen noch immer von einem „christlichen Abendland" und möchten Europa am liebsten wieder einheitlich katholisch machen. Eine Neuevangelisierung als Rechristianisierung oder gar Rekatholisierung Europas zeugt nicht nur von einer Ausblendung der religiös pluralen Realität des Kontinents, sondern auch von einer alten Kreuzzugs- und Eroberungsmentalität, die gesellschaftspolitisch gefährlich ist.

Wie anders ist dagegen der Versuch einiger asiatischer Ortskirchen, neben den Kleinen Christlichen Gemeinschaften, oder den „Basic ecclesial communities" gemeinsam mit den Angehörigen anderer Religionen in so genannten „Basic human communities" die Voraussetzungen für ein konstruktives Zusammenleben zu versuchen, in dem die Bedürfnisse und Nöte der konkreten Menschen vor Ort das verbindende Element darstellen.

Ist eine solche Praxis, so schwierig sie auch meistens zu verwirklichen ist, nicht eine ermutigende Anfrage an uns und unsere Gemeinden, allen fundamentalistischen Strömungen zum Trotz an einem multikulturellen und multireligiösen Europa mitzubauen, das ohnedies nicht mehr zu verhindern ist?

5. Eine Botschaft der Hoffnung

Die nachkonziliare Gemeindeentwicklung in der Weltkirche stellt nicht nur Anfragen an unsere Theologie und Gemeindepraxis. Sie ist vor allem – und darin liegt wohl auch der eigentliche Gewinn, oder besser gesagt, die Gnade und das Geschenk der Lerngemeinschaft Weltkirche – eine Botschaft der Hoffnung.

Woher nehmen die Kleinen Christlichen Gemeinschaften ihren Lebensmut und ihr Hoffnungspotential? In Lateinamerika werden die kirchlichen Basisgemeinden gerne mit dem biblischen Vergleich von Senfkorn und Sauerteig in Verbindung gebracht. Mit diesem schlichten und „wachstumsorientierten" Bild, das Jesus gebraucht, wenn er die Wirklichkeit des Himmelreiches mit einem Senfkorn vergleicht, aus dem ein großer Baum wird, in dem die Vögel nisten können und Heimat finden (Mt 13, 31–32) tun wir uns in unseren Breiten derzeit eher schwer.

Wir leben in einem gesellschaftlichen Klima, in dem viele der Kirche das Leben absprechen und ihr wenig Chancen für die Zukunft geben. Aber auch innerhalb der Kirche scheint es oft an „Lebensgeist" zu fehlen, weil wir Kirchenreform und Gemeindeerneuerung in erster Linie als Produkte menschlicher Leistung sehen. Es macht nachdenklich, dass dagegen in den Kirchen des Südens, wo Menschen oft unter schwierigen Bedingungen ihren Glauben leben, gegenwärtig mehr Hoffnungspotenzial spürbar ist, das gerade aus der Bibel seine Kraft bezieht. Offensichtlich erfährt man dort in Situationen von Armut und gesellschaftlicher Marginalisierung intensiver die Macht des Glaubens an einen Gott des Lebens, der den Menschen aus der

Erfahrung einer christlichen Gemeinde Hoffnung und Zukunft schenkt. Die Begegnung mit den Gemeinden „der Anderen" kann uns im besten Sinne des Wortes „zur Besinnung bringen" und uns bewusst machen, dass Kirche auch unter schwierigen und menschlich unmöglichen Bedingungen möglich ist, weil der Geist Gottes sie möglich macht. Christliche Gemeinde ist nicht zuerst das Produkt eines pastoralen Aktivismus oder das Ergebnis von Strukturprozessen, sondern ein gnadenvoll geschenktes Wir, das wir uns nicht selber geben können.

Teil II:

Ein neues Verstehen der Schrift?
Exegese und Gospelsharing in Kleinen Gemeinschaften

Ralf Huning SVD

Die Bedeutung der gemeinschaftlichen Bibellektüre der Gläubigen für die katholische Kirche – bibeltheologische und hermeneutische Überlegungen

1. Schwäche und Uneindeutigkeit als Grundzüge der Offenbarung Gottes

Vor wenigen Tagen ging in Rom die XII. Ordentliche Generalversammlung der Bischofssynode zu Ende. „Das Wort Gottes im Leben und in der Sendung der Kirche" lautete das Thema, mit dem sich die Synodenväter und die als Hörer, Experten oder Gäste geladenen Frauen und Männer drei Wochen lang beschäftigten. In den Verlautbarungen wurde hervorgehoben, dass es sich dabei nicht einfach um eine „Bibel"-Synode handelte, auch wenn die Diskussionen häufig um die Bibel als Heilige Schrift kreisten. Nach katholischem Verständnis ist das Wort Gottes viel umfassender als nur das biblische Wort. „Das Wort Gottes geht [...] der Bibel voraus und über die Bibel hinaus", betont die von der Bischofssynode veröffentlichte „Botschaft an das Volk Gottes". „Und aus diesem Grund steht im Mittelpunkt unseres Glaubens nicht nur ein Buch, sondern eine Geschichte der Erlösung und [...] eine Person, Jesus Christus, Gottes Wort, das Fleisch, Mensch, Geschichte geworden ist."[1]

---

1 XII. Ordentliche Generalversammlung der Bischofssynode: *Botschaft an das Volk Gottes*, Nr. 3.

Um die Begegnung mit diesem lebendigen Wort Gottes geht es auch im Folgenden, wenn ich von der gemeinschaftlichen Bibellektüre der Gläubigen spreche. Es geht mir nicht um eine Betrachtung des gemeinsamen Bibelstudiums, das auf die Erkenntnis historischer oder kultureller Fakten abzielt, oder um eine Bibellektüre, die sich allein an den faszinierenden Erzählungen oder an der Schönheit biblischer Dichtung erfreut. Es geht vielmehr um ein Lesen der Bibel als Heilige Schrift, das auf das Hören des Wortes Gottes ausgerichtet ist. Ausgangspunkt ist also die Überzeugung, durch die Bibellektüre mit Gott in Dialog treten zu können. Die Konzilskonstitution über die göttliche Offenbarung drückt diese Überzeugung so aus: „In den Heiligen Büchern kommt ja der Vater, der im Himmel ist, seinen Kindern in Liebe entgegen und nimmt mit ihnen das Gespräch auf" (DV 21).

Ein in Liebe geführter Dialog ist etwas anderes als die autoritäre Mitteilung von Glaubenswahrheiten. Im Dialog sind beide Dialogpartner von Bedeutung: Niemand ist nur passiver Empfänger, niemand allein aktiver Sprecher. Hierin liegt aber auch die Schwäche des Dialogs begründet: Beide Dialogpartner müssen sich daran beteiligen, beide sich darum bemühen, das Recht des Anderen zu wahren und den Dialog nicht nach den eigenen Wünschen zu manipulieren. *Dei Verbum* beschreibt Gottes Verhalten im Dialog mit den Menschen als ein „Entgegenkommen in Liebe". Gott offenbart sich als ein liebender Gott und erwartet eine Liebesantwort. „Geliebt wirst du einzig, wo du schwach dich zeigen darfst, ohne Stärke zu provozieren", lautet ein bekannter Aphorismus von Theodor W. Adorno.[2] Schwäche ist, wie die Offenbarungsgeschichte zeigt, ein Grundzug der Selbstoffenbarung Gottes. Dies gilt auch für seine durch die Heilige Schrift ver-

---

2 T. W. Adorno: *Minima Moralia. Reflexionen aus dem beschädigten Leben* (Gesammelte Schriften; 4). Frankfurt a. M. 1980, S. 218.

mittelte Offenbarung. Indem Gott sich auf die menschliche Sprache einlässt, um das Gespräch mit seinen Geschöpfen aufzunehmen, akzeptiert er auch deren Schwäche. Menschliche Sprache ist niemals eindeutig; die Mitwirkung von Menschen als „veri auctores" (DV 11) bringt mit sich, dass diese auch ihre menschlich begrenzten Vorstellungen und Überzeugungen in den Text eintragen.

Zumindest in unserem Kulturraum, aber wahrscheinlich universal, wird das Wort „Schwäche" negativ konnotiert. So fällt es vielen Menschen schwer, die Selbstoffenbarung Gottes in Schwäche zum Zentrum ihres Glaubens zu machen. Dies gilt besonders für Kulturen wie der unsrigen, die von dem Bemühen gekennzeichnet sind, Unsicherheit und Uneindeutigkeit mit allen Mitteln zu vermeiden.[3] Ein Glaube an einen schwach sich zeigenden Gott, dessen Wort nur vermittelt durch das Menschenwort zu haben ist, ist jedoch ein schwacher Glaube – Uneindeutigkeit, Zweifel und die ständige Notwendigkeit der Suche nach Spuren Gottes gehören unausweichlich dazu.

Mir wurde die Herausforderung, die darin liegt, neu bewusst bei einem Gespräch während der 7. Vollversammlung der Katholischen Bibelföderation im Juni 2008 in Dar Es Salaam (Tan-

---

3 Ich halte für zutreffend, wie N. Hasenkamp und A. Lee die deutsche Kultur im Lichte der Kulturtheorie von G. Hofstede beschreiben: „Die Kultur scheint […] einen Ausgleich für die Ungewissheit in vielen Bereichen zu schaffen: So stößt man allerorten auf Regeln, Systeme, Vorschriften, Versicherungspolicen, Planungen oder Gesetze, die eigens dazu geschaffen wurden, alle Eventualitäten abzudecken, die bisher nie eingetreten sind oder an die man noch nicht gedacht hat (Notstandsgesetze); man beobachtet eine Bewunderung für und fast emotionale Abhängigkeit von Experten und dem Wissen von Experten und eine Entschlossenheit, auf systematische und wissenschaftliche Art vorzugehen." (N. Hasenkamp/A. Lee: *Das deutsche Rätsel: Lösbar?* In: G. Hofstede: *Lokales Denken, globales Handeln. Interkulturelle Zusammenarbeit und globales Management* [Beck-Wirtschaftsberater]. München [2]2001, S. 353–365, hier: S. 359). Zu Hofstedes Kulturtheorie vgl. R. Huning: *Bibelwissenschaft im Dienste populärer Bibellektüre. Bausteine einer Theorie der Bibellektüre aus dem Werk von Carlos Mesters* (SBB 54). Stuttgart 2005, S. 356–364.

sania). Ein nigerianischer Erzbischof erzählte dabei von den Schwierigkeiten im Zusammenleben mit einem aggressiv missionierenden Islam in seiner Heimat. Vom menschlichen Anteil an der Heiligen Schrift, von der Notwendigkeit, durch intensive Lektüre und Erforschung der Bibel Zeitbedingtes und Irriges von der Offenbarung Gottes zu unterscheiden, wollte er in dieser Situation in Katechese und Predigt lieber schweigen. Dies würde von den Moslems sonst sofort als Argument gegen den christlichen Glauben verwendet, war seine Begründung, denn der Koran sei für sie ja – anders als die von Menschen geschriebene christliche Bibel – eindeutiges, fehlerloses Wort Gottes. Mir scheint, in dem Problem des afrikanischen Bischofs zeigt sich die größte Herausforderung der Bibelpastoral in der katholischen Kirche: die Bejahung der Schwachheit der Offenbarung Gottes im Menschenwort. Ich argumentierte dem Bischof gegenüber mit dem paulinischen Wort von der Kraft Gottes, die sich gerade in der Schwäche zeigt.

2. Der Erweis von Geist und Kraft von Gottes Wort im Menschenwort

Das Gespräch mit dem nigerianischen Bischof regte mich dazu an, die berühmten Ausführungen des Paulus über das Kreuz als Zentrum der christlichen Verkündigung auch auf die Heilige Schrift als Medium des sich im Dialog offenbarenden Gottes zu übertragen.

Die Rede vom Gotteswort im Menschenwort „ist denen, die verloren gehen, Torheit; uns aber, die gerettet werden, ist es Gottes Kraft. Es heißt nämlich in der Schrift: Ich lasse die Weisheit der Weisen vergehen und die Klugheit der Klugen verschwinden. Wo ist ein Weiser? Wo ein Schriftgelehrter? Wo ein Wortführer in dieser Welt? Hat Gott nicht die Weisheit der Welt als Torheit entlarvt? Denn da die Welt angesichts der Weisheit

Gottes auf dem Weg ihrer Weisheit Gott nicht erkannte, beschloss Gott, alle, die glauben, durch die Torheit der Verkündigung zu retten." Ich füge hinzu: Auch die Verkündigung durch die Worte der Schrift ist Teil dieser göttlichen Torheit. Hören wir weiter, was Paulus sagt: „Denn das Törichte an Gott ist weiser als die Menschen und das Schwache an Gott ist stärker als die Menschen. Seht doch auf eure Berufung, Brüder! Da sind nicht viele Weise im irdischen Sinn, nicht viele Mächtige, nicht viele Vornehme, sondern das Törichte in der Welt hat Gott erwählt, um die Weisen zuschanden zu machen, und das Schwache in der Welt hat Gott erwählt, um das Starke zuschanden zu machen. Und das Niedrige in der Welt und das Verachtete hat Gott erwählt: das, was nichts ist, um das, was etwas ist, zu vernichten, damit kein Mensch sich rühmen kann vor Gott. […] Als ich zu euch kam, Brüder, kam ich nicht, um glänzende Reden oder gelehrte Weisheit vorzutragen, sondern um euch das Zeugnis Gottes zu verkündigen. Denn ich hatte mich entschlossen, bei euch nichts zu wissen außer Jesus Christus, und zwar als den Gekreuzigten. Zudem kam ich in Schwäche und in Furcht, zitternd und bebend zu euch. Meine Botschaft und Verkündigung war nicht Überredung durch gewandte und kluge Worte, sondern war mit dem Erweis von Geist und Kraft verbunden, damit sich euer Glaube nicht auf Menschenweisheit stützte, sondern auf die Kraft Gottes. Und doch verkündigen wir Weisheit unter den Vollkommenen, aber nicht Weisheit dieser Welt oder der Machthaber dieser Welt, die einst entmachtet werden." (1 Kor 1,18–21. 25–29; 2,1–6)

Paulus verweist auf sich selbst als einen schwachen Verkünder, durch den Gottes Weisheit zu den Menschen kommt und er verweist auf die Berufenen, die, gerade weil sie nicht Weise im irdischen Sinn, vornehm oder mächtig sind, diese Verkündigung annehmen können. Gilt das auch für den „törichten" Weg Gottes, durch das biblische Menschenwort das Gespräch mit uns zu suchen? Vermittelt durch eine Kirche, die sich oft als schwach und sündig erweist, deren Verkündigung aber durch den „Erweis von Geist und Kraft" beglaubigt ist? Verstanden weniger von den Weisen dieser Welt, sondern von den Unbedeutenden, Geringen und Unwissenden?

Die Päpstliche Bibelkommission scheint davon überzeugt zu sein, denn in ihrem wegweisenden Dokument *Die Interpretation der Bibel in der Kirche* aus dem Jahr 1993 betont sie gleich an zwei Stellen die besondere interpretatorische Kompetenz der Armen und Geringen. „Die ganze biblische Überlieferung und namentlich die Lehre Jesu in den Evangelien nennen als bevorzugte Hörer des Wortes Gottes diejenigen, die von der Welt als *Leute einfacher Herkunft* betrachtet werden."[4] Darum dürfe man „sich freuen, die Bibel in den Händen der Armen, der einfachen Leute zu sehen, die zu ihrer Auslegung und Aktualisierung in geistlicher und existentieller Hinsicht ein helleres Licht bereitstellen können, als was eine selbstgerechte Wissenschaft zu seiner Erklärung beizutragen vermag (vgl. Mt 11,25)."[5] Auch auf der Bischofssynode kam eine solche Überzeugung zum Ausdruck. Bischof Emmanuel Lafont aus Cayenne (Französisch-Guyana) gab ein bewegendes Zeugnis. „Ich bezeuge, dass das Gotteswort unter den Geringen und Demütigen fruchtbar ist. Ich habe ein Lizenziat der Heiligen Schrift am Bibelinstitut in Rom, aber durch die Armen hat sich mir das Gotteswort in all seiner Macht erschlossen. Mich haben sie evangelisiert: die jungen Leute aus der christlichen Arbeiterjugend in Frankreich, die Schwarzen von Soweto, die Indianer Amerikas, die H'mongs, Kreolen und Immigranten von Guyana. Ihretwegen spreche ich mit Christus: ‚Ich preise dich, Vater, Herr des Himmels und der Erde, weil du all das den Weisen und Klugen verborgen, den

---

4 Päpstliche Bibelkommission: *Die Interpretation der Bibel in der Kirche*, III.B.3. Zur lehramtlichen Bedeutung dieses Dokumentes vgl. Huning, *Bibelwissenschaft*, aaO., 54.
5 Päpstliche Bibelkommission: *Die Interpretation der Bibel in der Kirche*, IV.C.3.

Unmündigen aber offenbart hast' (Mt 11,25–26). Die Armen sind dem Gotteswort gegenüber weit offen und bei der Lesung muss die Kirche immer in ihrer Nähe sein. Ich bitte diese Synode, ein großes Vertrauen in die Art zu legen, in der die Geringen und Laien allgemein das Gotteswort empfangen. Ich befürchte nicht so sehr, dass sie die Bibel nicht richtig verstehen, sondern dass sie sie gar nicht lesen oder wir sie daran durch übertriebene Sorge hindern, das Wort Gottes zu lieben."[6]

In den als Ertrag der Bischofssynode dem Papst vorgelegten *Propositiones* wurde seine Anregung aufgegriffen. Als Handlungsanweisungen für den Dienst an den Armen wird darin hervorgehoben, die Seelsorger und Hirten sollten die Armen nicht nur als Objekte ihres caritativen Handelns sehen, sondern auf sie hören, von ihnen lernen, sie in ihrem Glauben anleiten und sie dazu motivieren, Subjekte ihrer eigenen Geschichte zu sein.[7]

3. Die Interpretation der Bibel als Aufgabe aller Glieder der Kirche

Die Wertschätzung der Bibellektüre der Armen war auf der Bischofssynode jedoch nicht mit einer Abwertung bibelwissenschaftlicher Untersuchungen verbunden, wie im Vorfeld der Versammlung manche Beobachter befürchtet hatten. Papst Be-

---

6 Zusammenfassung seines Beitrags in: *Synodus Episcoporum, Verlautbarungen* Nr. 9 (9.10.2008); kleinere Fehler in der deutschen Übersetzung wurden vom Verfasser nach dem französischen Original korrigiert.

7 Vgl. XII. Ordentliche Generalversammlung der Bischofssynode: *Propositio* Nr. 11. Die *Propositiones* sind kein offizielles Dokument, sondern werden dem Papst als Hilfe für die Erarbeitung eines nachsynodalen Schreibens übergeben. Sie vermitteln jedoch einen wichtigen Einblick in die auf der Bischofssynode gewonnenen Einsichten. Die Anweisung des Papstes, eine inoffizielle italienische Übersetzung der *Propositiones* zu veröffentlichen, zeigt, dass er offensichtlich ihren Inhalt der ganzen Kirche zur Kenntnis geben möchte.

nedikt XVI. selbst hat in seinem Redebeitrag die Notwendigkeit der Bibelwissenschaft ausdrücklich hervorgehoben, zugleich aber auch ihre Ergänzungsbedürftigkeit betont. Beides fand Eingang in die *Propositiones*. Wie verhalten sich aber wissenschaftliche Untersuchung, theologische Interpretation und einfaches Lesen der Bibel zueinander? Um dies näher zu beleuchten, möchte ich auf ein Gleichnis zurückgreifen, dass ich in diesem Jahr für die 7. Vollversammlung der Katholischen Bibelföderation geschrieben habe.[8]

3.1. Das Gleichnis von der Quelle

Mitten in der Wüste entspringt eine Quelle. Vor langer Zeit wurde sie von einigen Menschen entdeckt. Erschöpft von der Wanderung, von der Hitze des Tages und der Last ihres Lebens, fanden sie hier endlich Wasser, um ihren großen Durst zu stillen. Sie hatten nicht einmal ein Trinkgefäß bei sich und so schöpften sie mit den bloßen Händen und tranken in großen Schlucken. Ein Strahlen ging über ihr Gesicht, solche Wonne bereitete ihnen der kühle Trunk. Gestärkt machten sie sich wieder auf den Weg und wagten sich von neuem hinaus in die Wüste. Da sie nirgends einen Ort fanden wie diesen, kehrten sie immer häufiger zurück und erzählten auch ihren Familien und Freunden davon.

Mit der Zeit siedelten sich einige von ihnen hier an, um immer in der Nähe des Wassers zu sein. Sie bauten über der Quelle ein Brunnenhaus, mit Stufen, die hinab zum Wasser führten und formten sich Krüge und Trinkgefäße, um das Schöpfen des Wassers zu erleichtern. Zuerst waren es ganz schlichte Becher,

---

8 Die folgenden beiden Abschnitte sind – mit kleinen Änderungen – aus meinem Vortrag *Eine dialogische Lektüre der Bergpredigt … auf der Suche nach Versöhnung, Gerechtigkeit und Frieden* (7. Vollversammlung der Katholischen Bibelföderation, Dar Es Salaam, 27.6.2008) entnommen.

aus denen sie tranken, aber mit der Zeit wurden die Gefäße immer kostbarer ausgestaltet. „Dieses Wasser ist etwas ganz Besonderes", sagten sie zueinander, „es sollte darum auch aus einem edlen Gefäß getrunken werden." Wenn sie nun zur Quelle kamen, dann verbeugten sie sich voller Ehrfurcht vor ihr, schöpften behutsam und andächtig und verkosteten jeden Schluck. Mit der Zeit entstanden auf diese Weise große Zeremonien. Einige dachten lange darüber nach, wie man zum Ausdruck bringen könnte, was das Wasser für sie bedeutete. „Nur wenn wir in Worte fassen können, wie es riecht und wie es schmeckt, werden wir es auch richtig genießen", sagten sie. Viele Menschen lernten durch sie, das Wasser noch mehr zu schätzen und viel bewusster davon zu trinken.

Einigen aber war auch das noch nicht genug. Sie wollten wissen, warum denn das Wasser so köstlich schmeckte und warum es so gut den Durst zu stillen vermochte. Sie nahmen etwas von dem Wasser mit nach Hause und begannen, es genau zu untersuchen. Manche erhitzten es, bis es verdampfte, um seine Bestandteile genau bestimmen zu können. Sie merkten dabei, dass vom undichten Dach des Brunnenhauses Dreck in das Wasser gefallen war und es verschmutzte. So kämpften sie dafür, dass das Brunnenhaus repariert und der Zugang zum Wasser rein gehalten wurde.

Wie in den alten Zeiten, als arme Wanderer diese Quelle entdeckt hatten, kamen aber auch weiter Menschen hierher, die müde und erschöpft einfach nur ihren Durst stillen wollten. Sie hielten sich nicht mit langen Zeremonien auf, sondern schöpften das Wasser begierig mit den bloßen Händen. Manche Zeremonienmeister schauten verächtlich auf sie herab. „Es ist unwürdig, wie sie aus unserer Quelle trinken", sagten sie. Einige der Gelehrten, die sich um die Reinheit des Ortes verdient gemacht hatten, fingen gar an, sich laut über die armen Wanderer zu beklagen. „Sie verschmutzen unsere Quelle", sagten sie, „man sollte ihnen verbieten, hierher zu kommen." Doch nicht alle dachten so. „Diese Leute haben noch wirklich Durst nach dem Wasser, für viele von uns ist dagegen die Feier häufig wichtiger als das Wasser selbst", sagte einer, der die armen Leute verteidigte. „Haben wir nicht längst vergessen, wie es ist, wenn der erste Schluck des Wassers durch eine ausgetrocknete Kehle rinnt?" Eine Frau pflichtete ihm bei. „Was nützt es denn, genau zu wissen, welche Bestandteile das Wasser enthält, wenn man den Durst nicht mehr verspürt? Können uns nicht gerade die einfachen Leute wieder die Freude vermitteln, wie schön es ist, von diesem Wasser zu trinken? Ist diese Quelle nicht für alle da?" Und sie erinnerten sich an einen Text, den jemand vor langer Zeit aufgeschrieben hatte. „Auf, ihr Durstigen, kommt alle zum Wasser! Auch wer kein Geld hat, soll kommen."

3.2. Hermeneutische Besinnung

Das gerne gebrauchte Bild vom Wort Gottes als Quelle[9] nehme ich zum Ausgangspunkt für eine Reflexion über die verschiedenen Zugänge zur Heiligen Schrift. Im Buch Jesaja finden wir den Vergleich des Wortes Gottes mit dem Regen, der „vom Himmel fällt und nicht dorthin zurückkehrt, sondern die Erde tränkt und sie zum Keimen und Sprossen bringt" (Jes 55,10). Wie beim Regen die Erde gar nicht alles auf einmal aufnehmen kann, und sich daher das Wasser unter der Erde sammelt, so ist es auch beim Wort Gottes. Ich stelle es mir vor als ein großes Wasserreservoir, das verborgen unter der Oberfläche unseres Lebens vorhanden ist. Man kann tief bohren, um an dieses Wasser zu gelangen, doch an vielen Stellen brechen einfach so Quellen hervor, sprudelt das Wasser heraus und lädt dazu ein, den Durst zu stillen. Die Bibel erscheint mir wie ein Brunnenhaus, das man an einer besonders ergiebigen Quelle gebaut hat,

---

9 Vgl. z. B. das Leitwort der 7. Vollversammlung der Katholischen Bibelföderation: *Wort Gottes – Quelle für Versöhnung, Gerechtigkeit und Frieden.*

um auf den Stufen der Schriften auf einem sicheren Weg zum lebendigen Wasser zu gelangen. Nicht alle Menschen schöpfen das Wasser auf gleiche Weise. In der katholischen Kirche lassen sich drei verschiedene Zugänge zum Wort Gottes unterscheiden. Es gibt den unmittelbaren Zugang, wie wir ihn vor allem bei den Armen und Leidenden sehen, die mit großem Durst nach dem Wort Gottes verlangen. Es gibt den Zugang der kirchlichen Tradition, wie er in Liturgie und Lehre im Verlauf der Jahrhunderte immer mehr verfeinert wurde, um die Bedeutung des Wortes Gottes zu feiern, es in rechter Weise zu ehren und aufzunehmen. Und schließlich gibt es den Zugang der Wissenschaft, die davor bewahrt, dass das Wort Gottes verunreinigt oder gar vergiftet wird. Diese Zugänge lassen sich drei verschiedenen hermeneutischen Räumen zuordnen. Pablo Richard definiert den hermeneutischen Raum als „institutionelle[n] Ort, an dem ein konkretes Subjekt als Träger der Interpretation agiert, der [sic!] zu diesem Ort gehört und sich von anderen Subjekten unterscheidet, so wie seine bestimmte Interpretation der Bibel unverkennbar zu diesem Ort gehört und sich von der Interpretation unterscheidet, die an anderen hermeneutischen Orten passiert."[10] In der katholischen Kirche gibt es den liturgisch-institutionellen Raum, in dem der überlieferte Glaube Schlüssel zur Interpretation der Bibel ist, den akademischen Raum, in dem die Interpretation sich besonders auf den Text, seine Entstehung und seine Strukturen konzentriert und den gemeinschaftlichen Raum, in dem über die Lebens- und Glaubenserfahrungen der Interpreten ein Zugang zu den Texten gefunden wird.

---

10 P. Richard: *Das Wort Gottes als Quelle des Lebens und der Hoffnung für das neue Jahrtausend.* In: BDV(D) 50 (1999), S. 4–10, hier: S. 6.

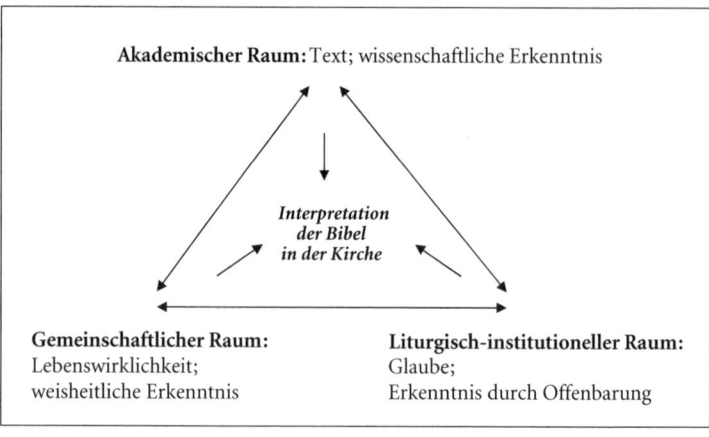

Akademischer Raum: Text; wissenschaftliche Erkenntnis

Interpretation der Bibel in der Kirche

Gemeinschaftlicher Raum:
Lebenswirklichkeit;
weisheitliche Erkenntnis

Liturgisch-institutioneller Raum:
Glaube;
Erkenntnis durch Offenbarung

In der katholischen Kirche gibt es ein besonders ausgeprägtes Gespür für die Bedeutung des liturgisch-institutionellen Raumes und des für diesen Raum charakteristischen Traditionsprinzips. Wichtig ist jedoch die Einsicht des Zweiten Vatikanischen Konzils, dass die Tradition nicht selbst eine weitere Quelle ist. Sie bringt sichtbar zum Ausdruck, aus welcher Perspektive das Wort Gottes wahrgenommen und aufgenommen wird: Aus der Perspektive des Glaubens. In der Liturgie, in der uns das Wort Gottes am Tisch des Wortes gereicht wird, können wir erfahren, dass das Wort Gottes etwas Vorgegebenes und Unverfügbares ist. Im liturgisch-institutionellen Raum wird auch deutlich, dass das Wort Gottes mehr ist als eine Information über Gott. In der Perspektive des Glaubens wird es beschrieben als Licht und als wirksame Kraft, letztlich als Gott selbst, insofern er mit den Menschen in Dialog tritt, um sie zum Heil zu führen. Es ist wie Wasser, das mehr vermag, als nur den irdischen Durst zu stillen. In dem, der es trinkt, will es zu einer sprudelnden Quelle werden, deren Wasser ewiges Leben schenkt (vgl. Joh 4,13 f.).

Im liturgisch-institutionellen Raum wird das Wissen um diesen „Mehrwert" des Wortes Gottes bewahrt und weitergegeben. Dem kirchlichen Lehramt kommt dabei eine besondere Aufgabe zu, doch erfüllt es diese Aufgabe, wie die päpstliche Bibelkommission betont, „innerhalb der *koinônia* des Leibes Christi, indem es den Glauben der Kirche amtlich ausdrückt, um so der Kirche zu dienen. Zu diesem Zweck konsultiert es die Theologen, die Exegeten und andere Experten, deren legitime Forschungsfreiheit es anerkennt und mit denen es in wechselseitiger Beziehung steht, im Hinblick auf das gemeinsame Ziel, ‚das Volk Gottes in der Wahrheit, die frei macht, zu bewahren'."[11]

Hier wird bereits die enge Verknüpfung mit dem akademischen Raum deutlich. Die Kirche benötigte einen langen Lernprozess, um zu dieser Einsicht zu gelangen. Erst mit der Konzilskonstitution *Dei Verbum* kam es zur endgültigen Anerkennung des akademischen Raumes. In diesem Raum richtet sich die Aufmerksamkeit in erster Linie auf den Text, der uns Gottes Wort vermittelt. Die erste Aufgabe der Wissenschaftler ist es, durch Textkritik den normativen Text zu rekonstruieren und spätere Zuwächse und Bearbeitungen davon zu scheiden. Eine zweite Aufgabe ist die Übersetzung des Textes in heutige Sprachen. Dabei gilt es sowohl dem Ursprungstext als auch den Rezipienten der Übersetzungen gerecht zu werden. Hier zeigt sich die enge Verknüpfung mit den beiden anderen hermeneutischen Räumen. Der Bibelwissenschaftler muss als Übersetzer zugleich Anwalt des Textes und der heutigen Leser sein. Durch seine Arbeit muss er einerseits dafür eintreten, dass der Text in seiner Autonomie und Fremdheit wahrgenommen und respektiert wird, andererseits aber auch durch seine Übersetzungsarbeit zur Verringerung dieser Fremdheit und Distanz beitragen. Diese doppelte Aufgabe kann er nur erfüllen, wenn er nicht nur den Text, sondern auch die Lebensrealität seiner Rezipienten kennt. Deshalb wird die aktive Teilnahme am Leben der Inter-

---

11 Päpstliche Bibelkommission: *Die Interpretation der Bibel in der Kirche*, III.B.3 (Zitat im Text: Kongregation für die Glaubenslehre, Instruktion über die kirchliche Berufung des Theologen 21).

pretationsgemeinschaft unverzichtbare Voraussetzung bibelwissenschaftlicher Arbeit.[12] Die Päpstliche Bibelkommission betont, dass dies darüber hinaus auch für das rechte Verstehen des Textes wichtig ist: „Die Glaubenstraditionen bildeten das lebendige Umfeld, in das sich die literarische Tätigkeit der Verfasser der Heiligen Schrift einfügen konnte. Hierzu gehörten auch das liturgische Leben und die äußere Tätigkeit der Gemeinschaften, ihre geistige Welt, ihre Kultur und ihr geschichtliches Schicksal. Die biblischen Verfasser nahmen an alledem teil. In ähnlicher Weise verlangt also die Auslegung der Heiligen Schrift die Teilnahme der Exegeten am ganzen Leben und Glauben der Glaubensgemeinschaft ihrer Zeit."[13]

Der dritte hermeneutische Raum ist erst seit kurzem im Blick lehramtlicher Äußerungen. Die Erkenntnis der Päpstlichen Bibelkommission, dass „alle Glieder der Kirche eine Rolle bei der Interpretation der heiligen Schriften zu übernehmen"[14] haben, wurde auch von der 12. Ordentlichen Generalversammlung der Bischofssynode aufgegriffen und bestätigt. In den *Propositiones* werden deshalb alle Gläubigen ausdrücklich zur häufigen und beharrlichen Bibellektüre aufgerufen.[15]

Im gemeinschaftlichen Raum sind alle Gläubigen Subjekte der Bibellektüre, der Zugang zu der in der Heiligen Schrift bezeugten Wirklichkeit erfolgt hier vor allem über Intuition, Erfahrung und praktisches Lebenswissen. Das Hauptinteresse gilt dabei nicht dem Text, sondern dem heutigen Leben als dem Ort, an dem man die Stimme Gottes vernehmen möchte. Wie ich weiter unten noch näher ausführe, lässt sich die Bedeutung der Bibelinterpretation der einfachen Gläubigen theologisch

---

12 Vgl. Huning, *Bibelwissenschaft*, aaO., S. 238–240.
13 Päpstliche Bibelkommission: *Die Interpretation der Bibel in der Kirche*, III.A.3.
14 Päpstliche Bibelkommission: *Die Interpretation der Bibel in der Kirche*, III.B.3.
15 Vgl. XII. Ordentliche Generalversammlung der Bischofssynode, *Propositiones* Nr. 9 und 22.

von der kirchlichen Lehre über den *sensus fidelium* erschließen (vgl. *Lumen Gentium* 12). Das Urteil der Kirche zeigt sich nicht nur in den Äußerungen des Lehramtes oder der Theologen, sondern auch im Glaubenssinn der Gläubigen, der in hervorragender Weise durch den Dialog mit der Bibel verbalisiert werden kann.

Die Reflexion über die Bedeutung und die Grenzen des gemeinschaftlichen Raumes ist noch nicht abgeschlossen.[16] Die oben zitierten Würdigungen der Auslegungskompetenz der Armen durch die Päpstliche Bibelkommission und die 12. Ordentliche Generalversammlung der Bischofssynode sind bedeutende Meilensteine. Es bedarf jedoch eines weiteren Nachdenkens über die Konsequenzen solcher Aussagen, stellen sie doch, insbesondere in wissenschaftsorientierten Gesellschaften, die übliche Hierarchie von Wissenden und Unwissenden radikal in Frage. Da die Subjekte des liturgisch-institutionellen und des akademischen Raumes sich selbst als Teil der „Wissenden" verstehen und da die Ausbildung in den für diese Räume charakteristischen Erkenntnisweisen häufig zu einer Entfremdung hinsichtlich der intuitiven, weisheitlichen Erkenntnisweise führt, bedarf es besonderer Anstrengungen, damit in der Kirche der gemeinschaftliche Raum nicht übergangen wird. Es verwundert auch nicht, dass der gemeinschaftliche Raum nicht in Ländern, in denen Wissenschaft zur Lebensform geworden ist, (wieder-)entdeckt wurde, sondern bei den Armen, denen aufgrund des elementaren Bildungsmangels nur die weisheitliche Erkenntnis als Zugang zur Wirklichkeit und zur Heiligen Schrift zur Verfügung steht.

Die Geschichte des Bibelgebrauchs in der katholischen Kirche zeigt deutlich, dass das Verhältnis zwischen den drei hermeneutischen Räumen sehr spannungsreich ist. Die Subjekte der

---

16 Vgl. dazu meinen eigenen Beitrag: Huning, *Bibelwissenschaft,* aaO.

verschiedenen hermeneutischen Räume stehen immer in der Gefahr, sich von den anderen Räumen zu isolieren und den eigenen Zugang zu verabsolutieren. Ließe sich das Wort Gottes klar vom Menschenwort scheiden, dann könnte in der Tat dem liturgisch-institutionellen Raum die Erkenntnis und Verkündigung des Wortes Gottes zugewiesen werden, dem akademischen Raum die Erkenntnis des Literalsinns der Texte und dem gemeinschaftlichen Raum die Aufgabe der gläubigen Applikation. Da jedoch in der Heiligen Schrift Göttliches und Menschliches eine untrennbare Einheit bilden, sind die Subjekte der drei hermeneutischen Räume aufeinander verwiesen. Ihre jeweiligen Erkenntnisse erlangen nur dann eine Relevanz für die ganze Kirche, wenn sie im Dialog mit den Subjekten der anderen hermeneutischen Räume gewonnen werden.

So darf die im liturgisch-institutionellen Raum situierte lehramtliche Verkündigung des Wortes Gottes nicht in völligem Widerspruch zu den in der wissenschaftlichen Untersuchung der Bibel gewonnenen Einsichten stehen. Sie sollte auch einen Bezug zu den heutigen Erfahrungen der Gläubigen haben, um überhaupt von diesen verstanden und rezipiert werden zu können. Bis heute sind die Ausbildungsprogramme für lehramtlich beauftragte Verkünder des Wortes einseitig auf den akademischen und den liturgisch-institutionellen Raum ausgerichtet. Die Vorschläge, die in den *Propositiones* der Bischofssynode für die Ausbildung von Priesteramtskandidaten gemacht werden, sind deshalb sehr zu begrüßen und es ist zu hoffen, dass sie auch in das nachsynodale Schreiben des Papstes aufgenommen werden. In *Propositio* 32 wird empfohlen, dass zukünftige Priester neben ihrer akademischen und spirituellen Ausbildung auch an Bibelkreisen von Laien teilnehmen und dort vor allem das Hören auf das Wirken des Heiligen Geistes einüben.

Im akademischen Raum führt eine Isolierung von den anderen hermeneutischen Räumen zum Relevanzverlust der Forschungsergebnisse. Aufgrund der wissenschaftstheoretischen

Einsicht, dass Wissenschaft nicht im neutralen Raum praktiziert wird, sondern immer paradigmen- und interessengeleitet
ist, muss heute kein Wissenschaftler mehr befürchten, dass die
Annahme des kirchlichen Vorverständnisses der Bibel als Heiliger Schrift als Bezugsrahmen für die wissenschaftliche Bibellektüre deren Wissenschaftlichkeit in Frage stellte.[17] Wissenschaftliche Untersuchungen erlangen dann eine höhere Relevanz für die Rezipienten in den anderen hermeneutischen
Räumen, wenn sie aus den Glaubensfragen der Kirche oder aus
den aktuellen Lebensproblemen der Menschen ihre leitenden
Fragestellungen gewinnen. Die kirchliche Tradition, aber auch
das praktische Lebenswissen der so genannten *einfachen Gläubigen* können darüber hinaus blinde Flecken in der Wahrnehmung der Wissenschaftler aufhellen und ihnen dabei helfen,
negative Wirkungen des von ihnen gewonnenen Wissens zu
vermeiden (z. B. Antijudaismus, Rechtfertigung von Patriar-
chalismus, Rassismus oder Unterdrückung der Armen).[18]

Im gemeinschaftlichen Raum schließlich bewahrt die Berücksichtigung der Lehrtradition der Kirche und der Erkenntnisse der Wissenschaft vor der subjektivistischen Vereinnah-
mung der Bibel. Sie schützt vor der ideologischen Befangenheit
der Kleingemeinschaft und öffnet den Blick für die Fremdheit
des Textes.

Die Interpretation der Bibel in der Kirche darf darum nicht
nur in einem hermeneutischen Raum erfolgen. „Das Verstehen
der Heiligen Schrift in der Kirche ist zu wichtig, als dass es dafür nur bestimmte Mitglieder oder Gruppen bräuchte, seien es
auch die Bischöfe oder die Fachleute der Exegese"[19], betonte der
kürzlich verstorbene Bischof von Bozen-Brixen, Wilhelm Egger,

---

17 Vgl. Huning, *Bibelwissenschaft*, aaO., S. 33–52.
18 Vgl. Huning, *Bibelwissenschaft*, aaO., bes. S. 393 f.
19 W. Egger: *Wort Gottes für das dritte Jahrtausend. Die Bibel im Dialog der Religionen und Kulturen.* In: BiLi 80 (2007), S. 193–201, hier: S. 194.

der selbst ein hervorragender Bibelwissenschaftler war. „Für
das Gespräch braucht es viele Lesende, viele, die ihre Lese-und
Lebenserfahrung und ihre Verstehenscharismen beisteuern."[20]
Das paulinische Bild vom einen Leib und den vielen Gliedern
(vgl. 1 Kor 12,12–31a) kann auch auf die Interpretation der Bibel
in der Kirche bezogen werden: „Das Auge kann nicht zur Hand
sagen: Ich bin nicht auf dich angewiesen. Der Kopf kann nicht
zu den Füßen sagen, ich brauche euch nicht. Im Gegenteil, gerade die schwächer scheinenden Glieder des Leibes sind unentbehrlich." (1 Kor 12,21 f.) Das Hören auf das „Wort Gottes" mit
Hilfe der Bibel sollte in der katholischen Kirche darum als dia-
logischer Prozess erfolgen, in dem alle Glieder der Kirche eine
Rolle zu übernehmen haben. Die Kirche steht dabei heute vor
der Herausforderung, besonders den schwächer scheinenden
Gliedern Gehör zu schenken. Es müssen neue Wege gefunden
werden, wie sie die Früchte ihrer Bibellektüre gegenüber der
wortgewaltigen Wissenschaft und dem imposanten Schatz der
kirchlichen Lehrtradition in die Interpretationsgemeinschaft
Kirche einbringen können. Die Bischofssynode schlug die Bildung Kleiner Christlicher Gemeinschaften als einen besonders
geeigneten Weg vor.[21]

4. Die Bedeutung des gemeinschaftlichen Raumes für die Interpretation der Bibel in der katholischen Kirche

Es wurde bereits deutlich, wie wichtig die Bibellektüre im gemeinschaftlichen Raum auch für die wissenschaftliche Erforschung der Bibel, die theologische Reflexion und die lehramtli-

---

20 Ebd. S. 194 f.
21 Vgl. XII. Ordentliche Generalversammlung der Bischofssynode: *Propositio*
    Nr. 21.

che Verkündigung ist. Ich möchte nun noch etwas näher betrachten, worin aus theologischer Sicht der Wert der gemeinschaftlichen Bibellektüre der Gläubigen besteht.[22]

Das katholische Vorverständnis von der Bibel als Heiliger Schrift kennzeichnet besonders der ekklesiologische Aspekt. Im Dokument *Die Interpretation der Bibel in der Kirche* heißt es: „Die Bibel ist ein von Gott inspirierter Text, welcher der Kirche anvertraut wurde, um Glauben zu wecken und das christliche Leben zu lenken. Diese Glaubensüberzeugungen kommen nicht in einem formlosen Zustand zu den Exegeten, sondern in der Form, die sie in der kirchlichen Gemeinschaft durch die theologische Reflexion bereits empfangen haben."[23] Entgegen der lutherischen Position, für die die Kirche eine der Schrift nachgeordnete Größe ist, ist für das katholische Verständnis die Überzeugung grundlegend, dass die Existenz der Kirche der Abfassung der Schriften vorausging und diese in der Kirche entstanden.[24] Eine Konsequenz daraus ist das Traditionsprinzip. Aus katholischer Sicht ist es deshalb entscheidend, „daß die Auslegung der Heiligen Schrift innerhalb der Kirche stattfindet, in ihrer Pluralität und ihrer Einheit, und in ihrer Glaubenstradition."[25]

Die Frage nach dem Verhältnis von Schrift und Tradition ist ein kontroverstheologisches Thema ersten Ranges. Gegen den Missbrauch des Traditionsprinzips zur Immunisierung der Kirche gegen eine aus der Heiligen Schrift begründete Reform hatte Luther mit seinem Schriftprinzip *(sola scriptura; scriptura*

---

22 Der folgende Abschnitt ist eine Kurzfassung meiner Ausführungen aus: Huning, *Bibelwissenschaft* aaO., S. 65–73.

23 Päpstliche Bibelkommission: *Die Interpretation der Bibel in der Kirche,* III.D.1.a.

24 Vgl. Päpstliche Bibelkommission: *Die Interpretation der Bibel in der Kirche,* I.F.i. Vgl. dazu O. Fuchs: *Päpstliche Bibelkommission versöhnt zwischen Freiheit und Verbindlichkeit.* In: BiLi 71 (1998), S. 55–60.

25 Päpstliche Bibelkommission: *Die Interpretation der Bibel in der Kirche,* III.A.3.f.

sui ipsius interpres) nicht nur die Traditionsinhalte, sondern auch die Traditionslegitimierung als solche verworfen.[26] Die neuzeitliche Bibelwissenschaft machte deutlich, dass die Schrift aber schon in ihrer Entstehung nicht gegen Tradition ausgespielt werden kann, weil sie selber aus ihr vorausgehender und sie weiterführender Tradition entstanden ist.[27]

Der auf dem II. Vatikanischen Konzil erfolgte Paradigmenwechsel im Offenbarungsverständnis hatte auch seine Entsprechung im Überlieferungsverständnis. Wie H. J. Pottmeyer herausstellt, lässt sich Überlieferung „theologisch als weitergehende Selbstüberlieferung des Wortes Gottes im Heiligen Geist durch den Dienst der Kirche zum Heil aller Menschen begreifen. Dieser theologische Überlieferungsbegriff, der auch die Heilige Schrift umfaßt, ist zu unterscheiden vom Überlieferungsbegriff im engeren und kategorialen Sinn, der nur die Zeugnisse der weitergehenden kirchlichen Verstehens- und Auslegungsgeschichte meint. Der theologische Überlieferungsbegriff unterstreicht, daß das Wort Gottes selbst das primordiale Subjekt seiner Bezeugungs-, Verstehens- und Auslegungsgeschichte, der Wirkungsgeschichte des Evangeliums ist, während die Kirche nur deren ministeriales Subjekt ist."[28] Aufgrund der Volk-Gottes-Ekklesiologie wurde in diesem vertieften Offenbarungs- und Überlieferungsverständnis deutlich, dass nicht nur das hierarchische Lehramt, sondern alle Glieder der Kirche Träger der Offenbarung sind und dazu berufen, aktiv an der Erkenntnis und Bezeugung des *Wortes Gottes* zu partizipieren. D. Wiederkehr betont: „Der ganzheitliche Überlieferungsprozeß gibt allen Glaubenden und der Gemeinde, vorgängig zu ihrer funktionalen oder gar rechtlichen Differenzierung, eine ge-

---

26 Vgl. D. Wiederkehr: *Das Prinzip Überlieferung*. In: HFTh² 4, S. 65–83.
27 Vgl. Päpstliche Bibelkommission: *Die Interpretation der Bibel in der Kirche*, III.A.a.
28 H. J. Pottmeyer: *Normen, Kriterien und Strukturen der Überlieferung*. In: HFTh² 4, S. 86–108, hier: S. 95.

meinsame Verantwortung und Vollmacht, ohne daß die einen aktiv, die andern nur passiv beteiligt wären. […] Keiner fällt in eine ausschließlich passive Rolle zurück, und keiner kann sich eine privilegierte herrscherliche Stellung anmaßen. Wer mit einer aktiven Überlieferungsaufgabe betraut ist, entwächst nie der Bedingung des Hörens und Empfangens; wer scheinbar ‚nur' Hörer und Empfänger ist, bringt seine eigenen freien und schöpferischen Möglichkeiten mit ein. Eine Einschränkung der Tradenten auf einen kleineren Kreis als die ganze Gemeinde und die Kirche als Gottesvolk ist von daher, wenn eingetreten, aufzubrechen."[29]

In *Dei Verbum* findet sich in den Nummern 9–10 eine vertiefte Verhältnisbestimmung von Schrift, Tradition und Lehramt, die als aufeinander bezogen dargestellt werden.[30] Wichtig ist, dass das Konzil die ursprüngliche Einheit von Schrift und Überlieferung betont, die „demselben göttlichen Quell" (DV 9) entspringen. Zwar wird die qualitative und normative Vorrangstellung der Heiligen Schrift betont, zugleich aber auch auf ihre enge Verknüpfung mit kirchlicher Überlieferung und kirchlichem Lehramt verwiesen.[31] Die Funktion der Tradition wird ganz auf die Schrift hingeordnet verstanden. „Durch dieselbe Überlieferung wird der Kirche der vollständige Kanon der Heiligen Bücher bekannt, in ihr werden die Heiligen Schriften selbst tiefer verstanden und unaufhörlich wirksam gemacht" (DV 8). Entgegen dem tridentinischen Verständnis von Tradition als einer *apostolischen*, das diese auf die Apostel und die in ihrer Sukzession stehenden

---

29 Wiederkehr, *Prinzip*, aaO., S. 72. Vgl. den programmatischen Beginn von DV 1: „Gottes Wort voll Ehrfurcht hörend und voll Zuversicht verkündigend […]."

30 Vgl. W. Kasper: *Das Verhältnis von Schrift und Tradition. Eine pneumatologische Perspektive.* In: W. Pannenberg/Th. Schneider (Hrsg.): *Verbindliches Zeugnis I. Kanon – Schrift – Tradition* (DiKi 7). Freiburg i. Br.; Göttingen 1992, S. 335–370; D. Kosch: *Schriftauslegung als „Seele der Theologie".* Exegese im Geist des Konzils. In: FZPhTh 38 (1991), S. 205–233, bes. S. 209–214.

31 Vgl. DV 10.

Bischöfe einschränkt, wird die Trägerschaft durch das II. Vatikanum auf die ganze Kirche erweitert.[32] Die Rolle des Lehramtes wird dadurch relativiert. Das kirchliche Lehramt hat weder innerhalb der Überlieferung noch hinsichtlich der Auslegung der Heiligen Schrift ein materiales Monopol. Sein spezieller Dienst am *Wort Gottes* ist es, wie die Päpstliche Bibelkommission ausführt, „in letzter Instanz [...] die Echtheit der Interpretation zu garantieren und gegebenenfalls zu sagen, daß diese oder jene besondere Interpretation mit dem authentischen Evangelium unvereinbar ist."[33] Es wird betont, dass das Lehramt diese Aufgabe „innerhalb der *koinônia* des Leibes Christi" ausübt, „indem es den Glauben der Kirche amtlich ausdrückt."[34] Im Dokument *Die Interpretation der Bibel in der Kirche* wird ausdrücklich erwähnt, dass das Lehramt zur Erfüllung dieser Aufgabe „die Theologen, die Exegeten und andere Experten, deren legitime Forschungsfreiheit es anerkennt"[35] konsultiert. Obwohl, wie ich eingangs dargestellt habe, die Päpstliche Bibelkommission die besondere Auslegungskompetenz der Armen und Marginalisierten würdigt, fehlt hier jedoch ein Hinweis darauf, dass das Lehramt auch sie zur Erfüllung seiner Aufgabe konsultiert.[36] So erscheint das *Volk Gottes* nur als Objekt der Sorge von Lehramt und Experten. Hier spiegelt sich die Wirklichkeit, dass in der katholischen Kirche bisher nur die Rolle des Lehramts und – nach einem längeren Lernprozess – auch die der Bibelwissenschaft und wissenschaftlichen Theologie für die Bibelinterpretation gesehen wurde. Es muss darum weiter reflektiert werden, wie die Kirche die spezifische Aus-

32 Vgl. Wiederkehr, *Prinzip*, aaO., 72.
33 Päpstliche Bibelkommission: *Die Interpretation der Bibel in der Kirche*, III.B.3.i; vgl. DV 10.
34 Päpstliche Bibelkommission: *Die Interpretation der Bibel in der Kirche*, III.B.3.i.
35 Ebd.
36 Vgl. Fuchs, *Bibelkommission*, aaO., 59.

legungskompetenz der Armen und Geringen wahrnehmen und achten kann.

Aufgrund der ekklesiologischen Dimension der Heiligen Schrift beschreibt *Dei Verbum* als Aufgabe der Bibelwissenschaftler: „auf eine tiefere Erfassung und Auslegung des Sinnes der Heiligen Schrift hinzuarbeiten, damit so gleichsam auf Grund wissenschaftlicher Vorarbeit das Urteil der Kirche reift. Alles, was die Art der Schrifterklärung betrifft, untersteht letztlich dem Urteil der Kirche, deren gottgegebener Auftrag und Dienst es ist, das Wort Gottes zu bewahren und auszulegen" (DV 12). Anders als in DV 9–10 ist hier nicht vom *Lehramt* der Kirche, sondern von der Kirche als Gesamtheit die Rede. H. Fries unterstreicht: „Hier ist deutlich von einem Eingebundensein des Volkes Gottes, also vor allem auch der Laien, in das Urteil der Kirche und in das Lehramt der Kirche die Rede, davon, daß, wie die Konstitution Lumen gentium sagt, die Laien am prophetischen Amt Christi teilhaben und ‚zu ihrem Teil die Sendung des ganzen christlichen Volkes in der Kirche und in der Welt ausüben' (LG 30)."[37]

Das Urteil der Kirche zeigt sich nicht nur in Äußerungen des Lehramtes oder kirchlicher Theologen, sondern auch im *sensus fidelium*. Was ist mit diesem Begriff genau gemeint? Ich schließe mich der Begriffsbestimmung von G. Koch an: „Glaubenssinn wird verstanden als eine von Gott geschenkte Befähigung der Gläubigen zur aktiven Mitwirkung an der Findung der Glaubenswahrheit und an ihrer Verwirklichung im Leben."[38] *Lumen Gen-*

---

37 H. Fries: *Kirche und Kanon. Perspektiven katholischer Theologie.* In: W. Pannenberg/Th. Schneider (Hrsg.): *Verbindliches Zeugnis I. Kanon – Schrift – Tradition* (DiKi 7). Freiburg i. Br; Göttingen 1992, S. 289–314, hier: S. 292: Vgl. auch M. Stowasser: „*... damit das Urteil der Kirche reife". Von „Providentissimus Deus" zur „Interpretation der Bibel in der Kirche".* In: ThQ 175 (1995), S. 202–214, bes. S. 209 f.

38 G. Koch: *Glaubenssinn – Wahrheitsfindung im Miteinander. Theologische Grundlagen – pastorale Konsequenzen.* In: ders. (Hrsg.): *Mitsprache im Glauben? Vom Glaubenssinn der Gläubigen.* Würzburg 1993, S. 99–114, hier: S. 99 f.

tium stellt heraus, das Gottesvolk dringe durch diesen Glaubenssinn „mit rechtem Urteil immer tiefer in den Glauben ein und wendet ihn im Leben voller an" (LG 12).[39] Dabei stehe es „unter der Leitung des heiligen Lehramtes, in dessen treuer Gefolgschaft" (LG 12). Nach dem oben Dargelegten dürfte klar sein, dass diese Leitung durch das Lehramt kein passives Entgegennehmen von vorgelegten Glaubenswahrheiten bedeuten kann. Beim Glaubenssinn geht es vielmehr um ein aktives Mitwirken aller Gläubigen. M. Stowasser betont, es handele sich deshalb um eine Tripolarität, in der neben Lehramt und Bibelwissenschaft auch dem *sensus fidelium* eine aktive Rolle zukommt.[40]

Diese von *Dei Verbum* theoretisch entworfene Tripolarität wird im Dokument *Die Interpretation der Bibel in der Kirche* konkreter gefasst. Die Päpstliche Bibelkommission verweist auf die genannten Konzilsaussagen über den *Sensus fidelium* und betont, alle Glieder der Kirche müssten bei der Interpretation der Heiligen Schrift eine Rolle übernehmen.[41]

Wie aber äußert sich der *Sensus fidelium* konkret? Nach den Maßstäben rationaler Theologie und Bibelwissenschaft können die einfachen Gläubigen zum tieferen Verständnis des Glaubens und der Bibel nichts beitragen, ihre sprachlichen Äußerungen sind unkritisch und naiv und daher wertlos. Doch das Leben des ganzen Gottesvolkes ist Fundort der göttlichen Offenbarung, trotz aller Unwissenheit sind selbst die Armen keine religiösen Analphabeten. Der Bibelwissenschaftler und Bibeldidaktiker Carlos Mesters, der sich seit mehr als vierzig Jahren

---

39 Vgl. G. L. Müller: Art. *Exegese* V. E. u. *Systematische Theologie*. In: LThK[3] 3 (1995) S. 1101–1103, S. 1102: „Das adäquate Auslegungssubjekt ist nicht der isolierte Forscher, sondern der Glaubende im Kontakt mit der Überlieferungsgemeinschaft der Kirche (Tradition). Der sensus fidelium ist das aprior. Sensorium für die in den Schrifttexten bezeugte Realität."

40 Vgl. Stowasser, *Urteil*, aaO., S. 209.

41 Vgl. Päpstliche Bibelkommission: *Die Interpretation der Bibel in der Kirche*, III.B.3.c.

für die kirchlichen Basisgemeinschaften in Brasilien engagiert, sieht den *sensus fidelium* dort am Werk, wo das Volk Gottes eine Glaubensaussage aktiv rezipiert, weil es intuitiv die Richtigkeit dieser Aussage spürt. Er schreibt: „Es ist möglich, dass das Volk die Dinge des Glaubens nicht *kennt;* aber sie *wieder-erkennen,* das kann es und tut es, besser vielleicht als wir, die wir das Volk unterrichten. Dies ist etwas geheimnisvolles, aber etwas wirkliches, das nicht nur auf der Ebene des Glaubens, sondern auch auf der Ebene des Lebens verifiziert wird. Das Volk hat eine Art von sechstem Sinn, durch den es *(wieder-)erkennt,* ob die Dinge, die es von den anderen erhält, die seinen sind oder nicht. Seine Glaubensintuition, mit der es gewisse Lehren oder Neuheiten, die man propagiert, annimmt oder zurückweist, bewirkt, dass es das annimmt, in dem es eine Verbalisierung oder sogar eine Korrektur des Glaubens, den es besitzt, *wiedererkennt.*"[42]

Diese Glaubensnormierung geschehe jedoch sehr langsam. Natürlich könne das Volk Gottes auch irren und getäuscht werden, doch nicht auf Dauer. Grundlage für die Fähigkeit des *sensus fidelium* sei die intuitiv wahrgenommene wirkmächtige Gegenwart Gottes im Leben der Menschen. Während das Verstehen der Bibelwissenschaft vernunftgeleitet sei und als eine Akkumulation von Kenntnissen beschrieben werden könnte, sei das Verstehen einfacher Bibelleser ein *Wieder-Erkennen* oder, wie Mesters in Aufnahme scholastischer Terminologie schreibt, ein *konnaturales* Erkennen. Im Begriff der *Konnaturalität,* der besonders im Platonismus und in der Scholastik ausgeprägt wurde, wird eine „naturhafte Verwandtschaft des Erkennenden mit dem Gegenstand seines Erkenntnisaktes"[43]

42 C. Mesters: *Por trás das palavras. Bd. 1: Um estudo sobre a porta de entrada no mundo da Bíblia* (Publicações Centro de Investigação e Divulgação, Exegese; 1). Petrópolis ³1977, S. 35.
43 V. Berning: *Das Prinzip der Konnaturalität der Erkenntnis bei Thomas von Aquin.* In: ThGl 72 (1982), S. 291–310, hier: S. 293.

ausgesagt. Mesters sieht in dieser Konnaturalität das erkenntnistheoretische Privileg der Armen und Marginalisierten begründet. Er schreibt: „Das Volk [...] steht und geht auf dem gleichen Boden des Leidens, aus dem die Schrift wuchs. Die harte Wirklichkeit, in der es heute lebt, ist ihm der wichtige Schlüssel, um den Text der Bibel verstehen zu können. Das Volk versteht buchstäblich das, was da steht, d. h. die eigentliche, ‚buchstäbliche‘ Bedeutung der Schrift in ihrer ganzen Reichweite, weil dieses Volk dem Volk der Bibel verwandt ist, weil es dasselbe Leben und denselben Glauben lebt, weil es der Schrift gegenüber eine wirkliche ‚Konnaturalität‘ besitzt."[44]

Da die biblischen Texte einer fremden Zeit und Kultur entstammen, bleibt vieles von ihnen unverständlich und erklärungsbedürftig, doch bewirkt die Konnaturalität bei den Armen eine Vertrautheit im Umgang mit der Heiligen Schrift, ohne dass sie vorher durch intensives Studium Kenntnisse erworben hätten.

Wenn sich Kleine Christliche Gemeinschaften um die Heilige Schrift versammeln um das Wort Gottes zu hören, dann ist ihr Vorgehen zwar nicht unmethodisch und irrational, wie jüngste empirische Untersuchungen belegen.[45] Es überwiegt aber doch ein intuitiver Zugang und ein Erkenntnisgewinn wird durch den Vergleich mit eigenen Erfahrungen erlangt. Wie aber können solche Erkenntnisse verifiziert oder falsifiziert werden? Außer durch eine genaue Beobachtung des Textes, die von vielen erst erlernt werden muss, kann dies nur in der eigenen Lebenspraxis erfolgen. Mesters drückt dies so aus: „Die Worte der Bibel sind wie das Samenkorn: Den Sinn, den sie für uns haben, offenbaren sie nur, wenn sie in den Boden des Lebens gesät worden sind. Dort verwandelt sie das Leben, und die

---

44 C. Mesters: *Das Verständnis der Schrift in einigen brasilianischen Basisgemeinden.* In: Conc(D) 16 (1980), S. 561–566, hier: S. 564.
45 Vgl. C. Schramm: *Alltagsexegesen. Sinnkonstruktion und Textverstehen in alltäglichen Kontexten* (SBB 61). Stuttgart 2008.

Blüte erscheint. An der Blüte erkennt ihr den Sinn des Samenkorns.«[46]

Am Handeln der Bibelleser wird ersichtlich, ob sie wirklich den Sinn der Bibeltexte verstanden haben, aus denen sie Handlungsmodelle entnahmen. Eine Verifikation oder Falsifikation geschieht dabei sowohl individuell als auch innerhalb der Gemeinschaft. Kleine Christliche Gemeinschaften, die aus dem Bibel-Teilen die Inspiration für ihr Leben beziehen und das als Gottes Willen Erkannte gemeinsam in die Praxis umsetzen, machen durch ihr Handeln ihren Glaubenssinn sichtbar. Als Kriterium zur Unterscheidung, ob das aus den Samenkörnern des Wortes Gewachsene als Blüte oder aber als Wildwuchs anzusehen ist, würde ich dabei das doppelte Liebesgebot heranziehen.

Eine solche Art von Bibellektüre ist bereichernd und gefährlich zugleich. Anders als für Theologen und Bibelwissenschaftler, deren intellektuelle Spekulationen meistens von der eigenen Lebenspraxis getrennt bleiben, gehen Kleine Christliche Gemeinschaften ein hohes Risiko ein, wenn sie das eigene Handeln nach Modellen ausrichten, die sie in Bibeltexten zu erkennen glauben. Ein Missverstehen des Wortsinns biblischer Texte kann leicht zu einem Missverstehen der Handlungsmodelle (Pragmatik) führen. Um dies zu verhindern, muss die Bibellektüre im gemeinschaftlichen Raum im Austausch stehen mit den anderen hermeneutischen Räumen. So können die Erkenntnisse der Bibelwissenschaft auch einfachen Bibellesern dabei helfen, zu genauen Textbeobachtern zu werden. Die kirchliche Lehre und der Gebrauch der Texte in Liturgie und Katechese kann zudem bereits den Richtungssinn aufzeigen. Sie vermitteln die Einheit der Schrift, die lebendige Tradition der Kirche und die Analogie des Glaubens, die *Dei Verbum* als

---

46 C. Mesters: *Vom Leben zur Bibel – von der Bibel zum Leben. Ein Bibelkurs aus Brasilien für uns.* Mainz/München 1983, Bd. I, S. 13.

Hilfen zur Erkenntnis des Gotteswortes im Menschenwort benennt (vgl. DV 12).

5. Auswirkungen einer Interpretation der Heiligen Schrift durch alle Glieder der Kirche

Ottmar Fuchs hat darauf aufmerksam gemacht, wie stark innerkirchliche Kommunikation und Kommunikation mit biblischen Texten zusammenhängen und sich gegenseitig bedingen. Nur eine pluralitätsfähige Kirche könne auch die Einheit der Heiligen Schrift als Pluralität wahrnehmen und annehmen. Wo es dagegen zur Totalisierung eines Gliedes der Kirche komme (sei es das Lehramt oder der einzelne Gläubige), würden innerbiblische Widersprüche wegrationalisiert.[47] Wo daher das kirchliche Lehramt und die Bibelwissenschaft die Ergänzungsbedürftigkeit ihrer eigenen Erkenntnis akzeptieren und sich öffnen für Erkenntnisse aus dem gemeinschaftlichen Raum als Sichtbarwerden des *sensus fidelium* in Tat und Wort, da kann auch die innerbiblische Pluralität besser wahr- und angenommen werden. Und umgekehrt hilft so auch die Bibellektüre der Kirche, pluralitätsfähiger zu werden – etwas, was gerade für die Evangelisierung in der so genannten Postmoderne unabdingbar ist.

---

47 Vgl. O. Fuchs: *Kriterien gegen den Mißbrauch der Bibel.* In: BiLi 73 (2000), S. 12–33, hier: S. 17.

Gerhard Hotze

Kirchengründungen des Paulus

Kleine Christliche Gemeinschaften auf der Spur biblischer Ekklesiogenesis?

1. Die Neigung der Bibel zur großen Zahl

Das Symposion beschäftigt sich mit dem Verstehen, der Notwendigkeit und der Funktion „Kleiner Christlicher Gemeinschaften" (KCG). Dazu ist es sinnvoll, ja unerlässlich, auch die *Bibel* nach möglichen Grundlagen für KCG zu befragen, bildet doch die Heilige Schrift letztlich die Basis jeder Ekklesiologie.

Der Spurensuche nach biblischen KCG-Wurzeln vorangestellt sei eine gegenläufige Beobachtung – gewissermaßen präventiv zur Dämpfung allzu euphorischer Erwartungen an die Hl. Schrift: Die Bibel – AT wie NT – hat im Hinblick auf das Volk Gottes (Israel – Kirche) grundsätzlich eine Neigung zur *großen Zahl*, ja zur übertrieben großen Zahl (zumal wo die hyperbolische Sprache des Orients auf unsere abendländisch-realistische Leseweise trifft). Als Ideal wird oftmals das Bild der riesigen Menge hingestellt: die Menge der Nachkommen Abrahams, des Volkes Israel, der Versammlung der Gemeinde Israels; dann auch die um Jesus versammelten Volksscharen oder die universale Kirche nach dem Entwurf des Lukas.

Beispiele:

– Gen 15,5; Gen 17,4 f. (Abraham als Stammvater einer unzählbaren Nachkommenschaft/einer Menge von Völkern);

- Ex 1,7.9.20 (Israels starke Vermehrung in Ägypten);
- Ex 12,37 (Israel beim Exodus: „600 000 Mann");
- Mt 4,25–5,1 (die Jesus nachfolgenden und ihm zuhörenden Scharen);
- Mt 14,21 (5000 Männer + Frauen und Kinder); 15,38 (4000 Männer + Frauen und Kinder) bei den Brotvermehrungswundern Jesu;
- Joh 12,12 (die Jesus beim Einzug in Jerusalem huldigende „große Volksmenge" [óchlos polýs]);
- Mt 28,19 (der Sendungsauftrag des Auferstandenen: „Geht zu allen Völkern und macht alle Menschen zu meinen Jüngern");
- Apg 1,8 (die Zeugenschaft der Jünger „bis an die Grenzen der Erde", vgl. ferner die „Erfolgszahlen" in 2,41; 4,4; 11,24).

Die Beispiele ließen sich mühelos fortsetzen.

Da die Bibel sich also offenkundig gern in großen Zahlen ergeht, da sie die quantitative Erwähnung der Scharen von Zugehörigen, Versammelten oder Bekehrten zu lieben scheint – ist da das Suchen in der Bibel nach *kleinen* Gemeinschaften nicht vergebliche Liebesmüh? Keineswegs.

Ich beschränke mich im Folgenden auf das Neue Testament, ohne damit ausschließen zu wollen, dass es im AT vielleicht auch schon Ansätze gäbe (vgl. etwa das „häusliche" Idyll des Buches Tobit).

2. Erste Hinweise auf das „Kleine"
in der Verkündigung und Praxis Jesu

Mein Auftrag lautet, die *paulinischen* Kirchengründungen näher unter die Lupe zu nehmen. Aber Paulus und das Urchristentum lassen sich nicht verstehen, wenn ihre vorösterlichen Wurzeln übersprungen werden. Deshalb beginne ich bei *Jesus.*

Zweifellos gibt es in den Evangelien die bereits erwähnten großen Szenen, die Menschenmassen, zu denen er spricht und die er speist. Aber es gibt auch die leisen Töne. Zu erwähnen ist der so genannte Jubelruf Jesu in Mt 11,25 f.: „Ich preise dich, Vater, Herr des Himmels und der Erde, weil du all das den Weisen und Klugen verborgen, den Unmündigen aber offenbart hast." Vielleicht ist es auch nicht falsch, an Jesu Seligpreisung der Armen (Lk 6,20 par.), an seine Präferenz für die Kleinen zu erinnern (Mk 9,36 f. 42; 10,13–16). Gewiss sind damit *einzelne Menschen* gemeint; aber wenn Jesus die Kinder, die Kleinen und Schwachen, als besonders schätzenswert herausstellt, dürfen wir dies vielleicht auf die kleine *Gemeinde* übertragen. Nicht zufällig steht im Kontext seiner Rede über die Kleinen und den sündigen Bruder jenes Wort Jesu, das man geradezu als Ankerspruch Kleiner Christlicher Gemeinschaften bezeichnen könnte: „Wo zwei oder drei in meinem Namen versammelt sind, da bin ich mitten unter ihnen" (Mt 18,20) – eines der bekanntesten Jesusworte überhaupt. Jesus schätzt und empfiehlt das Kleine und Zarte, so dürfen wir sagen, in individueller und sozialer Hinsicht.

Bestätigt wird diese Beobachtung durch die Praxis des Lebens Jesu. Jesus hat sehr verschiedene Formen des sozialen Miteinanders gepflegt: vom Reden und Wirken unter vielen Menschen bis hin zum einsamen Gebet mit Gott. Nicht selten suchte er *das überschaubare häusliche Umfeld:* Er hielt Mahl mit Zöllnern und Sündern im Haus des Levi (Mk 2,15–17 parr.); er kehrte bei Pharisäern zum Essen und Disputieren ein (Lk 11,37–54; 14,1–24); er besuchte seine Freundinnen Martha und Maria (Lk 10,38–42) oder – als Auferstandener – die beiden Jünger von Emmaus (Lk 24,28–31).[1] Die Kontinuität von vor-

---

1 Vgl. G. Hotze: *Jesus als Gast. Studien zu einem christologischen Leitmotiv im Lukasevangelium* (FzB 111). Würzburg 2007.

und nachösterlichem Verhalten Jesu zeigt sich darin, dass er wiederum im *Haus,* hinter verschlossenen Türen, den elf Jüngern in Jerusalem erschien (Lk 24,36–49; Joh 20,19–29). Ganz wesentliche Szenen der Evangelien ereignen sich *im kleinen Kreis weniger Personen.* Natürlich handelt es sich bei diesen Beispielen noch nicht um eine systematische Ekklesiologie. Aber Kirche, die ihrem Meister nachfolgen will, sollte die sozialen Gewohnheiten der Praxis Jesu sozusagen als proto-ekklesiologische Orientierungshilfen wertschätzen und für sich zu übertragen versuchen.

3. Die Anfänge von Kirche nach der Darstellung des Lukas in der Apg

Für Auskünfte über die allerersten Schritte der Kirche gibt es im NT ein Monopol: Der Evangelist Lukas ist der einzige, der uns im zweiten Teil seines Doppelwerks, der Apostelgeschichte, etwas über das Leben der Urgemeinde in Jerusalem, also die älteste Gestalt und Organisation von Kirche nach Ostern, mitteilt. Auf der einen Seite ist es schade, dass wir keinen anderen Zeugen für diese Frühphase haben; auf der anderen Seite sind wir froh, dass wir überhaupt eine Quelle besitzen. Methodisch gilt zumal bei der Apg, sehr genau zu prüfen, inwieweit bestimmte Aussagen historisch glaubwürdig sind oder nicht, indem sie etwa einem Interesse oder Idealbild des Lukas entsprechen.

Manche Details wollen nicht recht zueinander passen: Einerseits heißt es, alle christlichen Eigentümer hätten ihre Grundstücke und Häuser *verkauft* (Apg 4,34); andererseits waren die *Häuser* Orte des Brotbrechens (2,46) und der Lehre (5,42). Die hohe Zahl von 3000 Bekehrten gleich nach der Pfingstpredigt des Petrus (2,41) verträgt sich nicht sonderlich mit dem in den folgenden Versen gezeichneten Bild einer innigen Glaubens-, Gebets- und Liebesgemeinschaft (2,42–47).

Solche sich reibenden Aussagen sind auf ihre historische Substanz abzuklopfen. Es besteht in der Acta-Exegese Einigkeit darüber, dass der Verfasser Lukas durchgehend redaktionell tätig gewesen ist. Er zeichnet ein Bild der Urgemeinde, das in seinen idealen Zügen (bis hin zum so genannten „Liebeskommunismus") Modellcharakter hat für die Kirche seiner Zeit – ein halbes Jahrhundert später. So erklären sich die angedeuteten Divergenzen aus gut gemeinter emphatischer Übertreibung, ohne dass damit ein historischer Kern bestritten wäre.

Die Zahl von 3000 Gläubigen an einem einzigen Tag erscheint allzu hoch, aber dass es durch das (wie immer geartete) Pfingstereignis eine Welle von Bekehrungen zu Jesus Christus gegeben hat, dürfte nicht frei erfunden sein.

Dass die Menge der Gläubigen „ein Herz und eine Seele" war (4,32), trifft spätestens in 6,1 nicht mehr zu, wo Lukas selbst vom Konflikt der Hellenisten mit den Hebräern innerhalb der Urgemeinde berichtet. Gleichwohl können die in Apg 2–5 (zumal in den so genannten Summarien Apg 2,42–47; 4,32–35; 5,12–16) aufgezählten Merkmale doch auf reale Verhaltensweisen zurückgehen, die nicht nur wegen ihrer Differenz zur Umwelt aufgefallen sein dürften, sondern auch wegen des rasanten Zulaufs, den die Bewegung erfuhr, laut Apg 5,12–16 verursacht zumal durch wunderbare Heilungen. So blieben gemeinschaftliches Beten und Gottesdienstfeiern („Brotbrechen"), Einheit der Glaubensüberzeugung („Lehre der Apostel") und gemeinsames Leben von der Urgemeinde in Erinnerung. Gerade beim letztgenannten Punkt, der offenbar auch eine ökonomische Dimension besaß (Apg 4,32–35), wüssten wir gern genauer, wie sich die *koinōnía* (2,42) in der konkreten Lebensführung gestaltete. Eine innige Gemeinschaft des Lebens lässt sich bei den zum christlichen Glauben kommenden Scharen (5,14) eigentlich nur vorstellen, wenn sich die Gemeinde in einzelnen Zellen, in den kleinen Gemeinschaften der „Häuser" (2,46; 5,42) organisierte.

Bei allen Abstrichen, die wir von der idealen und harmonischen Darstellung des Lukas in der Apostelgeschichte machen müssen, bleibt die Wahrnehmung des Anfangs der Kirche als einer *Bewegung von großer Attraktivität und Dynamik*. Ihre Organisation in überschaubaren Einzelgemeinschaften war dieser Dynamik offenbar in keiner Weise hinderlich, im Gegenteil.

Wir haben also schon am Beginn der Kirche Kleine Christliche Gemeinschaften, die sich (wie vorher gesehen) auf eine gewisse Kontinuität zur Lebenspraxis Jesu und seiner Jünger berufen konnten. Der beste Beleg sowohl für die Rückbindung an die Jesuszeit als auch die Dimension der kleinen Gemeinschaft ist die Stelle Apg 1,13 f., wo Lukas das nachösterliche Leben der elf Apostel zusammen mit den Frauen und Maria in einer typisierenden Szene – beständiges, einmütiges Gebet im „Obergemach" – festhält; gewiss ist das sehr ideal gezeichnet, aber es beschreibt schön die Kontinuität zwischen Jesus und der Kirche.

4. Apg 16 als Paradigma paulinischer Missionsarbeit

Anders als bei der Urgemeinde haben wir als Informationsquellen für die Gemeinden des Paulus seine eigenen Briefe. Allerdings setzen die Briefe des Apostels die Gründung der Gemeinde und einen längeren Zeitraum ihres Bestehens bereits voraus. Daher sind wir für die Gründungsphase, die Frage nach dem missionarischen Vorgehen des Paulus, doch wieder auf die Angaben der Apg angewiesen, deren kompletter zweiter Teil (Kapitel 13–28) dem Wirken des Paulus gewidmet ist. Hinsichtlich der Strategie, wie Paulus in einer Stadt eine christliche Gemeinde gründete, bilden seine Briefe keinen Widerspruch zur Darstellung des Lukas, so dass wir der letzteren durchaus Glauben schenken dürfen.

Das 16. Kapitel der Apg lässt sich als Beispiel dafür lesen, wie Paulus in seiner Missionsarbeit vorging.[2] Die Verse 11–40 von Apg 16 berichten vom Wirken des Paulus und Silas „einige Tage lang" (V. 12) in *Philippi* (Mazedonien); 16,11–15 erzählen von der Bekehrung der *Lydia*, 16,25–34 von der des *Gefängniswärters* von Philippi.

Als gebürtiger Jude suchte Paulus in den Orten, wohin er kam, zunächst die *Synagoge* auf und verkündete dort Jesus als den Messias (vgl. Apg 13,14–52 im pisidischen Antiochia; 17,1 f. in Thessalonich; 18,4 in Korinth). So sucht er auch in Philippi zunächst am Fluss eine jüdische „Gebetsstätte" (*proseuchē* = Synagoge) auf; er trifft dort auf Frauen, u. a. die Purpurhändlerin *Lydia*, eine „Gottesfürchtige" (Heidin mit Sympathien für das Judentum).[3] Wieviele Male Paulus an jener Gebetsstätte predigte, erfahren wir nicht; jedenfalls bekehrt sich Lydia über kurz oder lang zum Glauben an den Herrn; sie lässt sich taufen und mit ihr zusammen ihr „Haus" (16,15). Dass Paulus bei seiner Missiontätigkeit zuweilen auch die Taufe gespendet hat, bestätigt er selbst in 1 Kor 1,14–16: Krispus und Gaius sowie „das Haus des Stephanas". Bemerkenswert ist die Erzählgeschwindigkeit, mit der Lukas von der ersten Begegnung mit dem Evangelium („die Reden des Paulus" V. 14) zur Bekehrung Lydias schreitet, die nach der Apg zur ersten Christin Europas wird, und wie er in einem Atemzug damit die Taufe ihrer ganzen Familie erwähnt (15a). *Das Haus der Lydia wird zur Keimzelle der Gemeinde von Philippi* und zum missionarischen Stützpunkt für Paulus und Silas, die dort Aufnahme finden (15c.40).

Ausführlicher erzählt wird die dramatische Geschichte der Bekehrung des *Kerkermeisters* und seiner Familie. Paulus und

---

2 Vgl. W. Elliger: *Paulus in Griechenland* (SBS 92/93). Stuttgart 1978, S. 23–77; R. Pesch: *Die Apostelgeschichte*. 2. Teilband: Apg 13–28 (EKK V/2). Düsseldorf und Zürich [2]2003, S. 103–119.

3 Vgl. ausführlich H. Lamberty-Zielinski/P. Lütjen (Hrsg.): *Lydia – Geschäftsfrau, Gastgeberin, Gemeindeleiterin*. Stuttgart 2003.

Silas haben sich in Philippi durch einen Exorzismus bei einer wahrsagenden Magd unbeliebt gemacht und sind wegen Unruhestiftung angezeigt, gefoltert und ins Gefängnis geworfen worden. Durch wunderbares Eingreifen Gottes fallen den Gefangenen des Nachts die Fesseln ab. Jedoch sie fliehen nicht. Der schockierte Gefängniswärter ist von diesem Verhalten so gerührt, dass er sich zum Glauben an Jesus (V. 31) beziehungsweise Gott (V. 34) bekehrt. Aber auch er bleibt nicht allein, sondern *sein ganzes Haus* bekehrt sich mit ihm und wird noch in der gleichen Nacht (!) von den aufgenommenen Gästen getauft (V. 33). Nicht weniger als vier Mal findet die Einbindung des ganzen Hauses in V. 31–34 Erwähnung.

Erneut finden wir hier den Zusammenhang: Bekehrung einer Person – sofortiger Anschluss ihres „Hauses" (= der Familie) – Einkehr der Verkündiger in diesem Haus. Der *oikos* ist offensichtlich eine entscheidende missionarische Größe. Ein weiterer Beleg dafür ist Apg 18,8: Bekehrung des Hauses des Krispus, des Synagogenvorstehers in Korinth (eine Bestätigung der paulinischen Eigenaussage von 1 Kor 1,14). Als „kleine christliche Gemeinschaft" ist das Haus hier auch *erste* christliche Gemeinschaft, Keimzelle der daraus erwachsenden Großgemeinde. Philippi wird später zur Lieblingsgemeinde des Paulus.

5. Das Haus als Basiseinheit einer paulinischen Gemeinde

Dass das Haus eine Schlüsselkategorie für die paulinische Mission ist, daran kann kein Zweifel bestehen.[4] Paulus selbst erwähnt den Begriff an diversen Stellen seiner Briefe. Am interes-

---

4 Vgl. grundlegend dazu H.-J. Klauck: *Hausgemeinde und Hauskirche im frühen Christentum* (SBS 103). Stuttgart 1981; A. Weiser: *Evangelisierung im antiken „Haus"*. In: Ders.: *Studien zu Christsein und Kirche* (SBAB 9). Stuttgart 1990, S. 119–148.

santesten sind die Belege, wo *oikos* zusammen mit *ekklesía* steht, also ausdrücklich von *Hauskirche* beziehungsweise *Hausgemeinde* gesprochen wird.

1 Kor 16,9 und Röm 16,5 bestellen Grüße von beziehungsweise richten sie aus an die Hausgemeinde *(hē kať oikon autōn ekklesía)* des christlichen Ehepaars Priska und Aquila. „Die Gemeinde in ihrem Haus" bildete wegen der engen Kontakte zum Apostel (laut Apg 18,2 f. hatte Paulus bei ihnen zuerst gewohnt) offenbar ein Zentrum des christlichen Lebens in Korinth. *Phlm 2* ist der einzige überlieferte Privatbrief des Paulus. Er ist freilich nicht nur an Philemon, seinen „geliebten Mitarbeiter", adressiert, sondern auch an Apphia (vielleicht Philemons Frau), Archippus sowie „die Gemeinde in deinem Haus" *(tē kať oikón sou ekklesía).* Nimmt man diese Ko-Adressaten ernst, so handelt es sich beim Phlm doch nicht ganz um einen Privatbrief, sondern um ein Schreiben an eine „kleine christliche Gemeinschaft", eine wahrscheinlich in Kolossä (Phrygien, westliches Kleinasien) zu lokalisierende Hauskirche.

Röm 16,23 bestellt den Römern Grüße des Korinthers Gaius (vgl. 1 Kor 1,14), der Gastgeber *(xénos)* für ihn „und die ganze Gemeinde" geworden sei. Damit ist offenbar nicht eine Hausgemeinde gemeint, sondern die *ganze Christengemeinde* von Korinth, die sich im Haus des Gaius zum Gottesdienst versammelt haben könnte. Gaius dürfte ein wohlhabender Christ gewesen sein, der über ein entsprechend geräumiges Haus verfügte.

Die Existenz von Hausgemeinden, wie sie die Apg als Initialorte von Gemeindegründungen vorstellt, wird also von Paulus bestätigt und als geradezu selbstverständlich vorausgesetzt. Deshalb muss er auch nicht beschreiben – was für uns heute natürlich interessant wäre –, wie das christliche Leben in ihnen aussah; seine Adressaten lebten ja darin. Uns würde hier zumal der Umgang mit dem Wort der Schrift interessieren. Freilich finden sich indirekte Hinweise, die das Bild vielleicht etwas erhellen können. Ich greife *drei* ganz unterschiedliche Aspekte heraus, die in den Paulusbriefen eine große Rolle spielen. Es scheint mir interessant, über sie einmal im Zusammenhang mit dem Thema Hausgemeinde nachzudenken.

a) Die Frauen

Schon oft ist festgestellt worden, wie wichtig *Frauen* für die Missionsarbeit des Paulus gewesen sind.[5] Das Klischee vom frauenfeindlichen Paulus stimmt auf diesem Gebiet ganz und gar nicht, wenn man zum Beispiel sieht, wieviele Frauennamen allein in der Grußliste von Röm 16 aufgezählt werden (vgl. auch 1 Kor 1,11 [Chloe], Phil 4,2 f. [Evodia und Syntyche] oder Phlm 2 [Apphia]). Die Selbstverständlichkeit, mit der der Apostel auf weibliche Mitarbeiter in seinen Gemeinden zurückgriff, setzt eine für antike Verhältnisse außergewöhnliche Offenheit für Frauen voraus.

Frauen finden sich auch im Zusammenhang mit den *Hausgemeinden*. Nimmt man Lydia aus Apg 16 hinzu, so konnten die *kat' oikon ekklesíai* in bunter Mischung von Männern oder Frauen geleitet werden. Namentlich kennen wir die Hausgemeinde des Philemon, das „Haus" des Stephanas (eine Gemeinde?), aber auch die Hausgemeinde von Priska und Aquila mit der konsequenten Voranstellung der Priska (in Apg 18: Priszilla), die Hausgemeinde der Nympha (Kol 4,15 aus der frühen Paulusschule) und das Haus der Lydia. Die Frage ist, ob jedes christliche „Haus" schon eo ipso als ekklesía verstanden wurde, oder ob zu letzterem noch mehr gehörte als nur das Getauftsein seiner Bewohner. Wie dem auch sei, die gestalterische, ja wie es scheint unverzichtbare Mitarbeit von Frauen gerade in den Häusern/Hausgemeinden ist ein prägendes Element der paulinischen Mission und Pastoral.

---

5 Vgl. z. B. S. Bieberstein/D. Egger/S. Kutzelmann: *Prophetinnen, Apostelinnen, Diakoninnen. Frauen in den paulinischen Gemeinden*. Stuttgart 2003.

b) Probleme

In fast allen seinen Briefen hat der Apostel auch Probleme zu behandeln, die mit einer Gefahr der *Spaltung der Gemeinde* zu tun haben. In Gal, 2 Kor und Phil sind es Probleme, die aus einem Eindringen externer Gegner des Paulus in die Gemeinde resultieren. Im ersten Korintherbrief und in kleinerem Maße auch im Römerbrief ist die innere Einheit der Gemeinde in Gefahr.

Einschlägige Stellen sind zum Beispiel 1 Kor 1,11–13: Es gibt Zank und Streit; verschiedene Fraktionen haben sich gebildet (Paulus-, Apollos-, Kephas-, Christuspartei); 1 Kor 11,17–34: Die Reichen nehmen beim Herrenmahl keine Rücksicht auf die Armen; 1 Kor 8/Röm 14: Die einen („Schwache") halten sich bei der Frage des Götzenopferfleisches noch an die jüdischen Reinheitsvorschriften, die anderen fühlen sich stark und setzen sich darüber hinweg. Angesichts solcher Konflikte mahnt Paulus immer wieder dringlich zur *Einheit* der Gemeinde. Zumal im ersten Korintherbrief wirft er dafür seine ganze Autorität als Apostel in die Waagschale (vgl. z. B. 4,17–21).

Im Kontext des paulinischen Konfliktmanagements der genannten Probleme werden Hausgemeinden nicht explizit erwähnt. (Nur bedingt lässt sich 1 Kor 1,16 anführen: Paulus räumt ein, er habe „das Haus des Stephanas getauft", will dies aber keinesfalls als Legitimation für eine innergemeindliche Paulus-Partei gelten lassen.) Zieht man jedoch die tragende Funktion der Hausgemeinden als Basiselemente der Ortsgemeinde in Betracht, so haben sie bei den angesprochenen Problemen organisatorisch sicher eine Rolle gespielt. Gerade im intimen Gefühl des Zusammenhalts einer oder mehrerer gleichgesinnter Hausgemeinden konnten leicht Spaltungstendenzen aufkommen („Wir – die anderen"), wie es bei raschem Wachstum der Großgemeinde menschlich naheliegend ist. Damit dürfte, was Paulus angeht, sein dringender Appell zur Einheit implizieren, dass auch die sympathische Kleinorganisation Hausgemeinde immer die Gesamtgemeinde als „Kirche Gottes" (1 Kor 1,2 u. a.) unter dem Evangelium, als *ein* „Leib Christi" (1 Kor 10,17; 12,13) im Blick behält und sich konstruktiv darin eingliedert.

c) Leidenstheologie

Schließlich sei der Versuch gestattet, die Hauskirchen der paulinischen Gemeinden mit seiner Theologie in Beziehung zu setzen. An verschiedenen Stellen seiner Briefe (besonders 2 Kor) entwickelt Paulus, ausgehend vom Kerygma von Tod und Auferstehung Jesu, eine tiefgründige Leidenstheologie. Ihr Paradigma ist Paulus selbst: der Apostel, dessen dem Evangelium verpflichtete Existenz *dem Leiden Jesu gleichförmig* ist, der zugleich aber im Licht der Auferstehung Christi dessen Lebensmacht erfährt. An manchen Stellen, vor allem 2 Kor 1,3–7, bezieht Paulus die *Gemeinde* in diese Theologie mit ein. Auch die Korinther, so sagt er im Proömium des 2. Korintherbriefes, haben Anteil an den Leiden wie am Trost Christi; Apostel und Gemeinde bilden eine Leidens- und Trostgemeinschaft in Christus.[6]

Was hat das mit den Hausgemeinden zu tun?

Die Bewältigung von Leidenserfahrungen aller Art (Demütigung, Verfolgung, Krankheit, Tod) ist eine hochsensible Angelegenheit, die Ruhe, Geduld, Fingerspitzengefühl erfordert – eine der schwierigsten und wichtigsten Aufgaben von Seelsorge. Wenn Paulus den Gläubigen seine Leidensdeutung als angewandte Kreuzestheologie nahelegt, dann ist das brieflich zwar an die Großgemeinde adressiert. Der pastorale Ort, dieses The-

---

6 Vgl. G. Hotze: *Gemeinde als Schicksalsgemeinschaft mit Christus* (2 Kor 1,3–11). In: R. Kampling/Th. Söding (Hrsg.): *Ekklesiologie des Neuen Testaments* (FS für K. Kertelge). Freiburg 1996, S. 336–355.

ma im Gebet, im persönlichen Gespräch oder Austausch in Ruhe zu vertiefen, wird aber die kleine christliche Zelle, die Hauskirche gewesen sein: Hausgemeinde als Ort der Seelsorge, die im Kleinen am wirksamsten ist. Den Hausgemeinden wird nicht zuletzt die Verantwortung zugekommen sein, die theologischen und ethischen Weisungen des Apostels zu verarbeiten, zu vertiefen, sie „greifen" zu lassen.

6. Die ambivalente Ekklesiologie des Paulus zwischen Familiarität und Einheit, Emanzipation und Gehorsam

Nach dem kurzen Blick auf die Praxis der paulinischen Gemeinden stellt sich die Frage: Lässt sich aus dem Befund so etwas wie eine paulinische Ekklesiologie herauslesen, gar eine paulinische Theologie „Kleiner Christlicher Gemeinschaften"?

Wie für andere theologische Bereiche gilt auch für die paulinische Konzeption von Gemeinde zunächst: Paulus schreibt Gelegenheitsbriefe, keine theologischen Traktate. Deshalb bleibt seine Stellungnahme zu unserem Thema notwendigerweise lückenhaft. Gleichwohl ergeben sich aus den erkennbaren Schwerpunkten seiner Briefe bestimmte Hinweise, die es zu beachten gilt, ja die uns als biblisch-kanonische *Notae* aufgegeben bleiben.

Schon fast eine Generation alt ist eine interessante Untersuchung von Walter Rebell mit dem Titel *Gehorsam und Unabhängigkeit*.[7] Ihre Hauptthese lautet, der Apostel habe zu seinen Gemeinden eine doppelte, widersprüchliche Beziehung gepflegt. Paulus ermuntere einerseits die Gläubigen zu Freiheit, Emanzipation und Eigenverantwortung, andererseits binde er sie jedoch an seine unhinterfragbare apostolische Autorität. Die doppelte, paradoxe Botschaft, die Paulus seinen Gemeinden

---

7 W. Rebell: *Gehorsam und Unabhängigkeit. Eine sozialpsychologische Studie zu Paulus.* München 1986 (Diss. Evangelisch-theologische Fakultät Bochum 1982).

sende, sei die von *Gehorsam* und *Unabhängigkeit*. In der Psychologie spricht man vom Phänomen der Doppelbindung *(double bind)*, wenn zum Beispiel eine Mutter zu ihrem Kind sagt: „Ich liebe dich", es zugleich aber misshandelt oder vernachlässigt. Der paradoxe Appell des Paulus laute: „Seid selbstständig!", und gleichzeitig: „Bleibt unter meiner Leitung!" Das musste notwendigerweise zur Verunsicherung und Destabilisierung der Gemeinden führen.

Die sozialpsychologische Studie Rebells widmet sich dem Verhältnis von Apostel und Gesamtgemeinde. Uns geht es um die kleinen Gemeinschaften *innerhalb* der Ortsgemeinde. Aber vielleicht besteht hier eine gewisse Analogie.

Das paulinische Denken besitzt eine Neigung zu Antithetik und Ambivalenz. Paulus proklamiert und wertschätzt ohne Zweifel die in Christus geschenkte *Freiheit* (vgl. Gal 3,28; 5,1.13). Genauso wichtig ist ihm aber die Treue zu dem einen, von ihm verkündigten Evangelium (Gal 1,6 f.11 f.) und der *Gehorsam* der Gläubigen ihm gegenüber (2 Kor 7,15; Röm 16,19).

Gilt dies für das Verhältnis von Apostel und Gemeinde (in Korinth, Galatien etc.), so im Kleinen mutmaßlich auch für die Beziehung von Ortskirche und Hausgemeinden, für das Verhältnis der „Kirche Gottes" in Korinth oder anderswo zu deren einzelnen Lebenszellen.

Einerseits fungieren die „Häuser" wie selbstverständlich als Stützen der Mission und tragende Basiselemente der Kirche Christi. Dass Paulus die Größe „Haus" *schätzt*, zeigen nicht nur seine diversen Grüße von und an Hausgemeinden und die anderen konkreten Erwähnungen derselben, sondern auch seine Verwendung des Wortfelds Haus als Metapher (vgl. 1 Kor 3,10–14). Noch direkter redet später die Paulusschule vom „Haus" Gottes als Metapher für die (gesamte) „Kirche des lebendigen Gottes" (1 Tim 3,15).

Andererseits aber pocht Paulus wiederholt kritisch auf die Notwendigkeit der *Einheit* der Kirche, die sich für ihn stets in der Ortskirche manifestiert. Es geht nicht, dass „jeder etwas anderes sagt" (1 Kor 1,12) – wobei mit „jeder" durchaus gemeint sein könnte: Hausgemeinschaft A contra Hausgemeinschaft B oder die Häuser A und C gegen die Häuser B und D. Bei aller anerkannten Glaubensstärke eines „Hauses" darf dieses nicht eine Eigendynamik entfalten, die den Rahmen der kirchlichen Einheit sprengt. Auf dem letztgenannten Aspekt liegt der Akzent des Paulus. Die Hausgemeinden bildeten sich quasi von allein, brauchten eigentlich keine theologische Legitimation. Was vom Apostel theologisch reflektiert und als Korrektiv den ständigen Deviationstendenzen entgegengehalten wird, ist die Mahnung zur Einheit. So ergibt sich mit aller Vorsicht ein Bild des Apostels als Hüter der Einheit, der kleine christliche Gemeinschaften *liebt,* freilich unter der Maßgabe, dass *sie sich in die eine Kirche Gottes integrieren.*

7. Der Stellenwert des Wortes Gottes für die Ekklesiologie des Paulus

Der pastorale Ansatz der Kleinen Christlichen Gemeinschaften stützt sich zu einem wesentlichen Teil auf das Bibel-Teilen, also die konstitutive Versammlung der Gemeinschaft um das Wort Gottes und ihr Leben daraus. Beim Blick auf das Neue Testament und die Ursprünge der Kirche ist deshalb die Frage zu stellen: Inwieweit spielt das *Wort Gottes* für die Ekklesiogenesis bei Paulus und die frühen Gemeinden eine Rolle? Lässt sich so etwas wie Bibel-Teilen als Mitte der Hauskirchen schon im Urchristentum ausmachen?

Zunächst ist mit Entschiedenheit zu betonen: Für Paulus, aber auch für Lukas als Autor der Apostelgeschichte ist Kirche ganz grundlegend *Kirche des Wortes.* Ohne das Wort Gottes gäbe es keine Kirche Jesu Christi (vgl. z. B. 1 Thess 1,8 oder die Notizen vom „Wachstum des Wortes" in Apg 6,7; 12,24 und

19,20). Kirche und Gemeinde konstituieren sich und leben aus dem Wort: aus den Verheißungen der Schrift des Alten Bundes und der Erfüllung im Evangelium von Jesus Christus. Im späteren Johannesevangelium wird Jesus Christus selbst als das lebendige Wort Gottes besungen (Joh 1,1–18). Bei Paulus – sowohl in den eigenen Briefen als auch nach der Apg – ist das „Wort" hauptsächlich die *Verkündigung des Evangeliums,* also die *missionarische Botschaft des Apostels,* die zum Glauben an Christus und zur Bildung von Gemeinden geführt hat. Im Blick steht beim Wort Gottes die *Erstverkündigung* der Frohen Botschaft seitens der apostolischen Autorität. „Evangelium" in diesem Sinne meint das Kerygma von Jesus Christus, dem für uns Gekreuzigten und Auferstandenen, samt dessen Einbettung in die Verheißungsgeschichte Gottes und seines Bundes.

Das Wort Gottes hat also fundamentalen Rang für die Entstehung der Kirche, ebenso für ihre fortdauernde Existenz, daran besteht neutestamentlich kein Zweifel. Auf der anderen Seite haben wir gesehen, dass Paulus und die Urkirche die kleinen christlichen Gemeinschaften kennen und schätzen. Gibt es nun eine Beziehung zwischen Wort Gottes und Hauskirche, zwischen „Bibel" und „KCG" im Urchristentum?

Die Antwort des Exegeten: Im Prinzip – ja; explizit und direkt – nein. Wir dürfen selbstverständlich davon ausgehen, dass Paulus den Wert des Wortes, die Kraft des von ihm verkündigten Evangeliums nicht nur für seine Gemeinden als ganze gesehen hat, sondern auch für deren einzelne Glieder, die kleinen Gemeinschaften der Häuser. Leider haben wir jedoch kein direktes Zeugnis vom *Umgang mit der Bibel in den Häusern.* Apg 2,42 spricht von der Lehre der Apostel, der Gemeinschaft, dem Brotbrechen und den Gebeten; ob darunter auch das Teilen der Schrift subsumiert wird, ist gut möglich, geht aber nicht direkt aus dem Text hervor.

Ich nenne einige Stellen bei Paulus, die vielleicht ein wenig in Richtung „Bibel-Teilen" deuten.

1 Thess 1,6: „Ihr habt das Wort trotz großer Bedrängnis mit der Freude aufgenommen, die der Heilige Geist gibt." Hier spricht Paulus zwar auch von seiner Erstverkündigung des Evangeliums; bemerkenswert sind aber die Motive „Bedrängnis" versus „Freude des Heiligen Geistes", die mit dem Wort verbunden werden.

1 Thess 2,13: „Darum danken wir Gott unablässig dafür, dass ihr das Wort Gottes, das ihr durch unsere Verkündigung empfangen habt, nicht als Menschenwort, sondern – was es in Wahrheit ist – als Gottes Wort angenommen habt; und jetzt ist es in euch, den Gläubigen, wirksam." Hier betont Paulus nicht nur den göttlichen Charakter des Wortes, das mehr ist als Menschenwort, sondern auch die *fortdauernde Wirksamkeit* (wörtlich „Energie") des Wortes *in den Glaubenden.*

Gal 6,6 (in wörtlicher Übersetzung): „Der, der im Wort unterwiesen wird, soll Gemeinschaft halten mit dem, der unterweist, in allen Gütern." Dieser Satz ist schwierig.[8] Er thematisiert entweder eine ökonomische oder aber geistliche Gemeinschaft zwischen Katechet und Katechumene. Dies ist kein Verhältnis unter Gleichen; aber immerhin tauchen hier in einem Atemzug die Motive „Wort" und „Teilen" auf.

Wohl der schönste NT-Beleg im Sinne unseres Symposions ist Kol 3,16: „Das Wort Christi wohne mit seinem ganzen Reichtum bei euch *(en hymin* entweder „in euch" oder „unter euch"); in aller Weisheit belehrt und ermahnt einander."

---

8 Vgl. H. Schlier: *Der Brief an die Galater* (KEK). Göttingen [11]1951, S. 202f.

8. Fazit: Wert und Norm des paulinischen Gemeindemodells für KCG der Gegenwart

Ein kurzes Resümee aus diesen biblischen Beobachtungen: Ja, kleine Gemeinschaften haben ihre Wurzeln schon bei Jesus und sind mit den urchristlichen „Hauskirchen" sowohl in der Apg als auch bei Paulus bestens belegt. Es ging anfangs einfach nicht ohne sie. Allerdings gibt es in der Urkirche offenbar von Beginn an auch das Problem einer Spannung zwischen Gesamtgemeinde und Einzelgliedern (vgl. in einem ganz anderen Bereich des NT den in *3 Joh 9 f.* angedeuteten Konflikt). Paulus warnt sehr oft vor der Gefahr der Spaltung, er mahnt die Gemeinden zur Einheit.

Im 21. Jahrhundert ist die Volkskirche weithin zu einem Relikt der Vergangenheit geworden. Umgekehrt gab es zu Zeiten des Neuen Testaments noch keine Volkskirche. In gewisser Weise sind die Situationen vergleichbar; deshalb legt sich die Orientierung an der Urkirche heute besonders nahe. Mit den kleinen Gemeinschaften in unseren Diaspora-Häusern, die sich um das Wort Gottes versammeln und die Bibel miteinander teilen, stehen wir in Treue zu den Ursprüngen der Kirche. Zwar ist ein Analogon zum Bibel-Teilen als Mitte der KCG neutestamentlich nicht explizit bezeugt, doch stehe ich nicht an zu sagen, dass *das Bibel-Teilen eine legitime Entwicklung im Geiste des Paulus und der Urkirche* darstellt.

Freilich sind wir gehalten, uns beim Blick auf die Anfänge von Paulus auch ständig die Mahnung zur *Einheit* sagen zu lassen. Ohne die Verbundenheit mit der großen Gemeinschaft der „Kirche Gottes" steht eine Kleine Christliche Gemeinschaft in Gefahr, auf Abwege zu geraten. Die Kirche als Leib Christi lebt aus ihren vielen kleinen Gliedern, das ist wahr; aber die Glieder sind auch nichts ohne den Leib (1 Kor 12).

Teil III:

Kleine christliche Gemeinschaften – Chancen eines pastoralen Ansatzes

Martin Lätzel

„… damit der Friedhof nicht zum letzten Treffpunkt wird"

Wie Pfarrei neu wird – eine französische Perspektive als heuristisches Modell für die Strukturveränderungen der Pastoral in Deutschland

Was ist Heuristik? Heuristik ist der Versuch, in Anbetracht komplexer Bedingungen, Lösungswege aufzuzeigen und Komplexitätsknoten zu entwirren. Wenn wir uns heute der Frage stellen, ob die Ansätze der französischen Kirche – und hier insbesondere die Bildung lokaler Gemeinschaften in der Diözese Poitiers – ein heuristisches Modell zur Erneuerung der Pfarreien bieten, dann blicken wir auf die Verknotungen, unter denen wir zu leiden (?) haben, beziehungsweise die uns vor Anfragen und Herausforderungen stellen. Wenn wir aber die französische Perspektive als heuristisches Modell nehmen, dann arbeiten wir nicht mit einer Problemstellung, sondern mit einer Chance, die sich uns in der Abkehr von tradierten und oft überkommenen Strukturen bietet, hin zur wirklichen Erfüllung der Kirche als Gemeinschaft aller Christinnen und Christen in der Zeit. Im Folgenden soll die Fragestellung in einem klassischen Dreischritt behandelt werden. Wir werden zunächst sehen, wie sich die Situation in der französischen Diözese Poitiers darstellt, werden danach eine pastoraltheologische Einordnung versuchen, um hieraus Impulse für die deutsche Kirche zu entwickeln.

Sehen : Die Situation[1]

Die Erzdiözese Poitiers blickt auf eine lange Geschichte, die bis in das vierte nachchristliche Jahrhundert zurückgeht. Sie gehört zu den wenigen Diözesen in Frankreich, deren heutiges Gebiet zwei Departments umfassen (Deux-Sèvres und Vienne). Beide Departments sind überwiegend ländlich strukturiert, eine Verkehrsachse verbindet die wenigen Städte des Bistums (Niort, Poitiers und Chatellerâult). Die Verwaltungseinheiten umfassen zusammen circa 750 000 Einwohner. Etwa 13 000 von ihnen gehören der protestantischen Kirche an, ungefähr 3000 anderen nichtchristlichen Bekenntnissen. Der Staat in Frankreich erhebt nicht die Religions- beziehungsweise Konfessionszugehörigkeit der Bevölkerung, daher sind die Zahlen nicht immer aktualisiert. In Frankreich sind die Pfarreien deckungsgleich mit den Zivilgemeinden (communes). Entsprechend gab es im Bistum Poitiers 600 Pfarreien, 300 von ihnen umfassen aktuell weniger als 300 Mitglieder. Diese Zahlen veranschaulichen die ländliche Struktur im Poitou-Charente, einer Landschaft, die durch Dörfer und Weiler geprägt ist. Dem Erzbistum standen im Jahr 2004 noch etwa 300 Priester zur Verfügung,

---

1 Weitere Zahlen und nähere Informationen zur Erzdiözese Poitiers und zu den Grundlagen der folgenden Ausführungen finden sich, mit ausführlichen Begleittexten, unter www.diocese-poitiers.com.fr. Zur Situation in Frankreich allgemein vgl. Hadwig Müller: *Was macht den Unterschied der Initiativen in der französischen Kirche aus? Theologisches Handeln und handelnde Theologie.* In: Matthias Sellmann (Hrsg.): *Deutschland – Missionsland.* Freiburg i. Br. 2004, S. 229–248, S. 244 f. Zu den Strukturveränderungen innerhalb der Diöze Poitiers vgl. Martin Lätzel: *Strukturelle Aufbrüche in der Erzdiözese Poitiers.* In: DIAKONIA 35 (2004), S. 445–451; Hadwig Müller: *Netze des Evangeliums knüpfen. Berufung „örtlicher Gemeinden".* In: *Lebendige Seelsorge* 58 (2007), S. 162–167; Klaus Nientiedt: *Frankreich: Strukturmodell für die Seelsorge.* In: *Herder Korrespondenz* 60 (2006), S. 61–63; Albert Rouet et. al.: *Un nouveau visage d'Eglise. L'expérience des communautés locales à Poitiers.* Paris 2005; Albert Rouet et. al.: *Un goût d'espérance. Vers un nouveau visage d'Eglise II. L'expérience des communautés locales à Poitiers.* Paris 2008.

von denen aber nur 100 jünger als 70 (und 27 jünger als 50) Jahre alt waren. Weiterhin sind noch 30 Diakone mit Zivilberuf in der Pastoral tätig (mit einem sehr geringen Altersdurchschnitt, 25 der Diakone sind jünger als 50 Jahre), sowie 99 Hauptamtliche in so genannten „anerkannten Dienstämtern" *(ministères reconnus)* oder als *permanents en pastorale,*[2] das sind umgerechnet 60 Vollzeitstellen. In zwanzig Jahren wird die Erzdiözese, glaubt man den derzeitigen Prognosen, noch über 45 Priester verfügen, die in der Pastoral mitarbeiten.

Positionierungen für die Zukunft: „Le richesse de l'Église, ce sont les chrétiens." Nach dieser Prämisse arbeitet die Leitung des Bistums. Bereits vor über zehn Jahren suchte man nach neuen Bahnen, um theologisch fundiert die Zukunft zu gestalten. Prägend für den Mitte der 90er Jahre eingeschlagenen Weg wurden die Bischöfe Rozier († 1994) und Rouet (seit 1994). Zur Entwicklung einer zeitgemäßen Pastoral wurde 1993 eine erste Synode einberufen: *„Routes d'Évangile" (Wege des Evangeliums).* Die Zusammenkunft beschloss die bis heute gültigen Prioritäten der Kirche von Poitiers:

– Die Einrichtung und Förderung von örtlichen Gemeinden/ Gemeinden der Nähe *(communautés locales bzw. communautés de proximité)*

– Die missionarische Dimension des kirchlichen Lebens: den Dienst an der Gesellschaft *(service de la societé)*

– Eine differenzierte Aus- und Weiterbildung insbesondere der Ehrenamtlichen.

Zehn Jahre nach der ersten Synode waren eine Weiterentwicklung und Evaluation der ersten Schritte notwendig geworden. Erzbischof Rouet berief deswegen im Jahr 2003 die zweite Diözesansynode ein: *„Serviteurs d'Évangile" (Diener und Dienerin-*

---

2 Unseren Gemeindereferentinnen und Gemeindereferenten, Pastoralreferentinnen und Pastoralreferenten vergleichbar.

nen des Evangeliums). Hier wurde ein besonderes Augenmerk auf die Vitalität der christlichen Gemeinschaften vor Ort gelegt, mit drei wichtigen Akzenten: Option für Gläubige und Fernstehende; Prinzip der Subsidiarität; Aufmerksamkeit für das Verhältnis der Dienstämter beziehungsweise der Berufungen zu- und miteinander. Alle Gemeinden wurden in die Arbeiten der Synode einbezogen durch die intensive Beschäftigung mit der Apostelgeschichte. Die Früchte der gemeinsamen Bibelarbeit wurden bei den Delegiertenversammlungen gesammelt und bekannt gemacht. „Wir müssen damit aufhören, den Priestermangel ausgleichen zu wollen; wir brauchen eine Neustrukturierung der Kirche." Diese Meinung äußerte Albert Talbot, Direktor des *Centre Théologique* in Poitiers und Dozent für Sozialethik und Moraltheologie am *Institut Catholique* in Paris.

Die Synode folgte der Richtungsanzeige: Christliches Leben braucht Nähe: Daher die Abkehr von pastoralen Großgebilden und Förderung der Laien, die selbst Verantwortung für die Kirche – für ihre Kirche – vor Ort übernehmen. „Der Reichtum der Kirche sind die Christen." Davon ist Erzbischof Albert Rouet überzeugt. Zugleich sagt er: „Ich kann nicht Menschen firmen und sie zugleich wie Minderjährige behandeln." Taufe und Firmung der Christen ernst zu nehmen bedeutet, Verantwortung zu teilen. Es gilt, Menschen zu stärken, damit sie die Geschicke der Gemeinden selbst in die Hand nehmen und gemeinsam mit dem Bischof und der ganzen Diözese gestalten.

Neben der Sorge um die Innensicht darf der missionarische Impuls nicht vernachlässigt werden, beides gehört zusammen. Die Kirche besitzt nicht mehr die personale Stärke und ökonomische Macht wie in vergangenen Jahrhunderten, sie ist schwächer geworden. Gerade diese Schwäche biete eine Chance für den Auftrag, den Glauben vorzuschlagen. „Ich wünsche mir eine Kirche, die es wagt, ihre Schwäche zu zeigen. Im Evangelium sehen wir Christus, der hungrig ist und der nicht verbirgt, wenn er müde wird. Manchmal erweckt die Kirche den Eindruck, dass sie überhaupt nichts braucht und dass die Menschen ihr nichts zu geben haben. Ich wünsche mir eine Kirche, die sich auf die menschliche Ebene begibt, indem sie nicht verbirgt, dass sie selber zerbrechlich ist, dass sie selber nicht alles weiß und sich auch selber Fragen stellt",[3] sagt Albert Rouet. Die letzte Synode stellte fest, dass es ein Anliegen der christlichen Gemeinschaft ist, das eigene Glaubensleben lebendig zu gestalten und damit ansprechbar und anziehend für alle Menschen zu werden und den „Empfang" zu kultivieren *(accueil,* am ehesten mit dem deutschen Wort „Empfang" zu übersetzen, spielt in der französischen Pastoral seit jeher eine besondere Rolle). „Jede kirchliche Gemeinschaft bemüht sich, von der Liebe Christi für alle Menschen Zeugnis zu geben. Eine empfangende und geschwisterliche Kirche zeigt sich im Kirchengebäude und in dem, was dort geschieht. Das Kirchengebäude ist ein Ausdruck der christlichen Gemeinschaft, die sich versammelt. Es ist ein Spiegelbild des Lebens, das dort stattfindet. Alle, die an diesem Ort hinein- und hinausgehen, müssen sich aufgenommen fühlen durch die Gemeinschaft, selbst wenn sich diese gerade nicht versammelt. Die Festzeiten und der Jahreskreis tragen dazu bei, eine lebendige Kirche zu bezeugen, darüber hinaus helfen sie, eine solche Kirche aufzubauen. Sorgfalt auf die Feiern zu legen ist ein Zeichen der Vitalität des Glaubens."[4] Eine „empfangende Kirche"? Nichts anderes bezeugt die Praxis der Synoden. Sie gaben vielen Menschen – auch außerhalb der Kirche – die Möglichkeit, sich zu beteiligen. Abgestimmt und verabschiedet wurden die Texte durch eine Versammlung Delegierter. Bis auf einen Punkt, der sich auf die Ordinationspraxis der römisch-katholischen Kirche bezog, wurden alle Forderungen durch den Erzbischof approbiert. Die starke Beteiligung an der Synode förderte die Rezeption ihrer Texte. In Poitiers zeigt

---

3 Vgl. Albert Rouet: *La chance d'un christianisme fragile.* Paris 2001, S. 57.
4 *Serviteurs d'Évangile,* Nr. 2213.

sich, dass eine Synode das diözesane Leben noch stärker durch die aktive Beteiligung und das Zusammenwirken vieler prägt, als durch ihre Ergebnisse. Allein das Ringen um eine gemeinsame Linie wird zu einem Prozess lebendiger Pastoral und Glaubenszeugnisse. Die Ergebnisse ändern die Seelsorge in den Gemeinden auf eklatante Weise. Der synodale Prozess erleichterte die Rezeption und wirkt als Katalysator für die Veränderungen. Nicht zuletzt zeigt die Einberufung und Durchführung der Synode, dass es der Erzbischof ernst meint mit der Betonung der Würde aller Getauften und Gefirmten. Hier, an den wichtigsten Prozessen der Kirche von Poitiers seit Jahrzehnten, war das gesamte Volk Gottes beteiligt, hier wird offensichtlich, dass der Reichtum der Kirche die Christen sind. Das beschlossene Strukturmodell ist sehr umfangreich, hier soll nun besonders auf die örtlichen Gemeinden, die „anerkannten Dienstämter" und die Organisation der Aus- und Weiterbildung eingegangen werden.

Die örtlichen Gemeinden

Das zentrale Element in der Pastoral der Erzdiözese sind die „Gemeinden vor Ort" *(communautés locales)*, die „Basisgemeinden" genannt werden dürfen, weil Erzbischof Albert Rouet sich ausdrücklich auch durch brasilianische und kambodschanische Basisgemeinden hat inspirieren lassen. Im Januar 2004 verzeichnete Poitiers bereits 231 solcher Basisgemeinden, und ihre Zahl nimmt stetig zu. Ihre Bildung wirkt der Gefahr entgegen, dass sich die Kirche vom Lebensort und damit vom Leben der Menschen entfernt. Für eine gelingende Pastoral ist die Nähe wichtig, Ausgangspunkt und Konzentrationspunkt der Pastoral ist die Gemeinschaft der Christen auf dem Land, in den Dörfern und den Stadtvierteln. Verbunden mit der Einrichtung der *communautés locales* ist eine neue Terminologie für die Strukturierung der Diözese. Man spricht nicht mehr von der Pfarrei *(paroisse)*, sondern von den pastoralen Sektoren *(secteurs pastoraux)*. Diese wurden in Folge der ersten Synode von 1993 definiert. Auf absehbare Zeit ist geplant, die Sektoren als „Pfarreien" kirchenrechtlich zu kanonisieren.[5] Der Prozess hängt auch davon ab, dass „Pfarrei" und „Pfarrer" nicht mehr nur im Umkreis des Kirchturms gesehen werden. Ein Sektor kann bis zu zehn Basisgemeinden umfassen. Die Leitung des Sektors liegt in den Händen einer Pastoral-Equipe *(Équipe d'animation pastorale/EAP)*, gebildet aus denjenigen, die eine Basisgemeinde vertreten *(délégué/e pastoral/e)*, aus denen, die die im Sektor engagierten Verbände vertreten, aus denen, die ein „anerkanntes Dienstamt" innehaben, und aus einem Priester. Die Sektoren wiederum bilden 14 *territoires*, die jeweils einem Bischofsvikar anvertraut sind. Die ehemaligen Dekanate spielen nur noch als Grundlage für das Konveniat der Priester eine Rolle. Die Gründe für den „Aufbau" der Diözese in Basisgemeinden und Sektoren liegen in einer Entscheidung für die Fläche. Da die territorialen Gegebenheiten eine wichtige kulturelle Rolle spielen und sich das Christentum als wesentlicher Teil der Kultur (Frankreichs) versteht, lag es nahe, alles daran zu setzen, diese Verbindung beizubehalten und zu pflegen. Pastorale Verantwortung zu dezentralisieren trägt diesem Kontext Rechnung. Die Erzdiözese Poitiers zeigt darüber hinaus in beeindruckender Weise, wie sehr die Einrichtung von Basisgemeinschaften das Engagement der Ehrenamtlichen in der Gemeinde verstärkt. Die Verantwortung in den Basisgemeinden übernimmt eine Gruppe, die *équipe de base*, Basisequipe, genannt wird. Sie steht eindeutig für die „Kultur des Rufens"[6] als ein „Übergang von einer Pastoral der Aufgabenerfüllung [die Ehrenamtliche sucht, weil diese oder jene vom Gemeindeleiter

---

5 Vgl. *Serviteurs d'Évangile*, Nr. 2237.
6 Vgl. Hadwig Müller: *Kultur des Rufens. Studientag mit der Konferenz für Katholische Hochschulpastoral*, 7.11.06. Bad Honnef. Manuskript.

oder einem anderen Hauptamtlichen oder vom Pfarrgemeinderat definierte und für wertvoll erachtete Aufgabe übernommen werden muss, Anm. M. L.] zu einer Pastoral des Rufens"[7] als einer Pastoral, die ansetzt bei den Charismen, Talenten, Wünschen, Sehnsüchten und Grenzen derjenigen, die sich innerhalb der Gemeinde engagieren wollen. Eine *équipe* setzt sich aus fünf Personen zusammen. Zwei von ihnen werden von der Bevölkerung gewählt: die Person, die für die Koordinierung aller Aktivitäten zuständig ist und die Basisgemeinde im Sektor vertritt *(délégué/e pastoral/e)*, und die Person, die für die materielle Basis, die Finanzen verantwortlich ist; die drei anderen in der *équipe* werden auf Vorschlag der Pastoralequipe des Sektors vom Bischof ernannt: Das sind diejenigen, die für Liturgie, Verkündigung und Diakonie verantwortlich sind. Diese bilden für die Wahrnehmung ihrer Aufgaben jeweils wieder eigene Equipen. In dieser Aufteilung spiegeln sich die Grundfunktionen kirchlichen Lebens wider, das gemeinschaftstiftende Element der Koinonia wird durch die Leitung repräsentiert. Jede dieser Basisequipen wird in einer Feier durch den Erzbischof in das Amt eingeführt, deren zentrale liturgische Geste vom Geist der Zusammenarbeit beredtes Zeugnis ablegt: Da steht der Bischof mit seinem Bischofsstab in der Hand. Er fragt jeden der Equipe, ob er beziehungsweise sie die ihm/ihr übertragene Verantwortung annimmt, und wartet auf die Antworten der Frauen und Männer. Dann bittet er sie, mit ihm den Bischofsstab zu halten. Am Ende halten fünf Hände zusammen mit der des Bischofs das Symbol seines Hirtenamtes. Alle Mitglieder der *équipe* erhalten eine Beauftragung für drei Jahre, mit einer möglichen Erneuerung für weitere drei Jahre. Die Basisequipe dient dem Leben der Gemeinde vor Ort. „In der Mitte der Menschen lebt und bezeugt die Gemeinschaft das Evangelium", sagt Erzbi-

7 Ebd. S. 2.

schof Rouet. Man lässt im wahrsten Sinne des Wortes die „Kirche im Dorf", damit sie niemanden aus den Augen verlieren kann. „Konzentration auf das Zentrum schwächt die Peripherie, der Priester bekommt mehr Macht, aber man gewinnt keine neuen Christen hinzu" (Albert Rouet). Die Kirche von Poitiers will Kirche des Petrus und des Paulus sein, Kirche vor Ort – dafür stehen die Basisgemeinden – und Kirche der Verkündigung und Mission – dafür stehen die „Bewegungen" der *Action Catholique*, unseren Verbänden vergleichbar. Der Basisequipe entspricht auf der Ebene des pastoralen Sektors die *Équipe d'animation pastorale (EAP)*. Der Begriff ist kaum adäquat zu übersetzen, er intendiert die Koordination des Sektors ebenso wie die Sorge um die Qualität des christlichen Lebens, gleichsam die Be-Geisterung der christlichen Gemeinschaft. „In jedem Sektor ist die EAP der erste Ort der Ausübung einer Vielzahl von Dienstämtern und Verantwortungen im Blick auf die gleiche Mission."[8] Gemeinsam mit dem Pastoralrat des Sektors werden die Projekte in diesem Bereich koordiniert. Der Priester hat in dieser Struktur laut Synodenakten vor allem drei wichtige Aufgaben. Er hilft den Laien, ihre Arbeit, die Entscheidungen, die sie treffen, im Licht des Evangeliums noch einmal zu begutachten. Er stellt die Gemeinschaft zwischen den verschiedenen Basisgemeinden her und trägt dazu bei, dass sie sich gegenseitig unterstützen und sich in ihrer Unterschiedlichkeit achten. Schließlich ist es der Priester vor allem, der die einzelnen Gemeinden daran hindert, eine Vereinsmentalität zu entwickeln. Er weckt in ihnen immer wieder den missionarischen Elan.[9] Erzbischof Rouet bezeichnet die zukünftige Aufgabe der Priester als „*ecclésialiser*", dem „Zur-Kirche-werden-lassen" der einzelnen Gemeinde vor Ort, die in der Einheit mit anderen,

---

8 Vgl. *Serviteurs d'Évangile*, 62.
9 Vgl. ebd., Nr. 2227. Vgl. besonders: Rouet: *La chance d'un christianisme fragile*, S. 171ff.

mit der Diözese und der französischen Ortskirche ein Glied in
der Weltkirche ist.

Die „Anerkannten Dienstämter"

Ein interessantes Spezifikum in der Pastoral der Erzdiözese stellen die anerkannten Dienstämter (ministères reconnus) dar. Die
Synodenakten stellen fest: „Damit in unserer Diözese ein kirchlicher Dienst als Dienstamt anerkannt wird, muss er einem genau
erkennbaren Dienst in einem klar definierten und für das kirchliche Leben notwendigen Bereich entsprechen. Eine echte Verantwortung muss dazu gehören, er darf nicht nur eine punktuelle
Hilfe in einer Equipe meinen. Er muss durch einen klaren Sen-
dungsbrief mit einer für drei Jahre geltenden und auf weitere drei
Jahre verlängerbaren Beauftragung anerkannt werden, der vom
Bischof unterschrieben ist oder von seinem Vertreter. Er muss
von einer Aus- oder Weiterbildung begleitet werden." In anerkannten Dienstämtern arbeiten Ehren- und Hauptamtliche.[10] Die
„anerkannten Dienstämter" können verschiedene Ausformungen
haben, die Ernennung bestätigt eine bereits durchgeführte Tätigkeit (z. B. in der Action catholique), eben einem „erkennbaren
Dienst in einem klar definierten [...] Bereich".

Für die Bezeichnung „anerkannte Dienstämter" nimmt die
Synode auf das Apostolische Schreiben *Novo millenio ineunte*
von Papst Johannes Paul II. aus dem Jahr 2000 Bezug.[11] „Wir

---

10 Vgl. *Serviteurs d'Évangile*, Nr. 3333 f.
11 In deutscher Fassung: Sekretariat der Deutschen Bischofskonferenz (Hrsgg.):
    Apostolisches Schreiben *NOVO MILLENIO INEUNTE*. Bonn 2001 (Verlaut-
    barungen des Apostolischen Stuhls 150). Dort heißt es unter der Nummer 46
    in der lateinischen Fassung: „Simul cum ministerio ordinis, alia ministeria,
    sive sint instituta, sive simpliciter recognita ..." bzw. in der französischen
    Übersetzung: „À coté du ministère ordonné d'autres ministères, institués ou
    simplement reconnus ..." Die deutsche Übersetzung diversifiziert den Aus-
    druck „ministerium" in „Amt" und „Dienst".

betrachten die Entwicklung der anerkannten Dienstämter als eine Bereicherung. Sie bringen eine missionarische Dynamik ein und bestätigen, dass alle Getauften für einen Teil des kirchlichen Lebens verantwortlich sind."[12]

Bildung durch das *Centre théologique* Der Aus- und Weiterbildung der Pastoraltätigen dient das bereits 1974 gegründete Theologische Zentrum *(Centre théologique)* im ehemaligen Seminar von Poitiers. Die Arbeit des Zentrums dient der Ausbildung der Engagierten in der Pastoral und ist ein Beitrag der Kirche zur Kultur der Gesellschaft. Primäre Zielgruppe der Einrichtung sind Gemeindemitglieder, die bereits eine Verantwortung innerhalb der Kirche übernommen haben. Darüber hinaus ist der Unterricht der Seminaristen in das Programm eingebunden. Die theologische Ausbildung hat einen wesentlichen Anteil an der Umstrukturierung der Diözese. Sie macht möglich, dass die Würde und Begabung der Getauften und Gefirmten sich umsetzen in Kompetenzen für die Seelsorge. Zugleich fördert sie das Selbstbewusstsein der Mitglieder der Equipen.

Das Programm des *Centre théologique* gliedert sich in drei Stufen:

1. *Parcours initial de formation* (P. I. F.), ein Einführungskurs, der dezentral in Gruppen, die über die ganze Diözese verstreut sind und ihre eigenen Anleiter haben, stattfindet. Da treffen sich Katechumenen, neu Getaufte, Menschen, die als Erwachsene den Glauben entdecken, katholische Kirchgänger, die sich plötzlich neuen Fragen und Unsicherheiten gegenüber sehen, Verantwortliche für die Gemeinden vor Ort. Der Kurs konzentriert sich im ersten Jahr auf Bibel und

---

12 Vgl. *Serviteurs d'Évangile*, Nr. 3332.

Christologie, im zweiten Jahr auf Kirche, Sakramente und Ethik.

2. *Formation à l'Animation pour Responsable en Église* (F. A. R. E.), für Ehren-und Hauptamtliche, die ein „anerkanntes Dienstamt" bekleiden oder mit einer pastoralen Beauftragung auf Dauer ausgestattet sind *(permanents)*. Dieser Kurs geht über drei Jahre.

3. *Diplôme Universitaire d'Études Théologiques* (D. U. E. T.), dieser Kurs wird gemeinsam mit der theologischen Fakultät von Angers verantwortet. Er ist mit einer Dauer von vier Jahren unserem Theologiestudium vergleichbar und wird zum Beispiel auch von den Priesteramtskandidaten der Erzdiözese durchlaufen. Er ist offen für alle, die ein Interesse am Studium der Theologie haben und die Voraussetzungen dafür mitbringen.

Die Ausdifferenzierung des Angebots verdeutlicht, welche Bedeutung der Bildung in Poitiers beigemessen wird. Das *Centre théologique* stellt sicher, dass die Verantwortlichen in der Pastoral gewissenhaft vorbereitet und begleitet werden. Es nimmt damit Aufgaben wahr, die als Akademie des Ehrenamtes bezeichnet werden können. Einen Großteil der Studierenden bilden Ehrenamtliche, selbst wenn es sich bei dem Studium um den Einstieg in eine von der Diözese bezahlte Tätigkeit handelt. Der Leiter des *Centre théologique*, André Talbot, registriert vier Zeitansagen für die Kirche von heute: Wir überschreiten eine weitere Schwelle der Säkularisierung. – Wir erleben den Zusammenbruch des tridentinischen Kirchensystems. – Wir brauchen eine neue Entfaltung der Mission. – Mission ist Dialog und Engagement. Nach Talbot ist das Heil für alle Menschen das entscheidend strukturierende Element für die Kirche. Jegliches ekklesiologische Modell muss sich daran messen lassen, inwiefern es die Sammlung der Christen in angemessener Weise sicherstellt und dabei die Verpflichtung zur Mission, zur Antwort auf die Fragen der Menschen (1

Petr 3, 15), erfüllt. Die französische Kirche will eine Kirche sein, die den Glauben vorschlägt und mit diesem Glauben in der Gesellschaft präsent bleibt. „Dieses Ziel verpflichtet uns, selbst unter dem Zeichen der Neuheit der Gabe Gottes zu leben, so wie sie sich in Jesus Christus in der Kraft des Heiligen Geistes bekundet. Wir werden also zwei Schritte nicht voneinander trennen können: die Aktualität des Glaubensgeheimnisses zu überprüfen und eine Kirche zu bilden, die eben dadurch evangelisiert, dass sie dieses Geheimnis lebt und der Einladung des Herrn antwortet."[13] Dieser Anspruch ist die Messlatte für die Arbeit in den Basisgemeinden von Poitiers. Mit der „Abkehr vom tridentinischen Kirchenmodell" ist deswegen keine Abwertung vergangener Zeiten verbunden. Den gegenwärtigen Herausforderungen gilt es gleichwohl mit neuen Ideen, neuem Wein in neuen Schläuchen, zu begegnen. Die Bistumsleitung setzt darauf, dass die Gemeinden vor Ort nicht nur zahlreicher, sondern auch selbstbewusster und missionarischer werden. Durch die Nähe zu den Menschen und das Engagement der Ehrenamtlichen vor Ort kann es gelingen, das Evangelium berührbar zu machen und im Dialog mit allen Menschen lebendig werden zu lassen. Vorbehalte gegen priesterlose Gottesdienste oder Katechesen gibt es auch unter Frankreichs Katholiken. Nicht alles läuft vorbildlich. Das Beispiel Poitiers zeigt freilich, wie Christen eine bewusste und erwachsene Verantwortung in und für die kirchliche Gemeinschaft übernehmen können. Die Anliegen des Briefes der Bischöfe an die Katholiken Frankreichs werden dadurch konkret praktiziert. „Was ein Glied der Kirche identifiziert, ist seine Art und Weise, den Glauben zu leben, dem Geist gemäß zu handeln, ‚in Christus zu sein' und von Christus in der Welt Zeugnis zu geben. Auf diese Anerkennung

---

13 Die französischen Bischöfe: „Den Glauben vorschlagen in der heutigen Gesellschaft." Der „Brief an die Katholiken in Frankreich". In: Hadwig Müller u. a. (Hrsg.): Sprechende Hoffnung – werdende Kirche. Ostfildern 2001, S. 16–74, S. 35.

und auf diese gegenseitige Achtung unserer Identität und unserer Aufgabe als Gläubige und Zeugen haben wir zu achten. Die christlichen Gemeinschaften sollen […] dafür ausgerüstet werden, diese Anerkennung und Achtung tatsächlich zu praktizieren, indem sie zwischen allen die Verständigung über den christlichen Glauben und die christliche Erfahrung fördern. Zu diesem Zweck hat die Kirche Frankreichs tief greifende Revisionen ihrer Abläufe und sogar wichtige strukturelle Reformen in Angriff genommen […]. Auf der anderen Seite werden von nun an echte kirchliche Aufgaben Laien anvertraut, sowohl im Bereich der Katechese als auch in der Verantwortung für das liturgische und spirituelle Leben […]. Viel bleibt noch zu tun, um Formen der Organisation, der Beratung und der Entscheidungsfindung zu finden, die dem Wesen und der Sendung der Kirche entsprechen."[14] Ein Wort hört man in Poitiers allenthalben, das Wort Vertrauen (confiance). Hadwig Müller beruft sich auf Albert Rouet, wenn sie angesichts der Situation in Poitiers konstatiert: „Die grundlegende Wahl, vor der die Kirche steht, ist die zwischen Vertrauen und Angst."[15] Erzbischof Rouet lebt aus der Überzeugung: „Die Kirche muss die Kirche des Vertrauens sein. So verhält sich Gott auch mit der Menschheit. Gott liebt die Menschen und sein Vertrauen ist verrückt."[16] Und eine Kirche, die die Wahl des Vertrauens trifft, ist eben eine un-ängstliche Kirche, und indem sie ohne Angst ist, ist missionarisch, wie Hadwig Müller jüngst konstatierte.[17]

14 Ebd., S. 58.
15 Müller, *Unterschied*, S. 245.
16 Rouet: *La chance d'un christianisme fragile*, S. 188. Zit. nach Müller, *Unterschied*, S. 248.
17 Hadwig Müller: *„Den Gott des Gesprächs in die Welt hineintragen." Was kann für Christen heute heißen, missionarisch zu sein.* In: Anzeiger für die Seelsorge 10 (2008), S. 20–23.

Urteilen: Eine Theologie der Gemeinden vor Ort und der Nähe und eine Kultur des Rufens

Das Grundprinzip des Christentums ist Trinität, das heißt, jegliche Struktur, die den Glauben lebt, kann nur in Beziehung, das heißt dialogisch gedacht werden.[18] Wir feiern Liturgie als Dialog mit einem Gott, durch Christus im Heiligen Geist. Und insofern muss die Lebensstruktur des Glaubens, die Kirche, diese Beziehungshaftigkeit des Christentums abbilden. „Trinitarischer Glaube ist communio, trinitarisch glauben heißt: communio werden."[19] Die Referenz ist nicht selbstbezogen, sondern auf Gott ausgerichtet und in dieser Ausrichtung wiederum Verkündigung der Reich-Gottes-Botschaft, denn: „Paulus, Apollos, Kephas, Welt, Leben, Tod, Gegenwart und Zukunft: alles gehört euch; ihr aber gehört Christus, und Christus gehört Gott" (1 Kor 3,22). Insofern ist das Christentum eine Religion der Beziehung, weil der christliche Gott, auf den sich der Glaube ausrichtet, nur in Beziehung gedacht werden kann. „Wenn Gott unitarisch (als bloße Einheit) beschrieben würde", so konstatieren die deutschen Bischöfe, „wäre das Andere oder der Andere immer ein von Gott getrenntes Gegenüber zu Gott; Gott würde verendlicht, wenn er als Schöpfer der Schöpfung nicht in demselben Maße immanent wie transzendent sein könnte. Möglich ist dies, wenn er selbst als Beziehung gedacht wird; wenn die Andersheit zu seinem eigenen Wesen gehört, wenn seine Einheit nicht das Gegenteil der Vielheit, sondern die subsistente Beziehung zwischen Vater und Sohn im Heiligen Geist – und also trinitarische Einheit – ist. Denn unter dieser Voraussetzung ist die Schöpfung nicht einfach das ‚Außen

---

18 Überdies kann nicht nur das Christentum als Religion der Beziehung gedacht werden, sondern ebenso, damit verwandt und in guter Tradition stehend, das jüdische Gottesbild. Vgl. dazu: Martin Buber: *Ich und Du.* Stuttgart 1995.

19 Joseph Kardinal Ratzinger: *Theologische Prinzipienlehre. Bausteine zur Fundamentaltheologie.* München 1982, S. 23.

Gottes', sondern endliche Abbildung der unendlichen Sohnschaft."[20] In dieser endlichen Schöpfung ist die Kirche endliches Zeichen der Beziehung Gottes zu den Menschen, der sich inkarniert hat; sie ist sacramentum mundi und kann ebenso, weil sie auf den immanent transzendenten beziehungsweise transzendent immanenten Gott bezogen bleibt, nur ihrerseits Beziehung leben, wenn sie die Inkarnation verkündet und feiert, eben, wie Ratzinger dies sagt, Communio werden. Vermutlich ist das nun folgende Verständnis von Communio ein anderes, als dies Ratzinger intendiert. Communio kann meines Erachtens nur plural gedacht werden, so, wie die drei göttlichen Personen jeweils verschieden und doch eins sind, so ist die Gemeinde jeweils aufgebaut aus unterschiedlichen Subjekten, die in der Gemeinde eins werden, in der aber Pluralität prinzipiell mitgedacht werden muss. Ratzinger plädiert für einen gelebten Glauben, der sich nicht allein durch Formeln definieren lässt, sondern sich in der gemeinsamen Erfahrung erfährt. „Was wir [...] brauchen, ist eine Wiederherstellung des Lebenszusammenhangs der katechumenalen Einübung in den Glauben als Stätte gemeinsamer Erfahrung des Geistes, die so zur Basis auch einer wirklichkeitshaltigen Reflexion werden kann." Wichtig ist Ratzinger eine „Logik des Glaubens [...], in der die Teilantworten ihren Platz haben. Die Formeln leben von der Logik, die sie trägt, die Logik aber lebt vom Logos, von dem Sinn, der sich ohne das Mitgehen des Lebens nicht erschließt – er ist an den ,Zirkel' der communio gebunden, der nur im Ineinander von Denken und Leben betreten werden kann."[21] Das bedeutet, Kirche als Gemeinschaft der Gläubigen wahr- und ernstnehmen, weil sich in ihr christlicher Glaube realisiert.

---

20 *Der Glaube an den dreieinen Gott – Eine Handreichung der Glaubenskommission der Deutschen Bischofskonferenz zur Trinitätstheologie.* Herausgegeben vom Sekretariat der Deutschen Bischofskonferenz. Bonn 2006 [Die deutschen Bischöfe, Nr. 83], S. 37.
21 Ebd. S. 26 f.

„Das Wirken der Kirche ist verwurzelt im Glauben und hat die Aufgabe, diesen zum Ausdruck zu bringen. Also muss die Art, wie Christen untereinander in Beziehung treten, ihren Glauben zum Ausdruck bringen."[22] Das trifft durchaus heutige soziokulturelle Trends. Vergewisserung über den eigenen Glauben entsteht erst im Dialog über die jeweiligen Glaubens- und Lebenserfahrungen innerhalb der Gemeinschaft.[23] Wenn auch dies von Ratzinger vermutlich so nicht intendiert war, so ist doch die soziologische Realität genau die, sich zwar an Glaubenssätze anzulehnen, diese jedoch individuell bis individualistisch zu interpretieren. Auch dies hat gemeindliche Realität anzuerkennen. Die Heterogenität des Glaubens ist in der heutigen Gesellschaft nicht zu leugnen, wie zuletzt zum Beispiel die Ergebnisse des Religionsmonitors bewiesen.[24] Dabei tritt in der Perspektive der Gesellschaft eine lehramtlich verbindliche Glaubenssaussage zurück zugunsten der jeweils eigenen Glaubenssichtweisen. Bernhard Spielberg stützt sich in seiner Untersuchung der Zukunft von Gemeinden[25] auf Danièle Hervieu-Léger, die vier verschiedene Formen der Glaubensvergewisserung beschreibt: In-

22 Rouet, *Un nouveau visage*, S. 245. [Übers. M. L.]

23 Vgl. dazu: Danièle Hervieu-Léger: *Pilger und Konvertiten. Religion in Bewegung.* Würzburg 2004. sowie: Gianni Vattimo: *Glauben, philosophieren.* Stuttgart 1997.

24 „Für Westdeutschland […] ist ein stark durch die großen Kirchen geprägter, asymmetrischer religiöser Pluralismus charakteristisch. Dies gilt nicht nur für die Kirchenmitgliedschaft, sondern auch für die Zentralität der Religiosität und die Ausprägung der Spiritualitätsmuster. Wie sich durch die Ergebnisse des Religionsmonitors andeutet, spielt sich ein großer Teil des religiösen Pluralismus unter dem Dach der großen Kirchen ab. So reicht das dem Christentum eher ferne pantheistische Religiositätsmuster offensichtlich bis weit in die Reihen der Kirchenmitglieder hinein. Die typischen ,Komponisten' beider Spiritualitätsmuster lassen sich in der Regel unter den Kirchenmitgliedern und nicht unter den Konfessionslosen finden." Karl Gabriel: *Religiöser Pluralismus. Die Kirchen in Westdeutschland.* In: Bertelsmannstiftung (Hrsg.): *Religionsmonitor 2008.* Gütersloh 2007, S. 76–84, S. 83.

25 Bernhard Spielberg: *Kann Kirche noch Gemeinde sein? Praxis, Probleme und Perspektiven der Kirche vor Ort.* Würzburg 2008, S. 399.

stitutionell – als Verfahren der Konformität mit der Institution, Kommunität – als kohärentes Verfahren –, ein Verfahren der wechselseitigen Glaubensvergewisserung (in der Diktion von Hervieu-Léger „Validation" genannt) mit der Gemeinschaft, als authentisches Verfahren – in dem sich die Glaubensvergewisserung an der Glaubwürdigkeit der Vermittlung bemisst, sowie die Autovalidation – mit ihrer subjektiven und individualistischen Gewissheit. Die institutionelle Validation ist mit der Krise der Institutionen ins Hintertreffen geraten, der Autovalidation fehlt der für die Glaubensvergewisserung nötige Austausch. Die in der Gesellschaft vorherrschende Pluralität führt auch zu pluralen Glaubensvollzügen und in diesen notwendigerweise zu einem Dialog. Sie müssen dies auch, wollen sie christliche Gemeinschaft bilden. Hervieu-Léger sieht hier einen virtuosen Zirkel, nämlich die Abkehr von der Institution, die zur Krise derselben führt und eine dialogische Glaubensvergewisserung nötig macht: „Die Krise der institutionellen Glaubensvalidation begünstigt die Vervielfachung der Glaubenssysteme mit gemeinschaftlicher Validation, sowohl innerhalb als auch außerhalb der großen Kirchen."[26] Und die Reaktion der Kirchen? Sie müssen sich arrangieren. „Die religiösen Institutionen müssen in ihrem Innern einen Kompromiss mit dem Überhandnehmen des Verfahrens der wechselseitigen Glaubensvalidation eingehen, das den Zerfall der traditionellen Verfahren der institutionellen Validation schleichend begünstigt, indem es nach und nach ein ,schwaches Modell' des wahren Glaubens durchsetzt. Zugleich müssen sie von außen wie von innen der Vervielfachung der einzelnen Verfahren der gemeinschaftlichen Validation widerstehen, die der vorgenannten Entwicklung den Widerstand der ,starken Modelle' von der miteinander geteilten Wahrheit entgegensetzt." Stark und schwach ist in Anführungs-

---

26 Hervieu-Léger, S. 178.

strichen aus Sicht der Institution gesetzt. Die Frage ist, ob der Widerstand notwendig ist, um den Erhalt der Institution zu sichern (und aus der Perspektive der Systemtheorie wäre dies vielleicht notwendig, wenngleich pastoral vermutlich nicht sinnvoll), oder ob man sich nicht bereit erklärt, den Pfad der „schwachen" Institution zu beschreiten, die aber aus den verschiedenen Charismen der sie bildenden Individuen lebt und in der Katholizität – der Communio in den Gemeinden und in der Gemeinschaft der Gemeinden – ihre Stärke findet? Das hieße die radikale (im Sinne von „zu den Wurzeln gehen") Anerkennung der Glaubenswürde der Getauften und Gefirmten, die mit ihrer je eigenen Sicht, ihren je eigenen Fragen, ihren je eigenen Freuden und Hoffnungen, ihrem Zweifel, ihrer Trauer und ihren Ängste zum Wohle der Gemeinschaft Gemeinde aufbauen. Vielleicht ergibt sich hieraus eine Chance, nämlich die plurale Wirklichkeit der Gesellschaft abzubilden in örtlichen Gemeinden, die ihrerseits Ausdruck einer kirchlichen Pluralität insoweit sind, als in ihnen Verortung und Nähe eine große Rolle spielen. Kirchliche Pluralität würde so verstanden als ein „Bei-den-Menschen-sein", ihrem Leben und ihrem Lebensraum (GS 1). Die Gemeinde erbaut sich so aus den verschiedenen Formen der Glaubensvergewisserung auf, setzt sie in Beziehung zueinander und ist darin Ausdruck der Nähe Gottes zum Leben der Menschen. Damit aus dieser pluralen Vielfalt kein Sektierertum wird, ist eine Strukturierung zur Erhaltung der Katholizität, der Umfassung weiterhin nötig. „Die Herausforderungen der Gemeinden stützen sich auf die Konzeption einer Kirche, die sich in der Koinonia der Gemeinden verwirklicht und deren Struktur […] auf den geweihten Diensten beruht. Das Gesicht der Kirche strebt nach dem Leben in der trinitarischen Logik einer Communio unter Gleichen. Es gibt keine ‚große' oder ‚kleine' Gemeinschaft. Jede existiert in ihrer Beziehung zu den anderen. Die Kirche baut in ihrer Präsenz auf den Gott, an den sie glaubt. Unser Gott ist nicht der eines autoritären Deismus. Er ist die liebende Einheit des Vaters, des Sohnes und des Geistes. Aus diesem Glauben will die Kirche gestaltet sein."[27] Dies muss bei allen Ansätzen der regionalen Verörtlichung immer mitgedacht werden, was bedeutet, Formen zu finden, die den „pastoralen Sektoren" der Struktur in Poitiers ähneln. Neu ist dieser Ansatz nicht, er geht vielmehr ad fontes, orientiert sich am Bild der Urgemeinde, ad intra das Brot teilende „Hausgemeinschaft" und ad extra Sauerteig (Mt 13, 33–35) einer fragenden und suchenden Gesellschaft und Zeichen der Nähe Gottes, Präsenz zeigend in geistig-geistlicher Hinsicht, Zeugnis ablegend, und in tatsächlich tatkräftigem Dienst am Nächsten. Und die Protagonisten? Wer handelt in, mit und für die Gemeinden? Rouet spricht von einer Struktur, die auf den „geweihten Diensten" beruht. Und in der Tat haben Priester ihre Rolle in der diözesanen Struktur im Poitou-Charente, aber sie haben eben e i n e Rolle und die Laien haben ihre. Dafür ist Veränderungsbereitschaft gefragt – bei den Hauptamtlichen und den ehrenamtlichen Gemeindemitgliedern. Der Equipe vor Ort wird eine große Verantwortung übertragen, sie balanciert im Miteinander mit der Gemeinde, den Hauptamtlichen, dem Sektor und der Diözese. Die Ausübung der Verantwortung führt, so resümiert Rouet, nicht zur Konkurrenz, sondern zum Miteinander: „Je mehr Verantwortung durch Laien in einem vorgegebenen Rahmen, mit festgeschriebenen Funktionen, übernommen wird, desto mehr wird durch eine vertiefte Zusammenarbeit eine gute Praxis gesichert, ohne, dass der Drang besteht, die eigenen Zuständigkeiten auszuweiten."[28] Der Priester findet sich in der Rolle des Begleiters wieder, des Auferbauers der Gemeinde, dessen primäre Aufgabe es ist, die Gemeinde zur Kirche werden zu lassen (s. o. ecclèsialiser), oder, wie Rouet sagt, nicht vorzubeten, sondern zu lehren, wie man betet. Für

---

27 Rouet, *Vers un nouveau visage d'Eglise*, S. 245.
28 Ebd. S. 242.

ihn ist der Priester ein Vater der geschwisterlichen Zusammenarbeit, „der daran erinnert, dass sie ihre Quelle nicht in sich selber findet. Es zeigt sich, dass der Priester, als sakramentaler Repräsentant Christi, des Hauptes der Kirche, sich als unentbehrlich für die Bildung einer Gemeinde erweist. Denn es ist der Stolz eines Vaters, seine Kinder in das Erwachsenwerden zu begleiten. Das erfordert eine große psychologische und spirituelle Reife des Priesters. […] Nur mit dieser Qualifikation ermöglicht er den Christen ihre Aktionen, Initiativen und ihre Schwierigkeiten im Glauben der kirchlichen Gemeinschaft zu reflektieren. Der Priester ist der Zeuge des Glaubens der Kirche."[29] Im Zeugnis des Glaubens der Kirche ist die institutionelle Verbindung bezeichnet, sie ist ein Verweis, ohne institutionell einzuengen. Rouet sieht die theologische Begründung in der pfingstlichen Geistausschüttung, die er bisher zu gering beachtet sieht: „Ausgebreitet über allem Fleisch geht sie dem apostolischen Wirken voraus und konstituiert das gemeinsame Priestertum. Das besagt, dass der Geist, der in der Weihe angerufen wird, die Dienste in einer Dimension erweitert, die über die Führung einer Gemeinde hinausgeht."[30] Der zentrale Punkt im Umgang mit Ehrenamtlichen in den Gemeinden, so Hadwig Müller, ist, „dass man von einer Pastoral der Aufgabenerfüllung zu einer Pastoral des Rufens übergeht".[31] Nicht umsonst liegt hier die Parallele von „Ruf" und „Berufung". In einer Kultur des Rufens wird Glaube verstanden als „Dynamik von Ruf und Antwort" (Hadwig Müller). Diese Dynamik klingt an, wenn wir über die Gemeinde als eine aus vielfältigen Begabungen und Lebenssichten sich zusammensetzende Communio sprechen. Sie ist Abkehr von einer aufgabenbezogenen Zuweisung von Tätigkeiten, oder: Zuarbeiten, zu einer selbst tragenden Teilhabe als, so

---

29 Ebd. S. 242–243.
30 Ebd. S. 246.
31 Müller, *Kultur des Rufens*, S. 1.

Ulrich Feeser-Lichterfeld, „tatsächliche, tatkräftig umgesetzte Anerkennung der Berufung aller Christinnen und Christen".[32] Die Betonung liegt dabei auf dem Indefinitpronomen. „Nur auf diese Weise wird es der Kirche gelingen, in überzeugender Weise Zeichen zu sein für das Heil der ganzen Welt und damit zugleich für die Berufung eines jeden Menschen. […] Berufung wird damit zum zentralen Moment des konstitutiven Aufeinanderbezogenseins von Kirche und Welt …"[33] Das bedeutet, dass in der Realität, so wie sie sich uns darstellt und wie sie die Soziologie analysiert, eigentlich nur in der Weise Gemeinde gelebt werden kann, die „Freiraum für Mitsprache, Beteiligung an Entscheidungen, Offenheit für Strukturwandel" zum sichtbaren „Ausdruck der alle Christinnen und Christen verbindenden Berufung und ihres communialen Zu- und Miteinanders"[34] werden lässt. „Der Priester ist der Diener an der Gemeinschaft der Christen, für die er beauftragt ist. In seinem pastoralen Wirken der Stärkung von Kompetenzen, ermöglicht er die Communio, die zugleich Weg und Ziel christlichen Lebens ist."[35] (s. o.)

Handeln: Lokale Gemeinden als Zeichen der Nähe Gottes in unserer Welt

Jürgen Werbick verweist in seinem Plädoyer für die „Kirche vor Ort" auf die Gefahr der „Entörtlichung", die aus Mangel an Angeboten der Eucharistiefeier entsteht, Ergebnis der (anachronis-

32 Ulrich Feeser-Lichterfeld: *Berufung. Eine praktisch-theologische Studie zur Revitalisierung einer pastoralen Grunddimension.* Münster 2005, S. 385.
33 Ebd. S. 385 f.
34 Ebd. S. 388.
35 Arnaud Join-Lambert: *Quels prêtres pour quels chrétiens? Une réflexion de théologie pastorale.* In: *Revue théologique de Louvain* 38 (2007), S. 373–396, S. 393 (Übers. M. L.)

tisch?) begrenzten Zulassungen zum Priesteramt oder aber die Tatsache, dass man (ehrenamtlichen) Laien die Gemeindeleitung verweigert – unter der Gefahr des Auseinanderdriftens dieses Amtes vom Vorsitz der Eucharistiefeier.[36] Welche Möglichkeiten gibt es, eine Entörtlichung zu verhindern? Jürgen Werbick zeigt sich skeptisch. Unser hier zu diskutierendes Modell weist meines Erachtens einen Weg, der eben nicht über die Diskussion von Zulassungsbedingungen führt. Die *örtlichen Gemeinden* „machen eine Kirche sichtbar, die den Menschen nahe sein will."[37] Das ist die Morgengabe eines Strukturmodells, wie es sich in der Diözese Poitiers präsentiert. Es geht eben nicht um eine möglichst reibungslose Neustrukturierung von Kirche angesichts gesellschaftlicher Friktionen und schwindender Ressourcen von Kirche, sondern es geht um eine – in Verwurzelung im Zweiten Vatikanischen Konzil – (Neu)Entdeckung der Charismen aller Menschen und dies zum Wohle von Gläubigen und Nichtgläubigen, und erst sekundär zum Dienst an der Kirche als Sakrament des Heils in der Welt. Jeder Christ und jede Christin ist mit seiner und ihrer Taufe berufen zum Dienst an der Gemeinschaft – auch dies ein Verständnis, das in Frankreich in den vergangenen Jahren stark reflektiert wurde und noch der praktischen Rezeption in Deutschland harrt.[38] Und die deutsche Kirche? Transformationen des „Modells" – wenn man es denn so bezeichnen will – sind möglich, wie sie zum Beispiel auch im Bistum Lüttich vorgenommen werden.[39]

36 Jürgen Werbick: *Warum die Kirche vor Ort bleiben muss.* Donauwörth 2002, S. 7.

37 Müller, *Kultur des Rufens*, S. 3.

38 Vgl. Lioba Zodrow: *Gemeinde lebt im Gottesdienst. Die nachkonziliare Liturgiereform in Frankreich und ihre Voraussetzungen.* Stuttgart 2000; sowie: Stefan Wiesel/Lioba Zodrow: *„Taufbewusstsein"* – *Grundlage selbstbewussten Christseins. Impulse aus der französischen Sakramenten-und Liturgiepastoral.* In: ThpQ 156 (2008), S. 58–68.

39 Vgl. Vikariat für die Pfarren (Hrsg.): *Die Kontaktgruppen.* Lüttich 2004 [Église de Liège: Acta].

Dort „baut" man auf so genannte „Kontaktgruppen", die für eine oder mehrere Ortsgemeinden Verantwortung übernehmen. Die Gemeinden sind die früheren Pfarreien, die nun zu einem Pfarrverband zusammengeschlossen wurden. Geleitet werden die Pfarrverbände vom (hauptamtlichen) Pastoralteam mit dem letztverantwortlichen Pfarrer. Das Bistum Lüttich legt Wert darauf, dass die Ortsgemeinden kirchliche Repräsentanz im Nahraum sind. Der Pfarrverband habe darauf zu achten, dass die Ortgemeinden weder zu autonom noch zu selbstgenügsam werden.[40] Der verantwortliche Bischof von Lüttich, Aloys Jousten, betont, dass es ihm nicht darum geht, den wachsenden Priestermangel auszugleichen. Ihm ginge es nicht darum, Priester „angemessen" zu verteilen, sondern die „Zusammenlegung der derzeitigen Pfarren und ihre Zusammenarbeit in den Pfarrverbänden zielt einzig darauf ab, deren Glaubenszeugnisse zu stärken".[41] Die Kontaktgruppen bestehen, wie in Poitiers, aus fünf Personen mit eben jenen dort vorgesehenen Aufgaben. Auch in Lüttich ist die Amtszeit begrenzt, die Ernennung der Teams erfolgt durch den Pfarrer nach Prüfung durch das Pastoralteam und/oder den Pfarrgemeinderat.[42] Was wir brauchen, sind neue Formen der Kirche und nicht eine Verlängerung der alten Formen, die nicht mehr tragen (können). Damit einher geht die Abkehr von der Zentralisierung (wie sie leider in vielen Strukturprozessen der deutschen Diözesen vorherrscht[43]) und

---

40 Vgl. ebd. S. 5.
41 Ebd. S. 6.
42 Womöglich liegt hier ein Schwachpunkt im System, dass nämlich die Gefahr besteht, dem Pastoralteam gewogene Mitglieder zu ernennen, wiewohl auf Akzeptanz in der Gemeinde zu achten ist (vgl. ebd. S. 9).
43 Das Pastoralgespräch im Erzbistum Hamburg zum Beispiel kennt den Ansatz, Pfarreien als Gemeinschaft von Gemeinden zu definieren, in denen jeweils Eigenständigkeit, Selbstverantwortung und Selbstorganisation gefördert werden sollen. A la longue wird sich zeigen, ob dieser Ansatz konsequent verfolgt werden wird. Vgl. Erzbistum Hamburg (Hrsg.): *Das Salz im Norden. Sieben Leitsätze.* Hamburg 2005, S. 11. Und vgl. Martin Lätzel: *Damit das Salz*

neue Formen des „Ehrenamtes". „Der Prozess der Zentralisierung, wo auch immer er die Ordnung gesellschaftlicher Verhältnisse bestimmt, zerstört die Peripherie. […] Mit der Errichtung von ‚Gemeinden in der Nähe' weigert sich die Kirche in Poitiers, sich diesen Tendenzen anzupassen und ihrerseits das christliche Leben auf wenige Punkte zu konzentrieren."[44] Was ist Aufgabe der Gemeinden? Bernhard Spielberg formuliert im Anschluss an Karl Lehmann: „Orte der Kirche wären […] erstens Orte, an denen die Grenzen der Immanenz überschritten werden. Es sind Orte, an denen Menschen ihre Spiritualität persönlich, dialogisch und erfahrungsorientiert vertiefen können. Zweitens wären es Orte, an denen die Beschränkungen der Gesellschaft überschritten werden. […] Drittens käme der Kirche die Aufgabe zu, auch die Grenzen ihrer selbst auf das Evangelium zu überschreiten – wie alle Evangelisierung mit der Selbstevangelisierung der Kirche beginnt."[45] Diese Aufgabe trifft nicht nur auf die Gemeinde zu, aber sie betrifft eben auch die Gemeinde. Nimmt man die Modelle von Poitiers als heuristische Modelle, so kann man feststellen, dass eine derart verfasste Kirchenstruktur in besonderem Maß geeignet ist, die genannten Aufgaben zu erfüllen. Wie? Die Frage nach der örtlichen Gemeinde ist die Frage nach einem zugänglichen GlaubensOrt.[46] Solche Orte sind für Werbick: „Die Territorialgemeinden, in denen Menschen vor Ort den guten Ort finden für das Verweilen und die Orientierung auf ihrem Glaubensweg, für die Feier jener Erinnerung, die in der Feier des heilbringenden neuen Peassach lebendig werden will; aber auch die Orte der Sammlung, die aus der alltäglichen Lebens-Umwelt

nicht schal wird. Reflexionen zum Pastoralgespräch „Das Salz im Norden" des Erzbistums Hamburg. In: Pastoralblatt 60 (2008), S. 308–315.
44 Hadwig Müller: Netze des Evangeliums knüpfen. Berufung „örtlicher Gemeinden". In: Lebendige Seelsorge 58 (2007), S. 162–167, S. 165.
45 Spielberg, Kann Gemeinde noch Kirche sein?, S. 386.
46 Vgl. Werbick, S. 71.

herauslösen, die man von Zeit zu Zeit aufsucht, um – vorübergehend, aber womöglich ausgesprochen folgenreich – solidarisch Mitglaubende und Mitsuchende zu finden; schließlich auch die guten Orte, an denen man in verbindlichen Gruppen und in nachhaltigem gemeinschaftlichem Engagement Glaubens- und Lebenserfahrungen teilen will."[47] Sein Fazit: „Die guten Orte ermöglichen das Mitglauben und damit den Glauben." Werbick impliziert mit dieser Beschreibung Glaubensräume, selbst wenn sie nicht räumlich umschrieben sind: Da sind Kirchenorte beschrieben, die zur Einkehr einladen, da sind caritative Orte, Knotenpunkt, die Hilfe anbieten und es sind Vereine, Gruppen, Verbände und Gemeinschaften beschrieben. Ein Plädoyer für die Bildung überschaubarer, nahe-liegender Gemeinden und Gemeinschaften ist damit nicht als ein Votum für die „Kuschelgruppe", den sich selbst wärmenden Ofen zu verstehen. Die lokale Gemeinschaft ist ein Zeichen der Ver-Ortung des Christentums, ja das örtliche Zeugnis desselben, und zielt auf den Sozialraum der Menschen ab. Michael Hochschildt hat anschaulich dargestellt, dass das Matthäuswort (Mt 18,20), wonach Christus gegenwärtig ist, wo zZwei oder drei versammelt sind, keine Ausschließlichkeit der Vergemeinschaftung darstellt. „Es gibt keine Bevorzugung und keine Benachteiligung bei dieser zugesagten Gegenwart. [...] Die binnenkirchliche Vergemeinschaftung des Christen ist in dieser Hinsicht nicht mehr, aber auch nicht weniger zur Erprobung und Bewährung des christlichen Glaubensweges geeignet als seine Vergesellschaftung, bei der der Christ mit vertrauten kirchlichen Rollen- und Normerwartungen keinen unselbstständigen Umgang pflegt und stattdessen von seiner Freiheit des Ichs ausgiebig Gebrauch macht. Das Christentum kennt eben nicht nur die überschaubare Tischgemeinschaft bei der Feier der Eucharistie, son-

47 Ebd. S. 72.

dern auch die erweiterte Tischgemeinschaft [...] mit [...] anderen, die nur die Botschaft hören, ohne bereits dazu zu gehören ..."[48] Da die Gesellschaft plural ist, muss sich der Anweg in diese Gesellschaft in der pluralen Communio der Gemeinde abbilden und kann dies nur, wenn sie eben nicht auf ein oder zwei Hauptamtliche konstruiert und/oder reduziert wird. Dass eine Art von Territorialprinzip der Kirche sinnvoll ist, steht außer Frage. In Frage steht lediglich, wofür es genutzt wird. „Das Territorialprinzip", so Rainer Bucher, „zwingt die Kirche geradezu hinein in die Gesellschaft, zwingt die Kirche, alle Menschen wahrzunehmen, sich mit ihren Sorgen und Nöten zu identifizieren, ihnen gerecht zu werden. [...] Es kann die Kirche davor bewahren, ihren sakramentalen Charakter, also ihre Existenz als Zeichen und Werkzeug des universalen Heilswillens Gottes (LG 1), aufzugeben zugunsten institutioneller Strategien gepflegter Selbsterhaltung."[49] Was brauchen wir? Wir brauchen eine Strukturierung unserer Pastoral ähnlich der, wie sie in Poitiers oder Lüttich erfolgt. Ihre Wurzeln findet sie in den Small Christian Communities und transformiert diese Ansätze in westeuropäisches Denken, das erstens stark von Strukturen geprägt ist und in dem zweitens Nachbarschaftlichkeit nicht diese große Rolle spielt wie in Südafrika oder Indien. Wir brauchen Gemeinschaften des kirchlichen Lebens vor Ort und müssen uns dafür von der gewohnten Pfarreistruktur verabschieden, da diese weder von den Ressourcen her weiterhin bereitzuhalten ist, noch – wie oben gezeigt – theologisch wie soziologisch sinnvoll ist. „Wenn Kirche sich aus der Fläche zurückzieht, das heißt ohne Ansprechpartner vor Ort [...], zieht

48 Michael Hochschild: „Wo zwei oder drei in meinem Namen versammelt sind ..." Über christliche Vergesellschaftungsstile und das Maß der Dinge. In: ThG 46(2003), S. 127–137, S. 136.
49 Rainer Bucher: Jenseits der Idylle. Wie weiter mit den Gemeinden? In: Ders. (Hrsg.): Die Provokation der Krise. Zwölf Fragen und Antworten zur Lage der Kirche. Würzburg 2005, S. 107–130, S. 125

sie sich von den Menschen zurück und wird bald nicht mehr gebraucht."[50] Diesem Fazit des ehemaligen Hamburger Diözesandministrators ist zuzustimmen, allerdings mit einer wichtigen Ergänzung. Alois Jansen schreibt diese Forderung vor dem Hintergrund hauptamtlichen Personals, er verknüpft den Gedanken mit der Struktur „bezahlter" Kräfte. Dass die Präsenz vor Ort wichtig ist, ist trivial. Doch die Gedanken müssten heute dahin gehen, wie die Charismen der Christinnen und Christen gemäß ihres ureigenen Sendungsauftrags in der Präsenz beziehungsweise durch die Präsenz vor Ort fruchtbar werden. Wir brauchen überdies neue und starke Formen theologischer Bildung, wir brauchen verstärkt Ehrenamtlichen-Akademien beziehungsweise kirchliche Volkshochschulen, mithin Kirchenvolks-Hochschulen. Das entspricht der Forderung des Konzils nach verstärkter Bildung, denn nur durch die Ausbildung wird Laien Teilhabe ermöglicht und werden Machtgefälle aufgrund von Wissensvorsprung planiert. Das Konzil sagt: „Es ist sogar wünschenswert, dass einer großen Zahl von Laien eine hinreichende Bildung in der Theologie vermittelt werde und recht viele von ihnen die Theologie auch zum Hauptstudium machen und selber weiter fördern. Zur Ausführung dieser Aufgabe muss aber den Gläubigen, Klerikern wie Laien, die entsprechende Freiheit des Forschens, des Denkens sowie demütiger und entschiedener Meinungsäußerung zuerkannt werden in allen Bereichen ihrer Zuständigkeit" (GS 62). Was wir brauchen sind Hauptamtliche, die sich in ihre neue Rolle hineinfinden, ihr Intimstes öffnen, wie Rouet sagt. Besonders gilt dies für die Pfarrer. Ein nochmaliges Zitat aus dem Pastoralgespräch des Erzbistums Hamburg: „Der Pfarrer nimmt unter der Autorität des Bischofs die Gemeindeleitung in einem umfassenden Sinn wahr. Bei der Seelsorge im Sinne des Lehrens, Heiligens und

---

50 Alois Jansen: *Nahe bei den Menschen. Zur Pastoral der Zukunft.* In: *Pastoralblatt* 60 (2008), S. 269–275, S. 274.

Leitens wird er unterstützt und ergänzt durch andere Priester, Diakone und Laien. Auf dieser Grundlage sind unter den veränderten Rahmenbedingungen die Aufgaben und Rollen für die pastoralen Dienste zu profilieren. Das soll dadurch geschehen, dass Priester, Diakone und Laien im pastoralen Dienst mehr als bisher gemeindliche Prozesse entwickeln, begleiten und moderieren; Priester, Diakone und Laien, die in der Wahrnehmung ihrer Leitung beziehungsweise Mitwirkung an der Leitung auf Beteiligung, Mitsprache, Delegation und Transparenz achten."[51] Das Zitat des Hamburger Pastoralgespräches beweist, dass die Diözesen hier auf dem richtigen Weg sind. Wie ist das zu verstehen? Interpretationshilfe bieten die so genannten Optionen, die im Zuge des Hamburger Pastoralgespräches in den Gremien diskutiert wurden. Diese Optionen zeigen meiner Meinung nach viel deutlicher als die letztendlich verabschiedete Fassung, in welche Richtung die Entwicklungen in der Pastoral gehen müssen. Hier findet sich ein dezidierter Ansatz, notwendige Entwicklungen in der Pastoral aktiv handelnd anzugehen:

„Die veränderten Rahmenbedingungen und die konsequente pastorale und missionarische Ausrichtung unseres Handelns verlangen eine grundlegende Veränderung der Rollen und Aufgaben der Akteure und Gremien in den verschiedenen pastoralen Feldern. Wenn die (territorialen und kategorialen) Gemeinden (Dienste und Einrichtungen) Subjekt der Seelsorge (des missionarischen Heilsdienstes) werden sollen, wenn also die Pastoral zukünftig wesentlich von gläubigen Christen getragen werden soll, kommen den ehrenamtlich Tätigen und den jeweiligen Gremien der Mitverantwortung eine deutlich andere Rolle und andere Aufgaben zu, als bisher. Motivierte und qualifizierte (zu qualifizierende) Personen in Gemeinden und Diensten betreiben zukünftig im Auftrag des Bischofs aktiv

---

51 *Das Salz im Norden*, S. 13.

die Seelsorge vor Ort. Die Gremien tragen dabei gemeinsam Verantwortung mit dem Pfarrer und dem Bischof. In einem differenzierten und kooperativen Leitungsverständnis hat der Pfarrer die durch das Kirchenrecht festgelegte und durch Qualifikation zu erwerbende Kompetenz, die geistliche Leitung/Gesamtleitung einer Pfarrei wahrzunehmen. Er repräsentiert die ganze Kirche in ihrer geistlichen Dimension. Seine vorrangige Aufgabe ist nicht die funktionale Organisation des seelsorglichen Alltags, sondern die spirituelle Gesamtausrichtung des Ganzen und seiner Teile. Dies beinhaltet wesentlich die Verantwortung für das Leben und Wachsen der Gemeinde, für Wandlung und Entwicklung, insbesondere also die Aufgabe, die seelsorglich Tätigen und die Verantwortlichen vor Ort zu ihrem Tun zu befähigen und sie darin zu stärken. Ehrenamtliche in den Pfarreien und Gemeinden werden leitende Aufgaben wahrnehmen, sowohl in pastoraler Sicht (Verkündigung, Caritas und Liturgie) wie in administrativer Sicht (Steuerung und Koordination). Dafür wird ein ausreichendes Fortbildungsangebot durch das Erzbistum bereit gestellt.[52]

In dieser Entwicklung sind Bedenken ernstzunehmen. „Das Priesterbild wird verdunkelt", so beklagt sich ein Pfarrer aus dem Bistum Aachen, „wenn der Priester zum Organisatoren und Liturgen wird, ohne die Möglichkeit zu haben, die ihm Anvertrauten persönlich kennenlernen zu können. Das wird den Tod der Seelsorge und der Seelsorger bedeuten, denn der Priesterberuf wird dadurch zunehmend unattraktiver."[53] Das kann man so sehen – oder anders, denn: Welches Verständnis von Seelsorge steht hinter dieser Äußerung? Wer ist Seelsorger oder Seelsorgerin? Nimmt man den französischen Ansatz ernst, dann kann weder der Begriff noch die Tätigkeit auf hauptamt-

---

52 http://www.das-salz-im-norden.de/optionen.htm [24.9.2008]
53 Regina Einig: *Klare Linie oder fehlende Visionen?* In: *Die Tagespost*, vom 20. September 2008, S. 5.

liches Personal reduziert werden. „Jede einzelne Person im Volk Gottes", so Stefan Knobloch, „wie gemeindedistanziert oder kirchenkritisch sie auch sei, hat nach Maßgabe von GS 22 das Zeug dazu, als Seelsorgesubjekt in Betracht zu kommen."[54] Durch diese Sichtweise wird die Tätigkeit eines professionellen Seelsorgers beziehungsweise einer professionellen Seelsorsorgerin nicht obsolet. Zum einen wird es immer Spezialistinnen und Spezialisten brauchen, die spezifische Kompetenzen für Seelsorgeaufgaben – auch komplexerer Art, wie zum Beispiel im Krankenhaus – übernehmen.[55] Zum anderen braucht es den Dienst an den Diensten, die Unterstützung derer, die als Freiwillige seelsorgerlich tätig sind. Das Priesterbild wird also nicht verdunkelt, wie der oben genannte Priester mutmaßt. Es wechselt die Farbe und seine Facetten. Wer sind denn die Anvertrauten? Gedacht werden können die Anvertrauten als diejenigen, die sich in den Gemeinden engagieren. Priester und Pastoral- oder Gemeindereferenten werden als Netzwerker tätig sein und sicher auch in spirituell-seelsorglicher Begleitung der Verantwortlichen in den Gemeinden. Was ist der Auftrag des Priesters? Das Bistum Lüttich sagt, der Priester wirke als Hirte, „der ruft, sendet, zuhört, ermutigt und sein Staunen über die Früchte des Evangeliums zum Ausdruck bringt".[56] Und weiter: „Die Priester sind diejenigen, die alle Getauften zum gemeinsamen Zeugnis ermutigen, die Gemeinden durch das Hören auf das Wort Gottes sowie das liturgische und sakramentale Leben festigen und ihnen fortwährend ihren Sendungsauftrag in Erinnerung rufen. Ein Schwerpunkt ihrer priesterlichen Sendung ist es, die Gemeinden aufzusuchen, die dort in der Seelsorge Mit-

---

54 Stefan Knobloch: *Seelsorge – Sorge um das Menschsein in seiner Ganzheit.* In: Herbert Haslinger u. a. (Hrsg.): *Handbuch Praktische Theologie. Bd. 2: Durchführungen.* Mainz 2000, S. 35–46, S. 39
55 Zur Professionalisierung in der Seelsorge vgl. Doris Nauer: *Seelsorge. Sorge um die Seele.* Stuttgart 2007.
56 A. a. a. O S. 14.

verantwortlichen zu begleiten und die Gläubigen zu ermutigen, ihren evangelischen Auftrag zu erkennen und zu erfüllen."[57] Hinter diesen Formulierungen steht der Gedanke, dass die Verbreitung der Aufgaben auf mehrere Schultern eine neue Reichhaltigkeit des christlichen Lebens ermöglicht. Insofern ist der Priestermangel ein wichtiges Fanal gegen die in den vergangenen Jahrzehnten eingeleitete Verengung und Klerikalisierung der Kirche (da sind die hautptamtlichen Dienste wie Pastoral- und Gemeindereferenten durchaus mit eingeschlossen) hin zu einer charismenorientierten, nahen und in ihrer Präsenz missionarisch-zeugnishaften Kirche. Last but not least: Gemeinhin hört man den Einwurf, eine ortsnahe Gemeinschaft stehe unter dem Verdacht, Rückzugsraum für bestimmte Milieus zu sein. Gerade die Ergebnisse der Sinusstudie haben ja in gewisser Weise bestätigt, dass Gemeinden ästhetisch exkommunizieren. Wie nun kann dem mit einer Gemeindestruktur begegnet werden? Es gibt mehrere Hürden, die eine Milieuverengung zu verhindern helfen. Ich nenne sie ohne Wertung ihrer Rangfolge. Da ist zunächst einmal die *Verantwortung* der Basisequipe vor Ort. Sie hat den originären Auftrag, für Andere da zu sein und ein christliches Zeugnis zu geben. Das kann per definitionem nicht selbstreferentiell sein, sondern muss auf den soziologischen Raum ausgerichtet sein. Die Verantwortung ist Anspruch an die Beauftragten und Anspruch an diejenigen, die für die Beauftragung Sorge tragen. Durch die *Pluralität der Beauftragung*, immerhin fünf Personen, kann auch eine gewisse Milieupluralität berücksichtig werden (s. o.). Schließlich werden nicht alle Mitglieder gewählt, sondern auch einige ernannt. Darüber hinaus kann und darf sich Pastoral nicht auf die territoriale Funktion erschöpfen. Der *kategorialen Seelsorge* wird in Zukunft – trotz gegenläufiger Tendenz in den diözesanen Perso-

---

57 Ebd. S. 17.

238

nalplanungen – eine weitaus größerer Bedeutung zukommen, eben weil sie Milieus erreicht, die in den Gemeinden nicht mehr präsent sind. Zudem wird es weiterhin das Bemühen um *pastorale Projekte* wie zum Beispiel Jugendkirchen geben müssen, die eventuelle Milieuverengungen aufbrechen können. Die evangelische Theologin Uta Pohl-Patalong unterscheidet hierzu zwischen einem „vereinsähnlichen" kirchlichen Leben am Ort, das durchaus mit dem volkskirchlich tradierten christlichen Leben kongruent ist. Für jeden Ort sieht sie weiterhin so genannte „differenzierte Arbeitsbereiche", inhaltlich definiert und vielfach spezialisiert, im Gegensatz zum vereinsähnlichen Leben hauptsächlich in hauptamtlicher Verantwortung (wobei das Ehrenamt nicht exkludiert ist).[58] Die differenzierten Arbeitsbereiche sorgen dafür, dass Kirche auch weiterhin dort präsent ist, wo Gemeindezugehörigkeiten unmöglich werden, oder sich eben andere Formen von Gemeinden, nichtterritoriale (Krankenhaus, Gefängnis etc.), bilden. Poitiers als heuristisches Modell? Lösungen für die pastorale Strukturierung lassen sich nicht importieren, meint Bernhard Spielberg.[59] Ja und Nein. Es bringt nichts, nach Strohhalmen zu greifen, Modelle unreflektiert zu importieren und Historie und bisherige Entwicklungen außer acht zu lassen. Aber Inspirationen, Wegweisungen und Anstöße lassen sich durchaus übernehmen, um sie in Sorgfalt und zur Situation passend anzuwenden.

In der katholischen Wallfahrtskirche St. Peter am Perlach in Augsburg wird das Wallfahrtsbild von Maria der Knotenlöserin verehrt. Das Bild von Johann Georg Melchior Schmidtner zeigt die Gottesmutter wie sie, auf Schlangen tretend, die Knoten eines Bandes zu entwirren versucht. Die so verehrte Mutter

---

58 Vgl. Uta Pohl-Patalong: „*Versammelt in Christi Namen – Gemeinde neu denken.*" In: *Lutherische Generalsynode* 2006. Bericht über die vierte Tagung der zehnten Generalsynode der VELKD vom 14. bis 18. Oktober 2006 in Ahrensburg bei Hamburg. Hannover 2007, S. 81–97.
59 Vgl. Spielberg, *Kann Gemeinde noch Kirche sein?*, S. 419.

Gottes ist ein Sinnbild für eine Heuristik ganz besonderer Art. Sinnfällig wird dargestellt, was es heißt, Komplexitäten im Leben aufzulösen. Auf unsere Fragestellung übertragen tröstet das Bild, wie sehr wir – auch angesichts struktureller Probleme – auf die Substanz vertrauen können, auf die Zusage Gottes, mit den Menschen auf dem Weg zu bleiben und ihnen, hier und da, das Potenzial zum Knotenlösen – zur Heuristik – zu geben.

Es gilt, dieses Potenzial mutig und ehrlich zu entdecken – und um der Menschen Willen, fern und nah, mutig umzusetzen.

Bernd Lutz

Small Christian Communities aus US-amerikanischer Perspektive

Ein Beispiel vergleichender Pastoraltheologie

1. Personzentrierte Aufmerksamkeit durch andere kirchliche Strukturen

Die katholische Kirche in den USA ist der hiesigen in vielem vergleichbar, weil auch sie Kirche in einer Industrienation westlicher Prägung mit hohem Individualisierungsgrad ist. Gleichzeitig gibt es erhebliche Unterschiede, die wegen der Gemeinsamkeiten leicht übersehen werden. Doch auch in diesem Fall prägen die geschichtlich gewachsenen Kulturen und Strukturen die Mentalitäten tiefgreifender, als dies auf den ersten Blick erscheinen mag.

Ein wesentlicher Unterschied ist der, dass die US-amerikanische Kirche vertrauter ist mit religiöser Konkurrenz (vor allem durch christliche Denominationen). Der zweite, der sich nachhaltig mentalitätsmäßig und praktisch auswirkt, ist das fehlende Kirchensteuersystem. Zwar hat dies erhebliche Nachteile (so kann z. B. das Bistum fehlende Mittel in armen Gemeinden kaum bis gar nicht ausgleichen), doch es hat auch mindestens einen Vorteil: Die Kirche muss sich weit mehr um ihre Mitglieder mühen – mit der Folge, dass die, die sich in einer Pfarrei haben registrieren lassen und dort ihren Kirchenbeitrag entrichten, von der Gemeinde (einschließlich den Hauptamtlichen) nicht nur Dienstleistungen erwarten (das auch), sondern diese als ihr persönliches Anliegen betrachten. Die Identifikation „des Durchschnittskatholiken" mit der Gemeinde und der Einsatz für sie ist deshalb in den USA tendenziell höher als hierzulande. Hier zeigt sich: Die je andere „Art Kirche zu sein"[1] hat immer auch strukturelle Gründe und Grundlagen, die kulturabhängig sind und sich nur bedingt verändern lassen. Das ist bei einem Vergleich der Pastoralansätze ebenso zu berücksichtigen wie die genannten Mentalitätsunterschiede.

2. Biographische Erfahrungen und fachliche Ressourcen

Ebenso wichtig ist es, sich über die eigenen biographischen Bezüge zum Thema Rechenschaft zu geben. In meinem Fall heißt dies bezüglich der katholischen Kirche in den USA: Ausgebildet von Lehrern der 68er-Generation teilte ich weitgehend deren Skepsis gegenüber diesem „imperialistischen Land". Mit Bekannten, die als „US-euphorisch" bezeichnet werden können, habe ich deshalb in meiner Jugend- und Studentenzeit oft stundenlang hitzige Debatten geführt.

Meine erste Reise in die USA 1996 war daher als Forschungsreise ausschließlich sachbezogen motiviert durch die „These, dass fast alle Entwicklungen und Trends in den USA spätestens nach drei bis fünf Jahren auch auf Europa und insbesondere auf Deutschland übergreifen". Vielleicht – so die Idee – kann man angesichts der gravierenden Umbrüche hierzulande etwas von der katholischen Kirche in den USA lernen. Tatsächlich habe ich dort eine sehr lebendige und durchaus „andere Kirche" erlebt. Mit Unterstützung der Deutschen Forschungsgemeinschaft bin ich in den Folgejahren mehrfach in die USA gereist,

1 Vgl. K. Vellguth, *Eine neue Art Kirche zu sein.*

habe vielerorts (allerdings nur in Großstädten) mit Kolleginnen und Kollegen in Universitäten und Pfarreien, in Verlagen und Rundfunkstationen gesprochen, in Gemeinden mitgelebt und so theoretische wie praktische Erfahrungen vor Ort gesammelt. Mit Blick auf die Small Christian Communities (SCC) möchte ich drei Informationsquellen eigens nennen:

2.1 North American Forum
For Small Christian Communities (NAFSCC)

Das NAFSCC wurde 1984 gegründet und versteht sich als Ressource zur Unterstützung von Hauptamtlichen auf nationaler und diözesaner Ebene bei ihrer Arbeit mit und für SCC, denn es hat sich gezeigt, dass die einzelnen SCC zwar keine permanente Begleitung, wohl aber verlässliche Anregung brauchen (s. u.). Ebenso erweist sich eine Koordination und Reflexion der Gesamtbewegung auf nationaler wie diözesaner Ebene als dringlich und förderlich.[2]

2.2 „The Catholic Experience" –
eine empirische Studie zu SCC in den USA

Diese zwischen 1995 und 1998[3] USA-weit durchgeführte empirische Studie wurde von Bernard Lee in Zusammenarbeit mit zahlreichen Theologen und Soziologen erstellt und ausgewertet. Dabei gelten als SCC

Gruppen, deren Mitglieder sich mindestens monatlich (zumeist jedoch wöchentlich oder vierzehntägig) treffen, miteinander be-

---

2 Das „Nationalteam Kleine Christliche Gemeinschaften" in Deutschland kann mithin aus der Existenz und den Erfahrungen des NAFSCC Bestätigung und Anregung gleichermaßen für seine Arbeit ziehen.

3 B. Lee (et al.), *Experience*, S. 4.

ten, Bibel- und/oder Glaubenteilen, untereinander Beziehungen pflegen und sich selbst als katholisch verstehen.[4]

In diesem Sinne waren zur Zeit der Studie geschätzt circa 1 Million Katholiken in circa 45 000 SCC organisiert – bei einer Gesamtzahl von ca. 60 Millionen Katholiken.[5] B. Lee (selbst Mitglied einer SCC) bezeichnet die SCC deshalb als „scribblings in the margins" (Randnotizen), ohne die allerdings das Buch „Katholische Kirche in den USA" nicht mehr gelesen werden kann.[6]

Auf die genannten Merkmale hat sich die Forschergruppe nach langer Diskussion als Untersuchungsinstrumentar verständigt. Das Selbstverständnis der einzelnen Gruppen, wie auch der theologische Anspruch mögen darüber hinausgehen. Doch differenziertere beziehungsweise enger gefasste Kriterien führen nicht notwendig zu einer qualifizierteren Erfassung des Phänomens, denn kultur- und kontextbedingte Konkretisierungen werden so gegebenenfalls ausgeblendet. Insbesondere bei einem pastoraltheologischen Konzeptvergleich könnte eine enge Definition von SCC zu Exklusivitäten und zu Beschränkung führen, die die spezifischen Bedingungen von Gemeinschaftsbildung in westlichen Gesellschaften nicht ausreichend berücksichtigt. Zwar wird auch hierzulande „Gemeinschaft" nach wie vor gesucht – jedoch kaum noch mit den klassischen Verbindlichkeitsanforderungen bezüglich Dauer und Engagement.

2.3 Renew International

RENEW wurde 1976 in der Diözese Newark von Tom Kleissler und Tom Ivory als diözesanes Gemeindeerneuerungsprogramm gegründet. Bewusst spirituell ausgerichtet sollte es der

---

4 B. Lee (et al.), *Experience*, S. 26–28.
5 B. Lee/ M. Cowan, *Gathered*, S. 6.
6 B. Lee (et al.), *Experience*, S. 118; S. 118–123.

praktischen Umsetzung der Ekklesiologie des Zweiten Vatikanischen Konzils in den Gemeinden dienen. Zunächst war dabei die Bildung dauerhafter SCC nicht im Blick oder wurde zumindest in ihren Konsequenzen nicht systematisch reflektiert. Weil aber das zwei Jahre dauernde Programm in den Gemeinden intensiv mit kleinen Gruppen arbeitete, wünschten etliche der Teilnehmenden nach Beendigung des Programms eine Fortführung der Gruppentreffen. So wurde das RENEW-Konzept um das Angebot der Bildung und Unterstützung dauerhafter SCC erweitert. Inzwischen ist RENEW INTERNATIONAL auch nicht mehr nur in den USA und Kanada, sondern auch in Afrika, Asien und Europa (England, Schottland und Niederlande) tätig.

Aufgrund der praktischen Erfahrungen wurde RENEW im Laufe der Zeit mehrfach erweitert und differenziert. Neben dem klassischen Gemeindeerneuerungsprogramm gibt es inzwischen:

– einen dreijährigen Glaubenskurs („Why Catholic")
– ein Programm für Studentische Gruppen (Campus-Renew) und
– ein Programm für junge Erwachsene, das als Anschluss-Programm zu „Theology on Tap" fungiert.

Alle Programme arbeiten mit der Bildung von Gruppen, die – je nach Vorverständnis – selbst schon als SCC bezeichnet beziehungsweise zu solchen weiterentwickelt werden.

Beispielgebend ist das Anschlussprogramm zu „Theology on Tap" (TOP), denn TOP ist ein sechswöchiges Programm für junge Erwachsene, das in Chicago von John Cusick und Kate DeVries entwickelt wurde.[7] Es wird inzwischen sehr erfolgreich Jahr für Jahr mit jeweils neuen Themen USA-weit während der

---

7 Vgl. J. Cusick/K. DeVries, *Guide*; ausführlicher: B. Lutz, *Blick*.

Sommermonate in Gemeinden durchgeführt. Vor zwei Jahren kamen Cusick und DeVries mit der Anfrage auf RENEW zu, ob dessen Mitarbeiter/-innen nicht im Anschluss an TOP ein Folge-Programm anbieten können, das auf SCC basiert. Dieses wurde inzwischen entwickelt. Beispielhaft zeigt dies die Bedeutung von weiterführenden Angeboten (gegebenenfalls auch als SCC) für diejenigen, die Interesse gefunden haben, statt sich in isolierten Einzelaktionen oder aber in verbindlicher Gruppenbildung mit Dauerverpflichtungen von Beginn an zu verlieren. Tatsächlich zeigt die Lee-Studie, dass Menschen wegen eines spezifischen religiösen Interesses den Kontakt suchen, dann aber wegen der erfahrenen (ihnen entsprechenden) Gemeinschaft bleiben.[8]

3 Anregungen aus den Erfahrungen in den USA

Aus den Erfahrungen in den USA ergeben sich meines Erachtens einige Eckdaten, die auch für Kleine Christliche Gemeinschaften hierzulande motivierend sein können. Um die Diskussion anzuregen, werden diese im Folgenden thesenartig formuliert:

3.1 Kultur- und Milieuabhängigkeit von SCC

These I
Christlicher Glaube braucht erfahrbare Gemeinschaft. Sie stärkt den Glauben und fördert die Bereitschaft zur Mitarbeit in der Gemeinde. Außerdem dient sie mittelbar dem Zeugnis nach außen.

8 B. Lee, *Experience*, S. 70–76.

Das ist eines der Ergebnisse der Lee-Studie.[9] Das mag selbstverständlich klingen, doch wie die Diskussion um „Sinusmilieu-Studie"[10] und „Gemeindebildung" in Deutschland zeigt, kann der Inhalt sehr unterschiedlich interpretiert werden. Während die einen das Bistum als diese Gemeinschaft verstehen, suchen andere sie in kleinen, verlässlichen und dauerhaften Gruppen. Dahinter stehen letztlich unterschiedliche Ekklesiologien, die jedoch kaum diskutiert werden.[11]

Ebenso wichtig ist – wie die Lee-Studie gleichfalls zeigt:

These II
Die Gestaltung dieser Gemeinschaft ist kultur- und milieuabhängig. So gibt es deutliche Unterschiede zwischen den SCC der Anglo-Americans und denen der Hispanics.

Insgesamt wurden fünf Typen von SCC identifiziert:

1. GSC = the Broad General (Type of) SCC (ca. 65 % aller SCC);

2. H/L = Hispanic/Latino Communities (ca. 20 %);

3. Chr = Charismatic Communities (ca. 13 %);

4. + 5. CTA/ECC: Call to Action and Eucharist Centered Communities (zusammen ca. 1 % – deren Mitglieder sind überdurchschnittlich liberal, kritisch und gebildet).[12]

Wichtig erscheint im Blick auf einen weltweiten Vergleich von Konzepten zur SCC-Bildung vor allem die Unterscheidung zwischen den GSC und den H/L, denn dahinter steht, dass Anglo-Americans als Einzelne eine SCC aufsuchen. Für sie ist die SCC eine Gruppe neben anderen, zu denen sie gehören und in

9   B. Lee (et al.), *Experience*, S. 60–69.
10   MDG München/Sinus Sociovision Heidelberg, *Milieuhandbuch*.
11   Dies war dankenswerter Weise beim Hildesheimer Symposium anders: Vgl. die entsprechenden Beiträge in diesem Band.
12   B. Lee (et al.), *Experience*, S. 34–36.

denen sie sich engagieren. Ihre Gruppen umfassen fünf bis fünfzehn Mitglieder, die in der Regel allein zu ihrer Gruppe kommen. – Für Hispanics dagegen ist die SCC neben der Familie die zweite primäre soziale Bezugsgruppe. Sie sind daher mit ihrer ganzen Familie Mitglied ihrer SCC, die folglich aus fünf bis zwölf Familien oder mehr besteht.

Da tendenziell die Bereitschaft, sich in Gemeinde zu engagieren, in Deutschland geringer ist als bei Anglo-Americans, ergeben sich daraus möglicherweise auch Hinweise, warum die Familienkreisbewegung, die in den späten 1960er bis hinein in die 1980er Jahre in Deutschland sehr lebendig war, zum Erliegen gekommen ist. Es werden zwar immer noch einzelne Familienkreise neu gegründet, doch mit Abstand nicht mehr so viele und so dauerhaft wie früher und schon gar nicht flächendeckend. Sicher hat dies auch demographische Gründe. Doch mindestens ebenso wichtig sind die zunehmende Individualisierung und die wachsende Mobilität beziehungsweise die Flexibilitätserwartungen hierzulande, die die Menschen gegenüber Langzeitverpflichtungen immer vorsichtiger werden lassen.

3.2 Wider die institutionelle Instrumentalisierung der KCG

Im Blick auf die Bildung „leiner Christlicher Gemeinschaften hierzulande erscheint ein zweiter retrospektiver Aspekt wichtig: Nach dem Zweiten Vatikanischen Konzil gab es in Deutschland ein hohes Laienengagement, das der Communio-Ekklesiologie des Zweiten Vatikanischen Konzils entspricht.[13] Wer dies heutzutage anregen beziehungsweise wiederbeleben will, muss mit Enttäuschung und Gekränktheit vieler Gemeindemitglieder rechnen, deren Erwartungen nicht erfüllt worden sind. Um solche Frustration nicht auch bezüglich der Kleinen Christlichen Ge-

---

13 Vgl. J. Windolph, *Gemeindepraxis.*

meinschaften zu provozieren, ist darauf zu achten, dass diese nicht strukturalistisch instrumentalisiert werden:

These III
SCC taugen nicht als verordnetes Gemeinschaftsmodell zur Kompensation der wachsenden pfarrlichen Großstrukturen.[14]

3.3 Pluralitätskonforme Vielfalt der SCC

SCC sollten auch nicht konzeptionell vereinheitlicht zu werden. Denn sonst verlieren sie ihre spirituelle Dynamik. Das aber ist in einer pluralen Gesellschaft gleichbedeutend mit dem Verlust der Breitenwirkung, denn es reduziert die Identifikationsmöglichkeiten. Nicht zufällig gibt es in den USA die genannten fünf Grundtypen, die auch in sich noch einmal durchaus unterschiedliche SCC vereinen. Mit konzeptioneller Vielfalt wird auch am ehesten jene Exklusivität und jenes Elitebewusstsein vermieden, die insbesondere profilierte und hochengagierte Gemeinschaften auszeichnen.

These IV
KCG leben von der konzeptionellen Vielfalt.

3.4 SCC – eine Gemeinschaftsform neben anderen

Trotz des hohen Interesses an Gruppenzugehörigkeit in den USA[15] und trotz der hohen Bedeutung, die die Kirchengemeinden dort als Kommunikations- und Begegnungsorte haben, ist

---

14 Das ist nicht zuletzt mit Blick auf die Erfahrungen der Basisgemeinden in Lateinamerika zu sagen, vgl. dazu ausführlicher: B. Lutz, *Gemeinschaften.*
15 Nach R. Wuthnow gehören 40 % der US-Amerikaner einer Gruppe an; zumeist handelt es sich um Selbsthilfegruppen (R. Wuthnow, *Journey,* S. 342 f.).

die Zahl der Katholiken, die sich in SCC versammeln, relativ gering. Auch hochengagierte Katholiken lassen sich nur bedingt zur Mitgliedschaft in einer SCC bewegen. Ein Ehepaar aus einer stark SCC-geprägten Gemeinde berichtete, dass alle Versuche, zum Beispiel die Mitglieder des Soup-kitchen-teams zur Bildung einer eigenen SCC zu bewegen oder sie in andere zu integrieren, fehlgeschlagen sind.

These V
SCC sind nur eine Form von christlicher Gemeinschaft – neben anderen.

3.5 Dringlichkeit von weiterführenden-Angeboten

Aufgrund der Fülle von Angeboten schrecken viele Menschen heute vor dauerhaften Verpflichtungen zurück. Man ist jedoch sehr wohl bereit, sich zeitlich befristet zu engagieren, wenn dies den persönlichen Interessen entspricht. RENEW und andere Programme arbeiten daher auch bei den SCC – zumindest bei deren Bildung – mit zeitlich befristeten Programmen und ermöglichen, nach spätestens zwei oder drei Jahren eine neue Vereinbarung zu schließen. In diesem Sinne wird der Prozess regelmäßig evaluiert, das heißt es wird geprüft, ob die Teilnehmenden zufrieden sind mit Leitung, Veranstaltungsform (z. B. Häufigkeit der Treffen), Themen etc.

These VI
Die Bildung von dauerhaften SCC ist vielfach Folge zeitlich begrenzter Projekte, die konzeptionell mit Gruppen arbeiten.

Das RENEW-Basisprogramm zum Beispiel geht über zweieinhalb Jahre jeweils zu den geprägten Zeiten des Kirchejahres (genauer: zwei Mal im Advent – drei Mal in der Fastenzeit). Die einzelnen Blöcke dauern sechs Wochen (das Adventprogramm beginnt drei Wochen früher). Die Gruppen werden für den jeweiligen Block gebildet. Beim nächsten Block finden sie sich zumeist in gleicher Besetzung zusammen, können sich aber auch neu bilden. Dies vermeidet Gruppenzwang und gibt den Teilnehmenden die Freiheit zur Neuorganisation.

Im Herbst 2008 wurde das Programm im Erzbistum Boston neu gestartet und dafür grundlegend überarbeitet. Im Rahmen dieser inhaltlichen Neukonzeption wurde der erste Block biblisch aufgebaut. Thema ist das Christus-Bild in der Heiligen Schrift. Die erste Einheit befasst sich mit der Bedeutung der Heiligen Schrift an sich. Die vier folgenden Einheiten thematisieren das Christusbild in je einem der vier Evangelien. Die sechste Einheit ist der lebensgestaltenden Kraft des Glaubens anhand der Paulusbriefe widmet.

Die Gruppentreffen sind begleitet von gemeinsamen Aktionen in der jeweiligen Pfarrei, denn für US-Amerikaner gehört ein zweckfreies Miteinander-Essen und -Trinken fast immer bei kirchlichen Veranstaltungen dazu. Ebenso sind Evaluationen selbstverständlich.

3.6 Interessen und Erfahrungen verbinden

Die Gruppen, die sich so bilden, sind zwangsläufig relativ homogen. Das ist jedoch nicht so problematisch, wie es aus kirchlicher Perspektive erscheinen mag, denn diese Homogenität ist Konsequenz des hohen Differenzierungs- und Individualisierungsgrades unserer Gesellschaften und schafft so die Basis für jene Vertrautheit, die die sonst zumeist vermiedene Glaubenskommunikation erst ermöglicht. Der Glaube ist – insbesondere in Deutschland – inzwischen so weitgehend privatisiert und tabuisiert, dass er allein als Basis für solche Offenheit nicht mehr ausreicht. Daher bilden gemeinsame Erfahrungen eine wichtige

Voraussetzung auch zur Bildung von SCC. Die können gewonnen sein durch:

- Programme wie Renew
- „Theology on Tap" für Jungen Erwachsene
- Campus-Renew für Studenten
- einen Katechumenatsprozess
- Besinnungstage/-wochenende
- ehrenamtliche Mitarbeit in der Kirche (z. B. Lektor oder Kommunionhelfer)
- Beruf
- Geschlecht

Das Campus-Renew-Programm zum Beispiel spricht ausschließlich Studenten an und läuft nur während der Semesterzeit. TOP dagegen wird während der Semesterferien gleichfalls für junge Erwachsene angeboten. Indem beide Programme eine sehr ähnliche Zielgruppe, aber zu unterschiedlichen Zeiten ansprechen, wird deutlich, dass Zeit- und Lebensrhythmen auch beim Aufbau von SCC zu berücksichtigen sind.

Ähnliches gilt auch bei berufsbezogenen Gruppen. Sie gibt es in den USA, weil eine ganze Reihe berufsbezogener Programme – oft im Sinne von Selbsthilfegruppen – dem berufsspezifischen Austausch (Problemdiskussion und Unterstützung) auf der Basis des Glaubens und in der Perspektive des Evangeliums dienen. Sie werden vor allem von Menschen in sozialen Berufen wahrgenommen. Aber nicht nur. Die Georgetown-Universität zum Beispiel – eine der renommiertesten Wirtschaftsuniversitäten in den USA – bietet mit den „Woodstock-Business-Conferences" ein Programm für Führungskräfte der Wirtschaft an.[16] Die Teilnehmenden treffen sich vor oder nach der Arbeit (zumeist wöchentlich), um ihre Berufserfahrungen im Licht des Evangeliums zu diskutieren und

---

16 ausführlicher: B. Lutz, *Glaube und Arbeitswelt.*

ihr Arbeitsumfeld christlich zu gestalten. Auch innerkirchliche Funktionsgruppen (zum Beispiel Lektoren und/oder Kommunionhelfer) lassen sich gegebenenfalls zu einer SCC weiterentwickeln. Ähnliches gilt für spezielle Männer- oder Frauengruppen.

These VII

SCC bilden sich auf der Basis gemeinsamer Erfahrungen (z. B. Beruf, Geschlecht, Besinnungstage, Katechumenat, ehrenamtlicher Dienst in der Kirche). Sie sind daher in sich relativ homogen.

3.7 Erfahrung von Kirche durch SCC-übergreifende Aktionen

Selbstverständlich kann sich die Kirche nicht mit einer sozialhomogenen Wohligkeit begnügen. Wenn sie sich jedoch bei der Gruppenbildung kaum vermeiden lässt, gilt es umso mehr, die Einzelnen und auch die jeweilige SCC zu motivieren, über den eigenen Tellerrand hinauszublicken und sich als Teil der Weltkirche zu erleben. Aufgabe der Kirche ist es daher, Gemeinschaften dahingehend zu bilden, dass sie sich so mit der Heiligen Schrift beschäftigen, dass der Blick über die eigene soziale Gruppe hinaus geweitet wird. In den USA wird dies durch Aktionen auf pfarrlicher oder (über)regionaler Ebene versucht, die zugleich die jeweilige SCC in ihrer Eigenheit würdigen. In diesem Sinne lädt zum Beispiel die „Presentation Parish" in Upper Saddle River (New Jersey) ihre SCC zwei Mal im Jahr zu einem gemeinsamen Besinnungs- und Reflexionstag ein. Ähnlich versammelt die katholische Universität der Marianisten in San Antonio jeden Monat alle SCC der Region zu einem Gottesdienst mit anschließendem Empfang. Während der Eucharistiefeier finden sich die Gläubigen nach dem Evangelium zum Bibelgespräch in ihrer SCC zusammen; zwei oder drei von ihnen teilen anschließend den anderen ihre Reflexionen mit. Bei der Kommunion werden die Hostien in der Gruppe und die Kelchkommunion in der Gemeinschaft aller empfangen. Bei solchen Aktionen zeigt sich, welche Gruppierungen communiofähig sind und welche aus Elite- oder Exklusivitätsdenken heraus die Gemeinschaft verweigern.

These VIII

Erfahrungen von kirchlicher Zugehörigkeit und weltkirchlicher Gemeinschaft werden ermöglicht durch SCC-übersteigende, verbindende Aktivitäten auf pfarrlicher oder (über)regionaler Ebene. So wird eine selbstgefällige Homogenität überwunden beziehungsweise vermieden.

3.8 Keine permanente Begleitung, wohl aber verlässliche Anregung von außen

Dem Ziel des Durchbrechens binnenorientierter Selbstgefälligkeit dienen auch Gesprächsanleitungen für die SCC, die von Organisationen wie RENEW herausgegeben werden.[17] Jahr für Jahr werden sie überarbeitet und etwa mit aktuellen gesellschafts- und kirchenpolitischen Beispielen versehen. Diese Impulstexte orientieren sich zumeist an den Sonntagslesungen, was wiederum mit der so genannten „lectionary-based-catechesis" zusammenhängt, die ausgehend vom Erwachsenenkatechumenat in den USA inzwischen weit verbreitet ist.[18] Mit Bezug auf die Bibelstellen werden auch immer wieder soziale Aktionen für die SCC angeregt, denn auffällig ist, dass die SCC-Mitglieder durch die Reflexion des Evangeliums zwar zu sozialen Aktionen angeregt werden, diese jedoch kaum als SCC gemeinsam übernehmen.[19]

Die Materialen dienen mithin einem doppelten Zweck: Einerseits können sich die SCC selbst leiten. Andererseits werden die Gruppen bei ihren Treffen über die selbstgenügsame Inter-

---

17 Neben RENEW gibt es zahlreiche Organisationen, die quasi als Dachverbände von SCC fungieren – so z. B. Buona Vista für die Hispanic-SCC.

18 Vgl. B. Lutz, *Katechese.*

19 B. Lee, *Experience*, S. 93–96.

pretation des Evangeliums hinausgeführt. Zugleich wird dem theologischen Bildungsinteresse der SCC-Mitglieder Rechnung getragen, die eine exegetisch fundierte Bibelauslegung wünschen, ohne sich selbst vollkommen hinter der Fachlichkeit verstecken zu wollen.[20]

These IX
SCC brauchen keine permanente Begleitung, wohl aber verlässliche Anregung zur Reflexion des Evangeliums und zur Aktion über sich hinaus.

4 Fazit

SCC sind gerade in Zeiten wachsender Anonymität und zunehmendem Minderheitenstatus der Christen eine wichtige Form der Gemeinschaft im Glauben. In ihrer Vielgestaltigkeit bei gleichzeitiger relativer Homogenität bieten sie ein breites Spektrum an Beheimatungsmöglichkeiten für diejenigen, die solche Nähe und Verbindlichkeit/Verlässlichkeit auch unter moderngesellschaftlichen Bedingungen suchen. In jedem Fall sind sie kontext- und kulturbezogen zu gestalten.

Literatur

John C. Cusick/Katherine F. DeVries: *The Basic Guide to Young Adult Ministry.* Maryknoll NY 2001.
Thomas Kleissler/ Argo LeBart/Mary McGuinness: *Small Christian Communities. A Vision of Hope for the 21st Century. Revised and updated.* Mahwah NJ (Paulist Press) 2003.

20 B. Lee, Experience 84–93.

Bernard Lee (et al.): *The Catholic Experience of Small Christian Communities.* Mahwah NJ (Paulist Press) 2000.

Bernard Lee/Michael Cowan: *Gathered and Sent. The Mission of Small Church Communities Today.* Mahwah NJ (Paulist Press) 2003.

Bernd Lutz: *Ein Blick über den Ozean. Angebote für Junge Erwachsene in den USA.* In: *Materialbrief GK. Bausteine für die Gemeindekatechese.* Beiheft zu den *Katechetischen Blättern* 2/98, S. 21–24.

Bernd Lutz: *Glaube und Arbeitswelt.* In: *diakonia* 30 (1999) S. 435–440.

Bernd Lutz: *Interkulturelle Impulse für eine Pastoralästhetik. Bestätigung und Problematisierung am Beispiel der Small Christian Communities in den USA.* In: Fürst, W. (Hrsg.): *Pastoralästhetik* (QD 199). Freiburg 2002, S. 299–310.

Bernd Lutz: *Kleine christliche Gemeinschaften – ein weltweites, aber sehr heterogenes Phänomen.* In: PThI 26 (2006) H 1, S. 22–37.

Bernd Lutz: *Katechese für alle: „Whole Community Catechesis".* In: KatBl 133 (2008), S. 381–385.

Klaus Vellguth: *Eine neue Art Kirche zu sein. Entstehung und Verbreitung der Kleinen Christlichen Gemeinschaften und des Bibel-Teilens in Afrika und Asien* (FThSt 169). Freiburg 2005

Franz Weber/Ottmar Fuchs: *Gemeindetheologie interkulturell. Lateinamerika – Afrika – Asien (Kommunikative Theologie* 9). Ostfildern 2007.

Joachim Windolph: *Engagierte Gemeindepraxis. Lernwege von der versorgten zur mitsorgenden Gemeinde (Praktische Theologie heute* 32). Stuttgart 1997.

Robert Wuthnow: *Sharing the Journey: Support Groups and America's New Quest for Community.* New York 1994, 342 f.

Medard Kehl

Sind die Kleinen Christlichen Gemeinschaften eine Zukunftsperspektive für die Kirche in Deutschland?

Um mich der Antwort auf die mir für meinen Vortrag gestellte Frage anzunähern, beginne ich mit einer Reflexion auf solche Gruppierungen in der Kirche, die es inzwischen auch hierzulande in bunter Vielfalt gibt und die den Kleinen Christlichen Gemeinschaften (so wie sie sich – im Unterschied zu den USA – hier in Deutschland und vor allem in den südlichen Kontinenten, also in ihren Ursprungsorten, selbst verstehen) zwar in gewisser Weise ähnlich sind, die sich aber doch auch deutlich von ihnen unterscheiden: nämlich die so genannten „kommunikativen Glaubensmilieus".

I. Zum ekklesiologischen Charakter dieser Gruppierungen

Unter „kommunikativen Glaubensmilieus" verstehe ich jene Lern- und Lebensräume des Glaubens, in denen Menschen die persönliche Bedeutung des Glaubens für ihr Leben ausdrücklich ins Gespräch bringen; also zum Beispiel durch das Mitteilen von eigenen Lebens- und Glaubensgeschichten; durch das wechselseitige Deuten besonderer Ereignisse unseres Lebens und unseres Alltags im Licht des Glaubens; durch gemeinsames Singen, Beten, „Bibelteilen" und Gottesdienstfeiern; durch geistliche Initiativen wie „Exerzitien im Alltag" oder Glaubenskurse, die bei den persönlichen Erfahrungen und Fragen der Einzelnen ansetzen; auch durch das damit oft verbundene gemeinsame Begehen von Festen und das gastfreundliche Teilen von Speis und Trank; oder auch durch die vom Glauben motivierte und inspirierte Sorge um ein gemeinsames soziales oder politisches Projekt; schließlich durch gemeinsames Pilgern zu großen oder kleinen heiligen Orten des Glaubens und so weiter.

Was all diese „Glaubenszellen", die es innerhalb wie außerhalb der „neuen Geistlichen Gemeinschaften" gibt (diese spielen dabei so etwas wie eine inspirierende Vorreiterrolle), von den Kleinen Christlichen Gemeinschaften (= KCG) unterscheidet, kommt am treffendsten in dem Begriff zum Ausdruck, den Bischof Joachim Wanke aus Erfurt für sie gefunden hat: Er nennt sie die „Selbsthilfegruppen im Glauben". Das heißt: Es sind Gruppen, in denen sich von überall her solche Menschen sammeln, die über den Rahmen ihres normalen Gemeindelebens hinaus nach einer existentiellen Vertiefung im Glauben suchen; und dies nicht nur punktuell, sondern auf Dauer oder zumindest doch für einen längeren Zeitraum. Solche Gruppen sind für sie lebensnotwendige „spirituelle Tankstellen" (Christian Hennecke), die ihr religiöses Leben vor dem Austrocknen bewahren.

Was ist das ekklesiologisch Besondere dieser Glaubenskreise? Es liegt – nach der französischen Religionssoziologin Danièle Hervieu-Léger – unter anderem in der neuen Weise, wie sich hier Menschen im Kontext von Kirche ihres Glaubens *vergewissern*, wie sie darin Bestärkung und Bestätigung erfahren (frz.: „validation" im Glauben);[1] unterscheidet sich diese Art und Weise doch

---

1 D. Hervieu-Léger: *Pilger und Konvertiten. Religion in Bewegung.* Würzburg 2004.

sehr deutlich von den beiden *traditionellen* Formen kirchlich-gemeindlicher Glaubensvergewisserung. Da gibt es *zum einen* die *institutionelle Vergewisserung* (validation institutionnelle); sie geschieht vor allem durch regelmäßige Teilnahme an den sakramental-rituellen Vollzügen der Kirche, durch die lebenspraktische Zustimmung zu ihren Traditionen und Normen und durch den Kontakt zu ihren hauptamtlichen Repräsentanten. Diese Form der Glaubensvergewisserung nimmt jedoch rapide ab. Sie wird auf Dauer kaum mehr die dominante sein.

Zum *anderen* ist uns auch die so genannte *gemeindliche Vergewisserung* (validation communautaire) vertraut, die sich durch eine längere Zugehörigkeit zu einer oder mehreren gemeindlichen beziehungsweise verbandlichen Gruppierungen ganz selbstverständlich ergibt (zum Beispiel für die Mitglieder im Kirchenchor, in den Jugendgruppen, in Familienkreisen, im Seniorenclub und Ähnlichen). Die mit einer solchen Zugehörigkeit einhergehende Übernahme bestimmter religiöser Überzeugungen und Lebensstile kann – meist ohne allzu großen individuellen oder gemeinsamen Aufwand an Reflexion – ebenfalls das Fundament der Vergewisserung im Glauben bilden. Aber auch sie ist stark im Schwinden begriffen.

Demgegenüber formiert sich nun seit einigen Jahrzehnten in den genannte „Selbsthilfegruppen im Glauben" mehr und mehr eine davon sehr verschiedene, für katholische Gläubige des traditionellen Stils weithin ungewohnte Weise solcher Glaubensvergewisserung: nämlich die *wechselseitige Vergewisserung* (validation mutuelle): Der eigene Glaube wird Thema eines geistlichen Austauschs. Man spricht miteinander über den persönlichen Glauben und bezeugt ihn einander. Das erfordert natürlich einen viel größeren Einsatz an persönlicher Glaubensreflexion und zugleich an Bereitschaft, sich in diesem Bereich anderen zu öffnen und mitzuteilen.

Durch diese Weise der Vergewisserung im Glauben erhält das gesamtkulturelle Phänomen der Individualisierung von Überzeugungen und Lebensstilen allmählich auch eine sehr beachtenswerte innerkirchliche Sozialform oder es entstehen sogar neue „Milieus". Darin dürfte wohl auch die hohe Attraktivität solcher Gruppen für jene Menschen liegen, die nicht den traditionellen, gleichsam „naturwüchsigen" Sozialisationsprozess in Gemeinden oder Verbänden durchlaufen haben, eben für „Pilger und Konvertiten". Für sie bieten die neuen Gemeinschaftsformen eher den Weg einer existentiellen Initiation in den Glauben, der der jeweiligen Glaubensbiographie entspricht und zugleich eine bewusste Option für den Glauben der Kirche herausfordert.

II. Das ekklesiologisch Unterscheidende der Kleinen Christlichen Gemeinschaften

Gegenüber dieser kurz skizzierten Sozialform von Kirche gehen die KCG noch einige kräftige Schritte weiter, und zwar in Richtung einer neuen „Ekklesiogenese" (Kirche-werden). Denn im Unterschied zu den genannten Selbsthilfegruppen im Glauben wollen sie bewusst keine kirchlichen „Wahlgemeinschaften" sein, also keine speziellen Personalgemeinden, sondern „Berufungs-Gemeinschaften" im Sinn einer *Kirche vor Ort*, also Kirche im Nah- und Wohnbereich der Menschen („Sei-hier-Kirche": so Christian Hennecke). Spezifisch für diese Art, Kirche zu sein, ist die unlösbare Verbindung von *Sammlung* um das Wort Gottes und *Sendung* zu all den Menschen, die im Umfeld dieser sich sammelnden „Hauskirche" leben; eine Sendung, die sich gerade im großen Feld der Alltagsdiakonie bewährt. Denen, die eine solche KCG initiieren oder mittragen, geht es also nicht primär um geistliche Nahrung für den Einzelnen oder um eine tiefere Gemeinschaftserfahrung gegenüber jener in den normalen Gemeinden, sondern vor allem um eine neue Vision von Kirche als erfahrbare Communio. Sie wollen die Ansätze des Konzils weiterdenken und weiterführen. Es ist die Vision einer „Kirche in der Nachbarschaft" – ganz wörtlich verstanden.

Diese Vision wird in einem neueren Grundsatztext zum pastoralen Modell der KCG in Deutschland so beschrieben: „Die KCG sind Orte, wo Christinnen und Christen danach suchen, wie sie verbindliche Gemeinschaft, biblisch fundierte Spiritualität und diakonisches Engagement leben können. Darüber hinaus sind sie gekennzeichnet durch eine wachsende Auskunftsfähigkeit im Glauben, einen partnerschaftlichen Leitungsstil und die Suche nach einem Einklang von Glaube und Leben."[2] Zweifellos haben solche Gemeinschaften vieles gemeinsam auch mit den neuen Geistlichen Bewegungen; was sie jedoch auch von ihnen deutlich unterscheidet, ist genau diese Betonung der Territorialität von Kirche: Während die geistlichen Bewegungen und Gemeinschaften spirituell intensive Personalgemeinden sind, wollen die KCG an dem Ort, wo ihre Mitglieder wohnen und leben, sich in einer neuen Form von Kirche sammeln und für die Menschen eben dort dasein, ob sie zur KCG gehören oder nicht.

Genau in diesem Punkt sehe ich die große Herausforderung der KCG für die deutsche Kirche, die momentan in einem tiefgreifenden und die Gemüter allerorten bewegenden Umstrukturierungsprozess von Gemeinden und Pfarreien steht. Diese Prozesse zielen ja zunächst einmal auf größere pastorale Räume ab (von lockeren Pfarrverbänden über verbindliche Pfarreiengemeinschaften bis hin zu Fusionen von Pfarreien). Aber dabei droht – so fürchten es jedenfalls viele Priester, pastorale Mitarbeiter und Gläubige – gerade der lokale Nahbereich unter die Räder zu kommen. Im Blick auf diese Problematik fokussiere

2 Nationalteam KCG Deutschland: *Kleine Christliche Gemeinschaften – ein neuer Weg, Kirche mit den Menschen zu sein. Ziele – Entwicklungsstand – Grundsätze.* April 2008, S. 5.

ich das mir gestellte Thema auf die Frage: Hat das Projekt der KCG in diesem großflächigen Veränderungsprozess überhaupt eine Chance? Hat es darin einen zukunftsträchtigen Platz? Ist heute wirklich ein Kairos gegeben, dieses Projekt mit allem Elan voranzutreiben, oder werden die kleinen, hoffnungsvollen Ansätze doch bald im Keim erstickt sein oder auf eine ferne Zukunft verschoben? Gerade im Blick auf die KCG, wie sie in den Ländern der südlichen Hemisphäre in den letzten Jahrzehnten aufgeblüht sind, hört man bei uns doch recht häufig ein resignatives „Das geht bei uns so nicht".

In der Tat: Nach meinem Eindruck ist es im Augenblick noch weitgehend offen, welche Bedeutung in absehbarer Zukunft die KCG hier in der deutschen Kirche erlangen werden. Dennoch möchte ich mich – als eingefleischter Anhänger der Communio-Ekklesiologie des Zweiten Vatikanums – ergebnisoffen, aber zielorientiert dafür starkmachen, die Chancen der KCG gerade in diesen laufenden Umstrukturierungsvorgängen genauer wahrzunehmen, und auch dazu zu ermutigen, dieses Projekt voranzutreiben. Es könnte doch sein, dass das, was jetzt wie ein pastoral-strategischer Mähdrescher aussieht, sich auf längere Sicht als Ermöglichung für ganz neue Pflanzungen gemeindlichen Lebens erweist! Vielleicht muss hier bei uns Altes erst sterben, damit Neues geboren werden kann – gerade in unserer Kirche.

Worauf gründet sich meine Hoffnung? Ist sie realistisch? Um das erkennen und begründen zu können, möchte ich noch etwas genauer auf diese Umstrukturierung der jetzt vorhandenen Gemeinden und Pfarreien in Richtung größerer pastoraler Räume eingehen.

III. Zum geschichtlichen Hintergrund der gegenwärtigen Umstrukturierungen: Welche Ekklesiologie steht am Anfang unserer jetzt existierenden Pfarrgemeinden?

Seit Beginn des 20. Jahrhunderts gibt es bereits Ansätze für eine Theologie der Pfarrei beziehungsweise Gemeinde. Wie in vielem ragt auch hier Karl Rahner heraus mit seiner *Pfarrei-Ekklesiologie* und ihren leitenden Stichworten *Orthaftigkeit und Ereignishaftigkeit von Kirche*. Das Zweite Vatikanische Konzil hat im Grunde die Gedanken Rahners zu diesem Thema aufgegriffen, vor allem in LG 26 und 28 und in der Liturgiekonstitution SC 42. Angestoßen vom Kirchenbild des Konzils im Allgemeinen und von diesen Texten im Besonderen setzte unmittelbar nach dem Konzil, also vor gut vierzig Jahren, eine sehr florierende Gemeindetheologie ein. Ihr Leitmotiv lautete: „Von der Pfarrei zur Gemeinde". Der bekannte Wiener Pastoraltheologe Ferdinand Klostermann hat damals das inzwischen klassisch gewordene Postulat formuliert: „Unsere Pfarreien müssen zu Gemeinden werden", also zu Orten von erfahrbarem, gemeinschaftlich gelebtem, überschaubarem Kirche-Sein, das von möglichst vielen Gläubigen auch aktiv mitgetragen wird. Dieses Postulat und die sich von daher entwickelnde Gemeindetheologie richtete sich gegen einen rein juridischen, verwaltungstechnischen Begriff von Kirche als Pfarrei; darüber hinaus aber sollte auch der traditionelle Ansatz, der Kirche rein von oben oder vom Ganzen her versteht, relativiert werden, indem Kirche jetzt auch „von unten" her, also von der Basis konkret gelebter kirchlicher Realität her verstanden wird, sei es an einem bestimmten Ort oder unter bestimmten Personen. Die Pfarrei wird darum theologisch und pastoral mit Gemeinde/Gemeinschaft identifiziert und darum gerne als *„Pfarrgemeinde"* bezeichnet; das heißt als eine erfahrbare Gemeinschaft im Glauben mit vielen Formen von Kommunikation und Mitverantwortung. Es war der Versuch, so etwas wie eine *„große christliche*

Gemeinschaft" vor Ort zu bauen. Das war die ekklesiologische Vision vor vierzig Jahren!

IV. Die heute zutagetretenden Grenzen dieser Vision von Pfarrgemeinde

Der Versuch, Pfarrei als Gemeinde im oben genannten Sinn zu verstehen, hat die Epoche der letzten dreißig bis vierzig Jahre nicht nur hier im deutschsprachigen Raum entscheidend und auch pastoral recht erfolgreich geprägt. Ich rufe nur ein paar Stichworte ins Gedächtnis: die Aktivierung vieler Christen zur Mitarbeit in der Gemeinde, die Entdeckung der vielen Charismen in ihrer Bedeutung für die Kirche, der kommunikative Leitungsstil vieler Priester und anderer Hauptamtlicher, der Aufbau synodaler Strukturen auf verschiedenen Ebenen, der Konsens hinsichtlich der drei von *allen* (als Subjekte kirchlichen Handelns) mitzutragenden Grundvollzüge von Kirche als „Gemeinschaft der Glaubenden", nämlich Martyria, Liturgia und Diakonia und so weiter. Aber inzwischen ist dieses Gemeindekonzept aufgrund der jüngsten kulturellen und kirchlichen Entwicklung hierzulande deutlich an seine Grenzen gestoßen. Ich nenne nur die drei wichtigsten Gründe:

1. Mehrere Gemeinden für einen Priester

Dieses Konzept lebt faktisch von der Zuordnung einer Gemeinde zu einem priesterlichen Gemeindeleiter als ihrer geistlichen, seelsorglichen und amtlichen Integrationsfigur (der Priester als „Presbyter", als Hirte, als Seelsorger). Infolge der immer geringer werdenden Zahl der Priesterweihen ist diese Zuordnung in Mittel- und Westeuropa (und in vielen anderen Teilen der Weltkirche) immer weniger realistisch gegeben. Wenn mehrere Gemeinden einem Priester zugeordnet werden, kann er nicht mehr in derselben Weise Hirte oder Presbyter oder Seelsorger sein, wie für eine Gemeinde. Die Übertragung dieser Aufgabe jeweils an hauptamtliche Laien vor Ort („Pfarrbeauftragte", Bezugspersonen, „Gemeindeleiter" in der Schweiz – alles beruhend auf can. 517§ 2) ist und bleibt eine Notlösung. Denn sie führt zu dem, was man als „anonyme Presbyter" bezeichnen kann, also zu „ungeweihten Quasi-Priestern", was jedoch im Widerspruch zur sakramentalen Grundstruktur der Kirche und ihres Amtes steht.

So zeigen sich zum Beispiel bei uns im Bistum Limburg seit einigen Jahren sehr deutlich die Ambivalenzen dieses Berufes der so genannten „Pfarrbeauftragten", die zweifellos an ihrem Platz gute Arbeit leisten. Jedoch wird ihr Einsatz häufig als eine Art „Bestandsgarantie" (so Prof. Thomas Schüller) aufgefasst; ihr Amt weckt bei vielen den Eindruck: „Im Wesentlichen bleibt doch alles beim Alten, ob nun ein Priester die Eucharistie feiert oder eine Pastoralreferentin eine WortGottes-Feier. Hauptsache, es geht bei uns mit der Pastoral vor Ort und in unserer Kirche weiter, egal, wie viele noch mitmachen." Das fördert nicht unbedingt die Veränderungsbereitschaft und den Blick über den eigenen Kirchturm hinaus.

Aber was tritt an die Stelle der Hauptamtlichen vor Ort?

Ich sehe nur die Alternative: Entweder kommt es zu einem Prozess allmählichen Ausdünnens gemeindlichen Lebens vor Ort, *oder* es kommt zu Eigeninitiaitven in den einzelnen Gemeinden vor Ort. Hier wäre meines Erachtens durchaus eine Möglichkeit, den Weg für KCG vor Ort zu bereiten, vermutlich schrittweise über einzelne Selbsthilfegruppen im Glauben oder Ähnliches.

2. „Kirche ja – Gemeinde eher nein"

Damit komme ich zu dem zweiten Grund meiner Behauptung, das nachkonziliare Modell der Pfarrei als „Pfarrfamilie" beziehungsweise als „große christliche Gemeinschaft" sei inzwischen an seine Grenzen gestoßen. Dieses Konzept lässt sich eigentlich nur dann überzeugend realisieren, wenn die Zahl der Mitglieder gut überschaubar ist und damit die Möglichkeit der persönlichen Kontakte untereinander und zu den Hauptamtlichen gegeben ist; so kann eine „freundschaftlich geprägte Nahgemeinschaft"[3] entstehen. Dafür sind aber die meisten Pfarrgemeinden mit 2000 bis 5000 Mitgliedern schlicht zu groß. Das waren sie in der Regel auch schon vor dreißig bis vierzig Jahren. Solange aber noch relativ viele Gläubige und die verschiedenen Generationen regelmäßig und aktiv in der Gemeinde und in ihren verschiedenen Bereichen mitwirkten (und auch heute noch an zahlreichen Orten mitwirken), war und ist es noch gut möglich, von einer lebendigen und miteinander kommunizierenden Gemeinde (zumindest „Kerngemeinde") zu sprechen. Inzwischen ist aber – im Blick auf die gesamtkirchliche Situation in Deutschland – die Zahl der inaktiven Gemeindemitglieder erdrückend groß geworden. Etwa 85 % (mit steigender Tendenz) aller getauften Katholiken (gerade bei den Gläubigen unter sechzig Jahren) leben eher nach dem Motto: „Ohne Bindung mit der Kirche in Verbindung bleiben" (Michael Bongardt) beziehungsweise nach dem Prinzip: „Kirche (als religiöse Dienstleistungsgesellschaft) ja – Gemeinde eher nein." Damit wird die lange als selbstverständlich geltende Anerkennung von Pfarrei und Gemeinde als Basiswirklichkeit von Kirche und auch die damit verbundene Integration in sie großflächig verweigert (natürlich mit regionalen Unterschieden).[4]

Dies alles führt nach meinem Eindruck mehr und mehr zu einer „Verkernung" der Gemeinden: Der immer kleiner werdende Kern der Aktiven, zumal jener, die sich auch längere Zeit

---

3 B. Spielberg: *Kreisquadrat und Pfarrgemeinde*. In: *Lebendige Seelsorge* 57 (2006), S. 92–100, zit.: S. 93.

4 Vgl. R. Bucher: *Wider den sanften Institutionalismus der Gemeinde*. In : *Lebendige Seelsorge* 57 (2006), S. 64–70, vor allem: S. 65.

institutionell im Pfarrgemeinderat oder in anderen Gremien engagieren, bestimmt das „Milieu", die Atmosphäre, den Stil, so dass viele sich faktisch „außen vor" fühlen und keinen Zugang finden, trotz aller gegenteiliger, durchaus ernstgemeinter Bemühungen und Beteuerungen dieses aktiven Kerns. So fällt unweigerlich eine organische „Regeneration" einer Gemeinde durch neue, vor allem jüngere aktive Kreise weitgehend aus.

3. Steigende religiöse Ansprüche

Der dritte Grund für meine oben aufgestellte Behauptung hängt mit diesem zweiten eng zusammen: Angesichts der gesamtgesellschaftlichen Umbrüche und ihrer Auswirkung auf Religion und Glaube (Stichworte: Auflösung der katholischen Milieus, Religion als Privatangelegenheit und als Sache der ganz persönlichen Freiheit, sehr individuelle und biographienahe Erwartungen an die Kirche und so weiter) sind viele unserer Pfarrgemeinden vor Ort und die Zahl ihrer Aktiven inzwischen auch viel zu klein, zu überaltert und darum auch überfordert, um dieser Vielfalt an pastoralen und spirituellen Ansprüchen genügen zu können; um also aus sich heraus ein bestimmtes Profil zum Beispiel in Liturgie und Pastoral, Kinder- und Jugendseelsorge, geistlicher Begleitung suchender Menschen (zum Beispiel Jugendlicher oder erwachsener Katechumenen) entwickeln zu können, das Menschen von überall her, auch über die Pfarreigrenzen hinaus, anziehen könnte. Es besteht die Gefahr der liturgischen Monotonie, des geistlichen Austrocknens und des Wegbrechens traditioneller Aktivitäten (gerade in der Jugendarbeit).

Soweit zu der Problematik des Modells der Pfarrei als „großer christlicher Gemeinschaft".

V. Konsequenzen im Blick auf die Chancen Kleiner Christlicher Gemeinschaften

Wenn wir uns dieser Entwicklung des kirchlichen und gemeindlichen Lebens hier in ganz Mitteleuropa ehrlich stellen und sie weder verdrängen noch schönreden wollen, bleibt uns wohl nichts anderes übrig, als das bisherige Modell der „Pfarrgemeinde" als Basisgröße von Kirche zu relativieren und „Kirche vor Ort" *dual* oder *polar* zu denken und zu gestalten. Das heißt: auf der *einen* Seite kommen wir nicht umhin, auch vor Ort *größere Einheiten* zu bilden, um so die Menschen, die nach Seelsorge (in welcher Form auch immer) suchen, unabhängig vom Grad ihrer persönlichen Bindung an die Pfarrei (also zum Beispiel die „treuen Kirchenfernen") auch in der Fläche noch einigermaßen pastoral zu erreichen. Großräumig konzipierte Seelsorge bildet die Basis für eine „Pastoral der Weite" oder „Pastoral mit Breitenwirkung". *Ekklesiologisch* betrachtet kann hier Kirche als Sakrament des *universalen Heilswillens Gottes* deutlicher als bislang erfahrbar werden – eben durch die Eröffnung größerer Spielräume für neue Projekte und Initiativen, die durchaus allen bisher relativ selbstständigen Gemeinden vor Ort zugute kommen können.

Damit kommt die *andere* Seite der geforderten Polarität im Konzept einer „Kirche vor Ort" ins Spiel, nämlich die Kunst, vor lauter großräumigem Konzipieren nicht den gemeindlichen *Nahbereich* aus den Augen zu verlieren. Wir dürfen nicht all das wieder aufgeben, was die nachkonziliare Umgestaltung von Pfarreien zu „Pfarrgemeinden" an gemeinschaftlichem kirchlichem Leben gebracht hat. In diesem Punkt können wir auch in Deutschland nicht nur einiges von den radikalen Umstrukturierungen der französischen Diözese Poitiers lernen, sondern gerade auch von den KCG in den Kirchen der südlichen Kontinente. Wie dort könnte auch bei uns in die pastorale Leerstelle, die durch den Wegfall von ständig präsenten Priestern oder pastoralen Mitarbeitern entsteht, so etwas wie eine „von unten", also von den Gläubigen vor Ort, getragene „Pastoral der Dichte" oder „Pastoral mit Tiefenwirkung" einrücken.

Der *ekklesiologische* Sinngehalt dieser Kirche vor Ort könnte darin liegen, dass Kirche hier noch am ehesten als „Familie Gottes" (familia Dei) erfahren werden kann (vgl. LG 6 und die große römische Afrika-Synode von 1994, für deren Ekklesiologie der Begriff der „Familie Gottes" ganz zentral gewesen ist).

Um den theologischen Sinn von „Familia Dei" nicht misszuverstehen, ist klar zu betonen: Er bedeutet keineswegs einfach dasselbe wie „Pfarrfamilie", wo man sich um Nähe, um familiäre Beziehungen der Gemeindemitglieder zueinander und auch mit den Amtsträgern und pastoralen Mitarbeitern bemüht. Das alles ist durchaus gut und sinnvoll. Aber der theologische Begriff der „Familie Gottes" hat sein biblisches Fundament in der Szene, in der Jesus von seinen Verwandten besucht wird und er sehr provokativ reagiert: „Meine Mutter und meine Brüder sind die, die das Wort Gottes hören und danach handeln" (LK 8,19–21; vgl. Lk 11,27 ff., wo Jesus auf die Seligpreisung seiner Mutter durch eine Frau aus dem Volk antwortet: „Selig sind vielmehr die, die das Wort Gottes hören und es befolgen").

Es geht um die neue Familie Jesu, die er um des Reiches Gottes willen um sich als lebendig erfahrbare Mitte sammelt; deren ekklesiologisches Sammlungsmerkmal ist also das Hören auf das Wort Gottes. Genau das hat die Kirche in Afrika und in anderen südlichen Kontinenten mit ihren KCG aufgegriffen: Das miteinander in der Heiligen Schrift gelesene oder erzählte, existentiell aufgenommene, einander bezeugte und ins diakonische Handeln im Alltag umgesetzte Wort Gottes – das bildet die sammelnde und sendende Mitte der KCG.

Ich kann mir vorstellen, dass diese Sammlung um das Wort Gottes und die davon ausgehende Sendung auch bei uns das profilgebende theologische Charakteristikum von Kirche im Nahbereich werden kann. Für dieses Projekt glaubende Menschen vor Ort zu begeistern – zum Beispiel einige Familien im Umfeld von Kindergarten oder im Rahmen der Vorbereitung von Kindern und Jugendlichen auf die Taufe, auf Erstkommunion und Firmung, aber auch sonstige Gläubige, die auf der Suche nach einer tragenden und nährenden Gemeinschaft im Glauben sind –, sie alle für diese vom Wort Gottes getragene Sammlung und Sendung zu gewinnen und sie zu schulen, solche „Ecclesiolae" zu bauen, das dürfte in Zukunft wohl eine entscheidende Aufgabe aller hauptamtlich in der Pastoral Tätigen sein. Von daher könnten auch neuere Formen von Liturgie (wie Wort-Gottes-Feiern, das Stundengebet der Kirche, Taizé-Gebete, Meditationsgottesdienste und so weiter) von mehreren Menschen innerlich mitgetragen und mitgestaltet werden, gerade, wenn die Eucharistie immer seltener in den einzelnen Kirchen einer Pfarreiengemeinschaft gefeiert werden kann. In diese Richtung, die uns ja weltkirchlich von den jungen Kirchen vorgegeben wird, gilt es unsererseits weiterzudenken und zu handeln.

Wenn unsere Hauptamtlichen (ob Priester oder pastorale Mitarbeiterinnen) ihr seelsorgliches Handeln so verstehen, wird es auch viel stärker von dem in der katholischen Sozialethik so hochgeachteten Subsidiaritätsprinzip geprägt werden. Das heißt: sie werden dann durch ihre kompetente Hilfestellung (subsidium) die Gläubigen vor Ort inden Stand setzen, mit ihren eigenen Möglichkeiten und Charismen ein kirchliches Leben gerade auch im örtlichen Nahbereich zu gestalten. Sie können und sollen ihnen diese Aufgaben nicht abnehmen, wohl aber sie dazu befähigen und dabei begleiten.

VI. Zum Schluss: ein neuralgischer Punkt dieser Perspektive

Fast am Ende meiner Überlegungen komme ich auf einen neuralgischen Punkt dieses Themas zu sprechen, der mich aber trotzdem auch wieder zu einer verhaltenen Hoffnung und einer etwas gewagten Perspektive anregt. Mit dem Stichwort „Hauptamtliche" unserer Kirche (die durchweg eine gute Arbeit leisten!) berühre ich einen Punkt, der es meines Erachtens so schwierig macht, dass sich die KCG hier bei uns in größerem Stil ausbreiten. Worum geht es?

Nun, die kirchliche Mentalität der meisten Gläubigen hierzulande ist durch eine starke, jahrhundertealte und kirchlicherseits gepflegte Fixierung auf den Priester (Pfarrer) und inzwischen auch auf seine hauptamtlichen Mitarbeiter und Mitarbeiterinnen geprägt. Ihnen in der Pastoral zu *helfen* und ehrenamtlich mitzuarbeiten, dazu sind, Gott sei Dank, immer noch viele bereit. Aber eine *eigene Kompetenz* für den Aufbau der Kirche anzuerkennen (wie sie LG 32 allen Gläubigen zuspricht) und auch eine *eigene Verantwortung* dafür zu übernehmen, das trauen sich noch relativ wenige Gläubige bei uns zu. Diese Mentalität aufzubrechen und einen Bewusstseinswandel etwa in Richtung auf die KCG hin herbeizuführen, ist außerordentlich schwierig. Unsere Priester und die pastoralen Mitarbeiter sind ja großenteils selbst von diesem Bewusstsein geprägt, und viele von ihnen kennen genausowenig wie die meisten Gläubigen eine andere Sozialform von Kirche, also weder die Selbsthilfegruppen im Glauben noch die KCG. Was ist da zu tun?

Eines scheint mir sicher zu sein: Auch die Not des weiter zunehmenden Mangels an Priestern und an bezahlbaren pastoralen Mitarbeitern wird das Ihre zu einem allmählichen Bewusstseinswandel beitragen, aber doch eher – aufs Ganze der deutschen Kirche gesehen – punktuell und auf einige kirchliche Inseln beschränkt. Ich glaube nicht, dass die deutsche Kirche und ihre Gläubigen im großen Stil aus eigener Kraft hier sehr viel weiter kommen werden. Und zwar nicht nur wegen der genannten Fixierung auf die Priester und andere Hauptamtliche in der Pastoral; wohl viel stärker noch wegen einer tiefreichenden Verunsicherung in Glaubensfragen und einer fehlenden frustrationsresistenten Freude am Glauben und an der Kirche, einer Freude, die auch durch innerkirchliche Enttäuschungen und strukturelle Veränderungen nicht ausgelöscht werden kann. Ich fürchte, dass von den meisten eine immer großflächigere und entsprechend im Nahbereich ausgedünntere Pastoral (murrend oder resignierend) in Kauf genommen wird, statt die Dinge selbst (im Maß der eigenen Möglichkeiten) in die Hand zu nehmen. Die Bereitschaft dazu dürfte im großstädtischen Bereich vielleicht stärker vorhanden sein als im ländlichen.

Darum sind wir hier auf längere Sicht auf einen verstärkten personellen Austausch mit den Christen in Asien, Afrika und Lateinamerika angewiesen. Darauf stützt sich meine „verhaltene Hoffnung". Ich könnte mir zwei Modelle vorstellen, die einander ergänzen:

1. Der Aussendung der europäischen Missionare und Missionarinnen in diese Kontinente im 19. und 20. Jahrhundert könnte im 21. Jahrhundert eine entsprechende in die umgekehrte Richtung zielende, durchaus auch zeitlich begrenzbare Aussendung von Christen aus diesen Kirchen (nicht bloß Priestern und Ordensleuten) antworten, und zwar von solchen Gläubigen, die in einer solchen KCG leben; eben zum Zweck der Neuevangelisierung und „Neugründung" unserer Gemeinden im Geist der KCG.

2. Umgekehrt könnten zugleich immer mehr Christen aus Deutschland von unseren Bistümern und Pfarreien, von Orden und neuen geistlichen Gemeinschaften in diese Kirchen Afrikas, Asiens, Lateinamerikas und Ozeaniens ausgesandt werden, um sich dort eine Zeit lang kirchlich zu in-

kulturieren und aufgrund ihrer dort gemachten Kirchener-
fahrungen hier bei uns die Herkulesarbeit des Aufbaus
neuer kirchlicher Gemeinschaftsformen vor Ort auf sich zu
nehmen. Zum Beispiel könnten alle Theologiestudieren-
den, die sich auf einen pastoralen Beruf vorbereiten, kräftig
ermutigt werden, ihre Außensemester oder ein anderes Jahr
vor der Priesterweihe beziehungsweise der Beauftragung in
einer solchen KCG mitzuleben. Es könnten auch Bischöfe,
Priester, Haupt- und Ehrenamtliche für ein halbes Jahr frei-
gestellt werden, um dort so etwas wie eine pastoral frucht-
bare Sabbatzeit zu verbringen. So wichtig ein Symposion
wie dieses auch ist, in dem die Theologie und die Praxis der
KCG gründlich reflektiert wird: nachhaltiger ist doch auf
jeden Fall das anschauliche Erlebnis solcher kirchlicher Gemeinschaften. Eine weitere Chance sehe ich auch darin,
dass mit Hilfe unserer großen Missionswerke immer mehr
junge Erwachsene ein Freiwilliges Soziales Jahr im Kontext
solcher KCG verbringen könnten.

Bei beiden Modellen könnten die neuen Geistlichen Bewegungen
mit ihrer internationalen Verbreitung in Zukunft eine ähnliche
Vorreiterrolle spielen, wie sie es vor einigen Jahrzehnten beim
Entstehen der Selbsthilfegruppen im Glauben getan haben. Denn
bei ihnen und in ihrem näheren Umfeld findet man wohl noch
am ehesten (zumal bei den jungen Christen) ein hohes Bereit-
schaftspotential, sich um des Glaubens und der Kirche willen –
körperlich wie geistlich – in Bewegung bringen zu lassen.

Darum braucht es in Zukunft auch eine immer stärkere Vernetzung der verschiedenen Neuaufbrüche in der Kirche, also
von neuen Geistlichen Gemeinschaften, „Kommunikativen
Glaubensmilieus", Kleinen Christlichen Gemeinschaften und
anderen Initiativen, um auch hier in Deutschland – durchaus
mit subsidiärer Begleitung unserer Hauptamtlichen – eine neue
Form von „Kirche im Nahbereich" entstehen zu lassen.

Bilanz und Ausblick

Die Suche geht weiter ...

Stichworte und Herausforderungen für die Zukunft

Das Symposion ist ein Meilenstein. Die Freude der Teilnehmerinnen und Teilnehmer am Ende war eine deutliche Botschaft. Hier war nicht nur ein Ort theologischer Vergewisserung, hier war auch ein Ort gelebter Wirklichkeit dessen, über das so intensiv nachgedacht wurde. Denn wenn es auf der einen Seite darum ging, das Thema der Kleinen Christlichen Gemeinschaften auf seine theologischen Valenzen hin abzuklopfen und die Ernsthaftigkeit und Gewichtigkeit des dahinterliegenden theologisch-pastoralen Ansatzes aufzuspüren und zu belegen, so ging es bei dieser Suchbewegung auch immer um mehr: um eine existenziell lebbare Ekklesiologie, um eine praktische Ausfaltung der Erfahrung österlicher Wirklichkeit und der Etablierung einer Ekklesiologie als Koinonia des Auferstandenen. Das als wahr zu erfahren, machte die Freude und die Tiefe dieser Tage aus.

Aber daraus resultieren auch Herausforderungen für den weiteren Weg, die hier kurz – wie es sich für ein Nachwort gehört – skizziert werden sollen:

1. Das Interesse wächst:
Von der Notwendigkeit echter Modellprojekte

Die Frage von Bischof Wanke hat viel Aufsehen erregt, aber wenige Christen an der Basis ernsthaft beunruhigt. In seinem Brief an die Katholiken am Ende des Dokuments *Zeit zur Aus-*

saat schreibt Bischof Wanke: „Unserer katholischen Kirche i
Deutschland fehlt etwas. Es ist nicht das Geld. Es sind auch
nicht die Gläubigen. Unserer katholischen Kirche fehlt die
Überzeugung, neue Christen gewinnen zu können." Das ist
zweifellos wahr. Und doch konnte man sich in den folgenden
Jahren nur verwundert die Augen reiben: Denn es ging um das
fehlende Geld. Es ging um fehlendes Personal. Und so begann
in den folgenden Jahren genau jene große Welle der Umstrukturierungen, die das Volk Gottes und die Bistümer insgesamt in
Bann hält. Pastorale Räume oder Pastoralverbünde oder Seel-
sorgeeinheiten werden gebildet. Die Priester und die Hauptberuflichen in der Pastoral werden in größeren Räumen einge-
setzt – die Arbeit wird mehr, zuweilen unerträglich mehr. Und
zugleich wird deutlich, dass nicht mehr alle Kirchen erhalten
werden können. Stellen werden gestrichen, Entlassungen wenn
möglich vermieden. Das Ehrenamt wird aufgewertet.

Darin ist kein Aufbruch erkennbar, eher wirkt dies wie ein
Downsizing, ein Herunterfahren und ein Verdünnen der institutionellen Decke. Die darin liegenden Chancen werden im zuweilen wütenden, zuweilen resignierten Abwehrkampf der an
diesem Punkt geradezu traditionalistischen Gemeinden nicht
wahrgenommen. Nach einigen Jahren dieser ermüdenden Ge-
fechte wächst aber seit kurzem ein deutlicher Wunsch: Gibt es
ein Zukunftsszenario, das nicht nur die addierende Weiterführung desselben bedeutet – gibt es eine Vision für die Zukunft,
gibt es „Mehr als Strukturen"?

An dieser Stelle herrscht gespannte Stille. Und das ist verständlich. Bisher war klar, dass es um eine Reform und Weiterführung des bisher gewohnten Paradigmas einer kerngemein-
deorientierten Pastoral geht, aber immer mehr Studien und
Untersuchungen, vom Religionsmonitor der Bertelsmannstiftung bis zur Sinusstudie U27, sprechen für ein Ende des bewährten Modells der Gemeindetheologie. Wir sind als Kirche
wirklich in einem epochalen Übergang, der fast alle Koordina-

ten des bisherigen immer noch volkskirchlichen Paradigmas in Frage stellt. Und während hier noch immer eine langsame, aber nachhaltige Auflösungsbewegung zu spüren ist, stellt sich die Frage, was danach kommt.

Zu spüren ist, dass diese Frage sich mit neuer Neugier dem Thema der Kleinen Christlichen Gemeinschaften zuwendet. Dies ist in den vergangenen zwei Jahren zunehmend der Fall – und dies, obwohl die ersten Anfänge und Laborversuche zwar viel visionäre Kraft entfalten, gleichzeitig aber auch klar ist, dass viele Geburtsfehler und Unklarheiten diese ersten Versuche kennzeichnen.

Klar wird immer mehr, dass es eine nicht weiterführende Verkürzung des Ansatzes wäre, würde man einfach das BibelTeilen einführen und Kleingruppen bilden, die miteinander aus der Schrift schöpfen. Dabei entstehen geistliche Kleingruppen, die allerdings zumeist keinen diakonischen Sendungsweg entfalten. Sie verlassen in der Regel nicht die Logik des gemeindekirchlichen Pastoralparadigmas und bleiben strukturelle Randsiedler einer Pastoral, die sich hauptsächlich dem Motto des „Dinner for one" verpflichtet weiß: „The same procedure as every year".

Immer deutlicher wird aber, dass es einer grundlegenden „Strategie des Anfangs" bedarf, um den Ansatz eines neuen Weges des Kircheseins zu entwickeln. Und dazu braucht es zum einen Priester und Hauptberufliche, die sich den Ansatz einer Pastoral zu eigen machen, die visionär ist und in ihrer Methode einen wirklich partizipativen Ansatz verfolgt. Soweit es bisher deutlich ist, braucht es einen auf mehrere Jahre angelegten Prozess der bewussten Wahrnehmung der Situation und der in ihr liegenden Zeichen der Zeit – und daraus müssten die pastoralen Perspektiven entwickelt werden. Eine solche Visionsgemeinschaft dürfte dabei eben nicht nur aus Priestern oder pastoralen Teams bestehen – es bräuchte Zukunftswerkstätten, die möglichst viele Christen und Christinnen, aber auch alle anderen, die mit ihnen leben und arbeiten, beteiligen.

Es ist nicht zu erwarten, dass eine solche Strategie schnelle Erfolge zeitigt. Aber es wäre zu erhoffen, dass sich erste Schritte zum Wachstum abzeichnen. Es gehört also zu den wirklichen Prioritäten einer Zukunftspastoral, solche Wege zu wagen. Die Entwicklung einer Kultur und eines Netzwerkes Kleiner Christlicher Gemeinschaften wäre ein weiterer wichtiger Schritt – neben weiteren pastoralen Entwicklungen, die überraschend in den Blickpunkt treten.

Da Kleine Christliche Gemeinschaften also nicht ein Element einer Trostpflasterpastoral sein können und wollen, braucht es an verschiedenen Orten Modellprojekte, die über die nächsten Jahre begleitet werden müssten.

2. Weiter lernen von der Weltkirche

Seit 1999 hat Missio das Projekt „Gemeindebildung und Spiritualität" ins Leben gerufen, bei dem die weltkirchlichen Erfahrungen mit den Kleinen Christlichen Gemeinschaften in den umbrechenden Kontext der deutschen Kirche eingebracht werden sollten. Mit einer Reihe von Exposureprojekten und vielen Besuchen weltkirchlicher Gäste in Deutschland wurde und wird dieser Versuch eines Pastoraltransfers nachdrücklich gefördert (und finanziert). Dabei stellte sich aber bald heraus, dass eine Exposurereise allein zwar Begeisterung und Enthusiasmus auslöst und wichtige Ermutigungen enthält, dass aber damit noch wenig gewonnen ist. Wie nämlich eine nachhaltige Weiterführung der Erkenntnisse gelingen kann, das liegt auch daran, wie Prozesse vor Ort initiiert werden können und wie vor Ort dieser Weg weitergegangen werden kann.

Dies trifft auch auf die Besuche der weltkirchlichen Gäste zu. Ihre Reisen durch die Diözesen Deutschlands machten deutlich, dass zwar vielerorts höfliches und auch angeregtes Interesse besteht – doch zugleich auch eine Ratlosigkeit, wer mit wem sich angesichts der drängenden Strukturumbauten auf längere Prozesse pastoraler Neuorientierung einlassen kann.

Eine kontinuierliche Begleitung und Schulung ist notwendig. In den vergangenen Jahren ist dieses Bewusstsein bei den Akteuren gewachsen. Auf Deutschlandebene hat sich ein „Nationalteam Kleine Christliche Gemeinschaften" gebildet, das die Weiterentwicklung langfristig begleitet. Und in einigen Diözesen Deutschlands, vor allem in Hildesheim, Hamburg, Osnabrück, Würzburg, Eichstätt und Augsburg haben sich erste Modellprojekte entwickelt – und hier gibt es auch pastorale Ideenträger, die sich mit viel Kraft um die ersten Versuche bemühen. Durch Missio ist es auch möglich geworden, eine Projektstelle für die bundesweite Entwicklung zu finanzieren.

Doch das wird nicht ausreichen. Es braucht eine weitere und intensive Lernbewegung. Denn das Symposion machte deutlich, dass es eben nicht nur um die Gestalt und den Aufbau eines Netzwerkes Kleiner Christlicher Gemeinschaften geht. Dahinter steht nicht nur ein tiefgründiger und weitreichender ekklesiologischer Neuansatz und eine ihm entsprechende notwendige Spiritualität in Gemeinschaft, sondern auch eine pastorale Methodologie visionärer Grundlagenarbeit, die kein Topdownverfahren fordert, sondern einen geistlich-synodalen Prozess und sich hier sehr stark orientiert an der methodologischen Perspektive von *Gaudium et Spes*.

Dies zu erfassen, zu verinnerlichen, zu lernen, um es dann zu lehren – das braucht Zeit und Begleitung. Und so ist es geradezu notwendig, bei den Experten in die Schule zu gehen. Denn zum Aufbau einer Kirche mit den Menschen, die eine subsidiäre und basiskirchliche Gestalt lokaler Gemeinschaften fördert, braucht es ein neues Denken und eine neue Mentalität, entsprechende prozess- und wachstumsorientierte Fähigkeiten, die neu erworben werden müssen.

Es wurde auf dem Symposion mehr als deutlich, dass wir noch intensiver und nachhaltiger eine pastorale Mentorenschaft und Begleitung von Seiten unserer weltkirchlichen Freunde und Experten brauchen – eine Begleitung, die sich umgekehrt auch realisieren lässt: „Ich habe schon lange darüber nachgedacht, wie ich der deutschen Kirche für all das danken kann, was sie uns hier ermöglicht hat – und das wäre ein Weg, den ich gerne mitgehen würde", so Father Thomas Vijay, einer der indischen Koordinatoren des DIIPA-Ansatzes.

Das bedeutet zum einen, dass man weiterhin Exposurereisen für inspirierte Suchende ermöglichen muss, noch mehr aber erweist es sich als fruchtbar, Exposurereisen mit vertiefenden Workshops zu gestalten, an denen sich die verborgene pastorale und methodologische Architektur dieses Ansatzes erschließt.

Bei den Besuchen und Gesprächen mit den weltkirchlichen Partnern gerät aber noch eine andere Perspektive in den Blick: Schon die Option der südafrikanischen Kirche für einen neuen Weg des Kircheseins führte zum einen zur Neuausrichtung der pastoralen Berufe, zum anderen zu einer entschiedenen Option für eine charismenorientierte Begleitung des Volkes Gottes: Und damit war deutlich, dass es einen Ort der Schulung und der Entwicklung der notwendigen Hilfsmittel bedurfte – das war die Gründungsstunde des Lumkoinstituts. Man staunt deswegen nicht schlecht, wenn man Singapur, Mumbai, Nagpur und Manila besucht: Es gehört zum Standard der pastoralen Bemühungen um eine neue Art des Kircheseins, einen solchen Ort ganzheitlicher und umfassender Fortbildung für Priester, Hauptberufliche und engagierte Christinnen und Christen aus den Pfarreien zu schaffen und Fortbildungen zu initiieren.

Lernen von der Weltkirche – das bedeutet auch, hier im deutschsprachigen Raum ein solches „Institut" für eine neue Art des Kircheseins aufzubauen, damit Menschen im Blick auf die Herausforderungen des pastoralen Paradigmenwechsels geschult und geformt werden können, und entsprechende Materialien zu entwickeln, die in den Zeiten des Umbruchs Perspektiven und Prozesse ermöglichen. Das erscheint paradox im

Blick darauf, dass gerade viele Bildungsstätten geschlossen werden – aber ein entschiedener Neuaufbruch wird ohne die Bereitstellung von Orten und Personen auf Dauer nicht gelingen.

3. Kleine Christliche Gemeinschaften verstehen – der Reichtum notwendiger Klärungen

Der Überraschungen ist kein Ende. Kleine Christliche Gemeinschaften sind eben nicht „klein" im Sinne der uns gewohnten Kleingruppen, sondern beziehen sich auf lebensraumnahe Beziehungsräume, und sind eben keine beziehungsintensiven Gruppen der Vertrautheit. Sie existieren in Metropolen des indischen Subkontinents, und die Menschen dort teilen mit unserer Kultur die Zeitknappheit und Mobilität – wie sie auch in ruralen Strukturen existieren. Sie existieren in Slums und in den Wohnstätten des aufkommenden Mittelstandes. Was aber immer zentral bleibt, das ist ihr Absehen von spiritueller Selbstreflexivität, wie sie von vielen europäischen Christen so lustvoll zelebriert wird und die persönlichen Probleme in den Mittelpunkt rückt. Es geht um anderes. Einerseits offenbart sich das BibelTeilen als mystagogischer Weg in Gemeinschaft, der es ermöglicht, dass Christus in seinem Wort jeden und jede persönlich anrührt und anspricht – und dabei gleichzeitig seinen Leib, die Kirche, sammelt. Da Christus das Subjekt der Sammlung ist, entstehen keine Wahlverwandtschaften, denn es ist immer möglich, dass neue Suchende dazu kommen.

Die „Mitgliederstruktur" ist also fließender, und sie orientiert sich an den gelebten nachbarschaftlichen oder lebensweltlichen Beziehungen: Jeder und jede ist gern willkommen, auch Menschen anderer Konfessionen und Religionen. Das schließt persönliche Vertrautheit nicht aus, relativiert sie aber.

Solche Erkenntnisse sind vielleicht nicht neu – aber sie machen deutlich, dass die Kleinen Christlichen Gemeinschaften nicht zum Objekt sozialromantischer Projektionen werden dürfen. Ganz im Gegensatz zu psychologisierenden oder soziologisierenden Versuchen der Gemeinschaftsbildung wird hier ein deutlich theologischer – und das heißt: christozentrischer und pneumatozentrischer – Ansatz der Kirchenbildung in den Mittelpunkt gerückt. Der Ansatz der Kleinen Christlichen Gemeinschaften erweist sich als deutlich spirituell, ja mystisch orientiert: Das BibelTeilen ist keine Methode der Bibelarbeit, sondern ein Weg, der das Hören der Schrift als Weg der Ekklesiogenesis versteht.

Dabei bleibt wesentlich, dass Kleine Christliche Gemeinschaften sowohl sozialraumorientiert wie sendungsorientiert sind: Dort, wo Menschen leben und handeln, dort wo Beziehungen sind und wachsen, dort soll auch Kirche als leibhafte Gegenwart des Auferstandenen – „Christus als Gemeinde existierend", würde Dietrich Bonhoeffer sagen – wachsen. Die institutionell inspirierten Alternativen einer „Komm-her" oder einer „Geh-hin" Pastoral werden transzendiert in einer „Sei-hier" Kirche, die lokale Ereignisräume der Kirche als selbstverantwortete Gemeinschaften im Rahmen eines paroikalen Netzwerkes versteht. Doch die Menschen, die sich vom Wort Gottes zur Kirche sammeln lassen, werden im Hören des Wortes Gottes zugleich hineingenommen in die dienende Sendung. Ohne solche Sendung wächst Kirche nicht, ist sie nicht Kirche. Noch einmal mit Bonhoeffer: „Kirche ist nur Kirche, wenn sie für andere da ist." Diese letztlich trinitarisch-missionarische Grundperspektive ist geradezu die Pointe einer sozialraumorientierten Ekklesiologie, wie sie die Kleinen Christlichen Gemeinschaften in den Mittelpunkt rücken: keine Mystik ohne Diakonie, kein BibelTeilen ohne Sendung.

Was heißt das konkret? Es geht hier in der Tat um einen fundamentalen Blickwechsel. Nicht die Sammlung steht im Fokus, sondern Ruf und Sendung. Der, der durch sein Wort Menschen ruft und sammelt, ruft sie auch zum Dienst an seiner Menschheit. Diese missionarische Selbstverständlichkeit wird in solchen Kleinen Christlichen Gemeinschaften konkret. Es geht darum, sich Freude und Hoffnung, Trauer und Angst der Welt zu eigen zu machen, und ihr zu dienen.

Diese Kennzeichen einer lebensraumorientierten Ekklesiologie Kleiner Christlicher Gemeinschaften dezentralisieren das Bild der doch weithin zentralisierten, sammlungsverliebten und institutionsfixierten Gemeindewirklichkeit und können Kirche wieder als Kirche erfahrbar machen in den Lebensräumen der Menschen. Wer eine solche Perspektive sich zu eigen macht, der wird erahnen, wie weit der Weg ist. Und es ist ernsthaft die Frage, ob sich gewachsene Strukturen und ererbte Mentalitäten volkskirchlicher Christlichkeit in dieser Perspektive transformieren lassen. Das wird so nicht gehen. Es zeigt sich aber, dass gerade neben den weiterhin schrumpfenden und sich zum Teil auflösenden Gemeindekernen gerade durch die größeren Pastoralräume solche Perspektiven denkbar werden. Gerade das wachsende Interesse an Kirche, aber auch die große Sehnsucht nach Erfahrungen echter Kirchlichkeit gerade bei den jungen und älteren suchenden Christen weisen darauf hin, dass eine Integration dieser neuen Generationen von werdenden Christen in das bestehende Gefüge der Kerngemeinde unwahrscheinlich ist. Dass dies nichts mit Unverbindlichkeit oder Individualismus zu tun hat, braucht angesichts der kirchlichen Suchbewegungen, die sich unter unseren Augen abzeichnen, nicht betont werden. Es ist Zeit für ein neues Paradigma. Die auf dem Symposion deutlich gewordenen Klärungen haben das Thema der Kleinen Christlichen Gemeinschaften aus dem Kontext spiritueller Selbsthilfekultur genommen und hineingestellt in die Suche nach einem neuen Paradigma des Kircheseins und Kirche lebens.

4. Liquid church – ein visionärer Blick auf eine neue Vielfältigkeit des Kircheseins

„Fresh expressions of church" – mit diesem frechen Titel wartet die anglikanische Kirche in ihrem Schlussbericht über die Dekade der Evangelisierung auf. Auf dem Hintergrund einer pastoralen Option für die umfassende Glaubensbildung von Erwachsenen entstanden neue Gemeindebildungen neben den bisherigen und weiterhin lebenden klassischen Pfarreien und ihren Gemeinden. Pete Ward hat dieses Phänomen mit dem Begriff „liquid church" auf überzeugende Weise theologisch durchdacht und begründet.

Der neue Weg des Kircheseins wird sich nicht als Kopie der Erfahrungen in Lateinamerika, Afrika und Asien erweisen. Dazu sind die Situationen zu verschieden. Sehr oft haben wir auf dem Symposion gehört, dass es darum geht, wie Christus im deutschsprachigen Raum und in unserer Kultur sein eigenes ekklesiales Gesicht bekommen kann.

Inkulturation ist angesagt. Angesichts der Auflösung der katholischen Milieus und der sich tragenden konfessionellen Familienkultur, die eine Weitergabe des Glaubens an die nächste Generation in klassischer Weise ermöglichte, befinden wir uns im deutschsprachigen Raum in einer neuen katechumenalen Situation. Dabei wird deutlich, dass es eine Vielfalt verschiedener geistlicher Orte braucht, an denen Menschen dem christlichen Glauben begegnen können – und zugleich auch Orte, an denen sie in den christlichen Glauben hineinwachsen können.

Doch eine weitere Frage stellt sich: Wenn dann Menschen neu zum christlichen Glauben gefunden haben, bleibt die Frage nach der Kirchenerfahrung offen. Soziologisch zu behaupten, dass der Individualismus solche Kirchenbildung obsolet macht, wird den Phänomenen nicht gerecht. Ganz im Gegenteil gibt es eine intensive Suche nach Kirche, auch unter dem Vorzeichen der Vereinzelung einerseits und des ausgeprägten Individualismus andererseits.

Können Kleine Christliche Gemeinschaften hier eine Antwort sein? Sofern man die gesellschaftlich postmoderne Gemengelage ernst nimmt und nicht sozialromantische Kleingruppengefüge präferiert, sondern im Gegenteil sozialraumorientierte und sendungsorientierte Kirchenbildung ermöglicht, könnte Kirche an vielen unterschiedlichen Orten wachsen. Ihr Kennzeichen ist eine große Vielfalt einer Kirche in den Lebensräumen, die als gemeinsame Kennzeichen zum einen die spirituelle Tiefe des Gerufenseins aus dem Wort Gottes hat, die sich aber in einer nicht psychologisch, sondern mystisch zu fassenden Spiritualität in Gemeinschaft auszeitigt und Kirche sichtbar macht als Lebensraum der Gegenwart des Auferstandenen; zum anderen aber den Aspekt der Sendung zu den Armen und den Menschen in Not, der Verantwortung für den Nächsten zum wesentlichen Kennzeichen erhebt.

Paradoxerweise sind hier Kleine Christliche Gemeinschaften von höchster Aktualität. Angesichts der Herausforderungen der unbezahlbaren Nächstenliebe im Bereich der Begleitung und Betreuung alter und dementer Menschen, aber auch von Kindern und Jugendlichen wird ohne eine sozialraumorientierte Kirchenbildung die Kirche nicht glaubhaft Sakrament der Liebe Gottes sein können.

Das Symposion hat diesen visionären Raum eröffnet. Lassen wir uns auf solche Perspektiven ein? Lassen wir uns ein!